UWE SEELER

Danke, Fußball!

MEIN LEBEN

**AUFGEZEICHNET VON
ROMAN KÖSTER**

ROWOHLT

**Für jedes verkaufte Exemplar
dieses Buches geht ein Euro als Spende
an die Uwe-Seeler-Stiftung.**

1. Auflage September 2003
Copyright © 2003 by Rowohlt Verlag GmbH,
Reinbek bei Hamburg
Alle Rechte vorbehalten
Lektorat Uwe Naumann
Layout Joachim Düster
Satz aus der Plantin PostScript, QuarkXPress 4.1
bei KCS GmbH, Buchholz/Hamburg
Druck und Bindung Clausen & Bosse, Leck
Printed in Germany
ISBN 3 498 06375 8

Die Schreibweise entspricht den Regeln
der neuen Rechtschreibung.

INHALT

Statt eines Vorworts: Bilder einer Karriere 11

I. ANFÄNGE, ENTSCHEIDUNGEN, SCHICKSALSTAGE

1 Ein Millionen-Angebot 20
2 Der «Löwentisch», die Alten –
   und die jungen Wilden 24
3 Sepp Herberger und sein schwarzes Buch 26
4 Mein erstes Länderspiel 30
5 Als «Flötenheini» im Mekka des Fußballs 34
6 Meisterschaften, Titelkämpfe – und ein
   «Sklaventreiber» spitzt die Ohren 38
7 Ein folgenschweres Nein 45
8 ... und ein Jawort fürs Leben 54
9 Schicksalsschläge 59
10 Auf der Bühne Europa 62
   Aus meinen Fotoalben 72

II. DREI STREIFEN – UND EIN SACK VOLL ERINNERUNGEN

11 Ein Tusch für Adi Dassler 82
12 Der Nachtzug aus Leipzig
   oder Ein Kapitel Fußballgeschichte 88
13 Für die drei Streifen auf Tour 90
14 Eltern, Lehrer, Lebensregeln 92
15 Die Gründung der Bundesliga 95
16 «Herr Seeler, runter vom Platz!» 102
17 Der «Große Fritz»: mein Vorbild
   Fritz Walter 108
   Aus meinen Fotoalben 116

III. BI UNS TO HUUS

18 Mein Bruder Dieter 126

19 Kindheitserinnerungen 129

20 Kurze Geschichte des HSV: Stars und
   Präsidenten, Elefanten und Blasmusik 144

21 Ein strenger Lehrherr namens Klüver –
   und eine kleine persönliche Zwischenbilanz 158

22 Das Drama von Frankfurt:
   Riss der Achillessehne 164
   Aus meinen Fotoalben 172

IV. FUSSBALLGESCHICHTE(N)

23 Das Ende der Ära Herberger 184

24 Meine drei «Superstars» und ein historisches
   Foto: Wembley 1966 190

25 Helmut Rahns Kaninchenfutter
   oder Das Auf und Ab der ersten Liga 199

26 Neue Spieler, neue Trainer, neue Zeiten 206

27 Rücktrittsgedanken 209

28 Die WM in Mexiko 1970 214
   Aus meinen Fotoalben 226

V. WAS HEISST HIER EHRENSPIELFÜHRER?

29 Vom Mittelstürmer zum Ehrenspielführer –
   und: ein Skandal im deutschen Fußball 236

30 Tschüs, HSV! 241

31 Die Uwe-Seeler-Traditionself 245

32 Ha-Es-Vau-Geschichten 248

33 Und plötzlich war ich Präsident 252

34 Ein schwieriges Kapitel – und meine
   Antwort auf die Frage, warum ich niemals
   Trainer wurde 257

35 Eine ehrenwerte Gesellschaft: die
   Schneeforscher Obertauern e. V. 266
36 Ein Brief an meine Enkel 270
   Aus meinen Fotoalben 272

VI. ANHANG oder ZUM SCHLUSS, ABER NICHT ZULETZT

Andere über mich: Stimmen von Zeitgenossen
und Freunden 282
Daten und Fakten – eine kleine
Uwe-Seeler-Chronik 306
Namenregister 310
Quellennachweis der Abbildungen 318

**FÜR MEINE FAMILIE
UND MEINE TREUEN FANS**

Liebe Leserinnen und Leser,
ich möchte Sie einladen zu einer Reise. Wenn Sie Zeit und Lust haben,
folgen Sie mir: bei einem sehr persönlichen Rückblick auf mein Leben!
Es war eine Karriere mit vielen Höhepunkten ...

Statt eines Vorworts: Bilder einer Karriere

Der Fußball spielte stets die Hauptrolle in meinem Leben.

Aber «mit Köpfchen» vorzugehen war stets meine besondere Spezialität!

Und immer befolgte ich, was ich von meinem Vater und meinen Trainern gelernt hatte: Gib nie einen Ball verloren! Sepp Herberger hat mir einmal gesagt: «Hast du den Ball, kann ihn der Gegner nicht haben.» Einfach, aber wahr.

Ich nahm an vier Fußballweltmeisterschaften teil: 1958 in Schweden ...

... **1962 in Chile**

... 1966 in England

... und 1970 in Mexiko!

Fußball-Weltmeister wurde ich leider nicht – «nur» Vize 1966 in England.
Doch Deutscher Meister bin ich geworden: 1960 mit meinem HSV!

Und dreimal bekam ich die Trophäe als Deutschlands «Fußballer des
Jahres».

Mein Lieblingsteam aber blieb immer dieses: meine Frau Ilka und unsere drei Töchter!

1972 war dann Schluss mit dem Profifußball – eine Abschiedsgala im Volksparkstadion war das krönende Finale.

Genug einstecken musste ich ja. Fußball ist eben nicht Schach.
Verletzungen gehören auch zu meiner Laufbahn ...

Aber ich war immer mit Leib und Seele Fußballer, und ich habe
viel Schönes erlebt. Wenn Sie dieses Buch gelesen haben, verstehen Sie
vielleicht, warum es seinen Titel trägt: «Danke, Fußball!»
Viel Vergnügen bei der Lektüre wünscht Ihnen

I. ANFÄNGE, ENTSCHEIDUNGEN, SCHICKSALSTAGE

1 Ein Millionen-Angebot

Es sollte ein Morgen wie jeder andere sein. Doch ich war nervös. Am späten Nachmittag würde ich einen berühmten Mann aus Italien treffen, der nur eines von mir wollte: meine Unterschrift unter einen millionenschweren Vertrag. Ich müsste nur die neun Buchstaben meines Namens schreiben, das Trikot vom Hamburger SV mit dem von Inter Mailand tauschen und wäre mit einem Schlag ein gemachter Mann. Und das im Alter von 25 Jahren ...

Schlaftrunken hörte ich den Regen draußen an den Fensterscheiben. Hamburger Schmuddelwetter, morgens gegen sieben. Ein typisches Wetter für meine Heimatstadt. Ich blinzelte nach rechts. Meine liebe Ilka schlief noch. Tief und fest. Leise stieg ich aus dem Bett, schlüpfte in meine Badelatschen und schlich die wenigen Treppenstufen vom Schlafzimmer hinab zur Küche im Erdgeschoss.

Etwas kannte ich mich ja aus im Reich der Damen. Ich wusste, wo die helle Dose mit Kaffee stand, die Filtertüten lagen und die Kaffeemaschine ihren Platz hatte. Die Kunst, einen Kaffee zu kochen, beherrschte ich mittlerweile fast so perfekt wie das Versenken eines Kopfballs im Fußballtor – nach der Hereingabe der berühmten Maßflanke, wie das so schön in der Sportlersprache heißt.

Ich hatte eine unruhige Nacht hinter mir. Nicht dass die Welt aus den Angeln gehoben wurde. Nicht dass ein Unfall geschehen war. Nicht dass jemand aus der Familie oder aus dem Freundeskreis eine schlechte Nachricht zu vermelden gehabt hätte. Nein, nichts von alledem.

Ich verbrachte die Nacht in einem Zustand, den sicherlich viele Menschen kennen, wenn sich ein Problem im Kopf festsetzt. Wenn man dann krampfhaft versucht, eine Lösung zu finden. Dabei hatte ich sonst eigentlich einen gesunden Schlaf. Selbst vor schweren Spielen schlief ich nach kurzer Denkpause ein. Als Jugendlicher, wenn wir mit dem Zug anreisten, war ich nach der Hälfte der Strecke im Gepäcknetz zu finden. Das schaukelte zwar ein bisschen mehr, aber ich lag wunderbar in der Horizontalen. Meine Kameraden akzeptierten meinen «Stammplatz». Sie hievten ihre Sporttaschen gar nicht erst nach oben, sondern stapelten sie in der Mitte des Abteils oder unter den Sitzen. Auch die kleinen, weniger dramatischen Dinge des Lebens konnten mich in meiner Nachtruhe nicht stören. Ob Kerstin, unsere älteste Tochter, in der Schule «neben die Zensur» geschossen hatte. Ob mein Bruder Dieter, der ja fünf Jahre älter war als ich, wieder mal so richtig zum «Abräumer» auf dem Platz geworden war. Oder ob «Vadder» Erwin in seiner kantigen Art in der Presse zitiert wurde, dass diese jungen Spieler von heute, mich eingeschlossen, keine Kämpfer, sondern Weicheier seien. Der gute alte Herr hatte ja sowieso seine eigenen Vorstellungen vom geliebten Fußballsport. Klar. Wer mit einem gebrochenen Wadenbein durchgespielt hat oder in einem einzigen Spiel gleich sieben Tore geschossen und dessen Motto lautete: «Kampf ist Trumpf und sonst gar nix» – der konnte natürlich auf die Pauke hau'n.

Bei aller Bescheidenheit sei bemerkt: ich war schon richtig wer – auch hinter den Elbbrücken, wo ja für echte Hamburger der Balkan beginnt, wie sie scherzhaft zu sagen pflegen. Aber wann scherzen Hanseaten schon mal? Es war ein irres Gefühl, wenn die Menschen «Uwe, Uwe» riefen. Nicht nur am heimischen Rothenbaum, zu Hause, bei den Heimspielen, da war das selbstverständlich. Nein, das Echo von den Rängen in Dortmund, München, Köln oder Kaiserslautern erzeugte in mir das Gefühl, dass mich die Leute mochten. Der Grund? Vielleicht ein ganz einfacher. Die Menschen haben schnell erkannt, dass ich meinen Beruf so

«Uwe, Uwe!» – wo ich hinkam, musste ich schon als junger Spieler Hände
schütteln und Autogramme schreiben. Popularität kann anstrengend
sein! Aber sie ist auch schön ...

ausübe, wie sie es auch tun würden. Mit vollem Einsatz. Es gab für mich im Spiel keine Pausen. Ich war ständig unterwegs. Hätte es Kilometergeld gegeben, wäre ich ein reicher Mann geworden. Es entsprach nicht meinem Naturell, nur mit halber Kraft zu spielen. Verschnaufpausen einzulegen, so eine Art Alibi-Fußball abzuliefern. «Vadder» Erwin hat mir und meinem Bruder Dieter immer eingebläut: «Ein Seeler macht keine halben Sachen. Damit dat klar is...»

Ich war gerade mal sechzehn Jahre alt, als der Hamburger SV, wo ich seit meinem achten Lebensjahr Mitglied bin, eine Sonderlizenz beim DFB für meinen Einsatz in der 1. Herrenmannschaft beantragte. Die Lizenz kam erstaunlich schnell. Das war das listige Werk von Dettmar Cramer, in der Fußballwelt nur «Professor» gerufen. Der klein gewachsene Trainer mit der großen Motivationskunst suchte für das Jugend-WM-Turnier 1953 in Belgien und 1954 zum FIFA-Turnier in Köln einen Mittelstürmer. Da war ihm einer, der durch die harte Schule der Oberliga Nord gegangen war, gerade recht. Diese beiden Turniere wurden zu meinem persönlichen Durchbruch. Plötzlich stand ich im Mittelpunkt.

Ich weiß heute noch nicht, wie ich damals den ganzen Rummel um meine Person gemeistert habe. Ich bin auch nicht zu meinem Trainer Günther Mahlmann gegangen und habe den fußball-verrückten Studienrat um Rat gefragt. Ich hab' einfach so geredet, wie mir der Schnabel gewachsen war. Angst hatte ich nur um meine nassen Haare, wenn ich vor der Kabine Interviews gab, denn einen Föhn hatten wir damals nicht.

2 Der «Löwentisch», die Alten –
und die jungen Wilden

Mit sechzehn also machte ich das erste Spiel in der «Ersten». Gegen Göttingen 05. Cool – würde man heute sagen. Als ich auflief, war ich nur für wenige Minuten nervös. Nach der ersten Ballberührung war die Nervosität wie weggeblasen. Das ging mir zum Glück immer so. Viel unruhiger war ich nach dem Spiel, wenn ich als Jungspund die Villa «HSV» betrat. Sie stand genau gegenüber vom Rothenbaum-Sport-platz und war ein imposanter Bau. Die Kicker-Generation von «Vaddern» zog sich im Keller um. Wenn sie dann zum Spiel die Rothenbaumchaussee überqueren mussten, stopp-te ein «Udel», wie in Hamburg Polizisten heißen, den Ver-kehr. Selbst die Straßenbahn, die Linie 18, wurde zum Halt gezwungen.

Im Hochparterre der Villa war das HSV-Restaurant. In der Ecke stand ein großer runder Tisch: der «Löwentisch». Auf dem Tisch ein riesiger Löwe aus Porzellan. Das Markenzeichen der Mannschaft, denn die Spieler wurden die «Löwen vom Rothenbaum» genannt. Eines Tages ver-schwand das Symbol – geklaut. Bis heute ist es nicht mehr aufgetaucht, der Täter wurde nie ermittelt. Die Suche nach ihm erfolgte auch ohne große Anstrengungen, denn wir, die Nachfolger, schmückten uns nicht mit dem Beinamen «Löwen». Wir hießen schlicht und einfach «Rothosen».

Dann gab's in einem Nebenraum noch eine kleine Bar mit vielleicht sechs Hockern vor dem Tresen. Jeden Montag, wenn ich nach dem Training im Clubheim vorbeischaute, standen die HSV-Veteranen in Dreierreihen an der Theke. An hochprozentigen Magenwärmern mangelte es nicht … Ich hab' mich gewundert, was ein Körper so vertragen kann.

Als Jugendliche haben wir mit gehörigem Respekt zum

«Löwentisch» geschielt. Da saßen «Vadder», Heinz Spundflasche, Rolf Rohrberg, «Siggi» Jessen, die Dörfels oder
Heinz Werner, die damaligen Stars. «Old Erwin» klopfte mir
oft auf die Schulter. Die anderen sparten nicht mit guten
Ratschlägen. Trainiere viel, trink wenig Alkohol, rauche
nicht, lass die Frauen in Ruhe. Eben alles, was zum «Fuß-
ball-Katechismus» gehört. Die «Löwen» waren ja auch echt
«löwenstark».

In der Oberliga Nord setzte der HSV ab 1947 die Glanz-
lichter. In sechzehn Jahren gewann der HSV fünfzehnmal
den Titel. Bis 1953 sechsmal in Folge.

Später erzählte uns mein Vater von den Spuren des
Krieges. Vom Wiederaufbau, vom Durchbeißen. Am Rothenbaum wuchs Unkraut, der Platz selbst war von Grana-
ten und Bomben verschont geblieben. Schon zwei Monate
nach Kriegsende besiegten die «Löwen» Altona 93 mit 2 : 0.
Vaters Stimme veränderte sich, wenn er von Rudi Noack
sprach, dem wohl größten HSV-Talent jener Zeit. Noack
starb in russischer Kriegsgefangenschaft.

Als die «Alten» Anfang der fünfziger Jahre langsam zu-
rücktraten, reagierte der HSV sehr clever. Man streckte die
Fühler aus in Richtung anderer Vereine. Jupp Posipal, der
dann 1954 zur Weltmeister-Elf von Bern gehörte, kam
schon 1949 von Arminia Hannover. Fritz Laband, auch bei
der WM in der Schweiz, wechselte aus Wismar zu uns. Rolf
Börner tauschte das braune Trikot des FC St. Pauli mit dem
weißen HSV-Hemd. Der HSV war weiterhin der Platz-
hirsch im Norden. Bei Eis und Schnee waren die Rothosen
sowieso unbezwingbar. Nur bei den Endrunden um die
Deutsche Meisterschaft haperte es mit Erfolgen.

Ab 1954 schlug dann die Stunde der «jungen Wilden»,
wie wir genannt wurden. Günther Mahlmann, der ohne
Trainerschein arbeitete, verstand es meisterhaft, Kumpel

und Respektperson in einem zu sein. Er formte eine Truppe mit verschiedenen Charakteren: Akademikern und Arbeiterkindern. Die Studenten Jürgen Werner, Gerhard Krug und Uwe Reuter gehörten dazu. Angehende Kaufleute wie Horst Schnoor, Klaus Stürmer, Horst «Hotte» Dehn, Klaus «Micky» Neisner. Der emsige Handwerker Erwin Piechowiak. Außerdem Peter Welt, Jochen Meinke, Werner Kloth, mein Bruder Dieter und mein «Flankengott» Gert «Charly» Dörfel. Er war der Sohn von «Friedo» Dörfel, einem HSV-Veteran, und der Neffe von Richard, ebenfalls einem der großen Alten beim HSV. Charly spazierte mit dem Spruch umher: «Charly gibt die Flanke, Uwe köpft ihn rein.» Leise war es in der Truppe aber nie. Vor allen Dingen nicht, wenn die Akademiker mal wieder in Schönheit beim Spiel starben und man den Eindruck bekam, sie hätten das Siegen verlernt.

3 Sepp Herberger und sein schwarzes Buch

1954 – welch ein Fußball-Jahr! Für mich und für Deutschland. Ich saß in Bern bei der WM auf der Tribüne. Als Belohnung für das tolle FIFA-Jugendturnier, bei dem wir den zweiten Platz erreicht hatten.

Das «Wunder von Bern», der 3 : 2-Sieg der deutschen Mannschaft gegen den haushohen WM-Favoriten Ungarn, versetzte die Fachwelt ins Staunen und die Nation ins Taumeln. Ich selbst hatte nie mit einer Berufung zu diesem Festival gerechnet. Sepp Herberger hatte mir immer angedeutet: «Uwe, Ihre Zeit kommt noch. Warten Se ab. Nicht ungeduldig werden.» Dieser Magier des Fußballs überließ ja nichts dem Zufall. Berühmt waren seine schwarzen Notizbücher, voll geschrieben mit Details über den sportlichen

Sepp Herberger in der Stunde seines größten Triumphs: beim WM-Sieg in Bern 1954. Rechts Fritz Walter.

Leistungsstand seiner Nationalspieler. Aber auch private Dinge notierte Herberger genau. Bei Telefonaten fragte er zum Beispiel nach dem Hund, nannte dabei den Namen, oder nach den Schulnoten der Töchter. So baute er ein kostbares Vertrauen auf. «Wenn du beim Herberger im schwarzen Buch stehst, dann bist du oben», hatte mir mein «Weltmeister»-Kamerad Jupp Posipal verraten. Ich stand.

Das war sicherlich ein Verdienst meines Hobbys. Mein Hobby hieß: Tore schießen. Die Herren «Doppelstopper», Sonderbewacher, Defensivspezialisten konnten die 30 Tore, die ich im Schnitt pro Saison schoss, nicht verhindern.

Die Stimmung in Deutschland, die Begeisterung über das «Wunder von Bern» war ungebrochen. Die Deutschen seien unschlagbar, hieß es. Welch ein Trugschluss. Schon am 22. Juli 1954, gut zwei Wochen nach dem Endspielsieg, hatte ich in einem Interview gelesen, was Sepp Herberger dachte.

Da stand zu lesen: «Wir müssen natürlich weitermachen, jetzt ja noch mehr als bisher. Und wenn Sie mich fragen, womit ich mich beschäftige – und vielleicht denken Sie im Stillen, ich hätte noch immer stets und ständig den Schweizer Sieg unserer Nationalelf vor Augen ... – ja, ich hab' ihn vor Augen, aber nicht als Triumph allein, sondern vielmehr als Verpflichtung. Und ich beschäftige mich mit dem nächsten Länderspiel. Wenn bisher schon das nächste immer das schwerste war, so kommt in Zukunft noch ein prächtiges Päckchen hinzu.»

Diese Sätze habe ich sehr aufmerksam gelesen. Sie waren typisch Herberger. Typisch war auch, wie mir mein späterer Freund Fritz Walter erzählte, Sepp Herbergers «Brief-Motivation». Jedem Spieler hatte er handschriftlich ein sportliches Grußwort geschickt. Dem Ottmar Walter, Fritzens stämmigem Bruder, schrieb er: «Ottes, so sehr ich mich mit Ihnen über die großartige Entwicklung Ihrer Tankstelle freue, so sehr bin ich besorgt über Ihre Form, die in letzter Zeit nicht die beste war.» Dem Schützen des «goldenen Tors» von Bern, Helmut Rahn, sandte er einen Satz in seine Heimatstadt Essen: «Ich bin darauf gespannt, ob Sie in der Zwischenzeit DAS geübt haben, was Sie zu üben mir in der Schweiz versprochen haben: Helmut, am 26. September muss es ‹patschen›.»

«Patschen» muss in der Sprache des Ruhrgebietes wohl Torschuss heißen, denn als der Dortmunder Lothar Emmerich, genannt «Emma», einmal erklären sollte, wie er ein Tor erzielt habe, antwortete er: «Patsch, patsch – Jubel. Drin der Fisch.»

Die ganze Motivation nutzte nichts. Eine Rumpf-Mannschaft lief am 26. September 1954 in Brüssel gegen Belgien auf. Viele Spieler fielen aus. Eckel mit Waden- und Schienbeinbruch. Karl Mai und Hans Schäfer ebenfalls verletzt.

Torhüter Turek nicht in Form. Ebenso wie die Kollegen Kwiatkowski und Kubsch. Ich erinnere mich noch genau: Wir saßen mit der gesamten HSV-Mannschaft vor dem Schwarzweißfernseher und wurden blass, als der Kommentator sagte: «Auch Fritz Walter ist nicht dabei.» Mit 2 : 0 gewann Belgien.

Das allein war kein Beinbruch. Aber nun fing die Misere erst richtig an. Herberger sah plötzlich sein gesamtes Lebenswerk in Gefahr. Der Grund: Die Spieler erkrankten reihenweise an Gelbsucht. Der erste war Helmut Rahn. Dann folgten die Gebrüder Walter, Max Morlock, Heinz Kubsch und Karl Mai. Sogar Torhüter Herkenrath, Helmut Rahns Vereinskamerad bei Rot-Weiß Essen, wurde angesteckt. Dabei war der Studienrat in der Schweiz gar nicht dabei gewesen. Und selbst Sepp Herberger, den «Chef», erwischte es.

Unvergessen bleibt mir auch die Diskussion, die anschließend entbrannte. Ferenc Puskás, dieser großartige Fußballer, mit dem ich später so manches Glas Rotwein genoss, stellte eine ungeheuerliche Behauptung auf. Sie lautete: Die Deutschen haben in Bern nur durch leistungssteigernde Drogen die Weltmeisterschaft gewonnen. Mit anderen Worten: Deutschland war gedopt!

Ich war, trotz meiner siebzehn Lenze, wütend. Und meine Mannschaftskameraden auch. Eigentlich ganz Fußball-Deutschland. Natürlich beherrschte dieses Thema wochenlang die Presse. Für mich war das alles unverständlich.

Als ich mich mal bei Dettmar Cramer, dem späteren Herberger-Assistenten, erkundigte, was da gelaufen sein könnte, meinte er: «Vielleicht hat sich Helmut Rahn auf einer Südamerika-Reise infiziert. Vielleicht war es auch eine unreine Nadel beim Spritzen von Traubenzucker und Vitaminen. Genauer weiß man's aber nicht.»

Für den gesamten Fußballsport war es gut, dass sich Ferenc Puskás für den Dopingverdacht später entschuldigte. Mein gesunder Menschenverstand fragt sich: Warum sollte sich Sepp Herberger dopen, den die Krankheit ja auch heimgesucht hatte? Der brauchte bestimmt keine Aufputschmittel.

Wie dem auch sei: Das ganze Theater blieb nicht ohne Auswirkungen auf die Leistungen der Nationalmannschaft. Von siebzehn Länderspielen gewann der Weltmeister Deutschland bis 1956 gerade mal fünf Begegnungen. 3 : 0 in Lissabon gegen Portugal, 2 : 1 in Hamburg gegen Irland, 2 : 0 in Karlsruhe gegen Norwegen. 3 : 1 in Oslo gegen Norwegen und 4 : 1 gegen Belgien in Köln. Wahrhaft keine Topspiele. Zugleich hagelte es Niederlagen gegen Italien, Jugoslawien, Holland, die UdSSR, die Schweiz und Irland.

In sechsundzwanzig Spielen bis zur WM 1958 in Schweden traten die Deutschen sechsundzwanzigmal in anderer Aufstellung an.

Und in dieser Zeit, als Herberger die Nationalmannschaft nach dem «Wunder von Bern» ständig umbauen musste, bekamen auch zwei waschechte Hamburger Jungs ihre Chance: Klaus Stürmer und ich.

4 Mein erstes Länderspiel

Im September 1954 bekam ich Post aus Frankfurt. Ein Brief, den jeder Fußballspieler mit zittrigen Händen öffnet, wenn er die grünen Buchstaben DFB auf dem Briefumschlag sieht. Günther Mahlmann steckte mir den Brief mit einem Schulterklaps und fröhlichem Grinsen zu: «Glückwunsch, Dicker, dein erster Einsatz für Deutschland!»

Termin: 16. Oktober 1954. Ort: Niedersachsenstadion Hannover. Gegner: Frankreich. Ergebnis: 1 : 3.

Ich erinnere mich genau: Klaus Stürmer und ich reisten mit dem Zug in die Sportschule Barsinghausen. Kleines Sturmgepäck in der Hand. Neugierige Augen und Flachs an der Rezeption: «Die Junioren spielen aber erst nächste Woche.» Dann: artiger Diener beim Händeschütteln des Magiers Sepp Herberger. Strammstehen. Beim Mannschaftsessen die vorsichtige Frage: Wo darf ich sitzen?

In einer solchen Atmosphäre ist plötzlich alles anders. Alles Grelle, Blendende weicht langsam zurück. Da gibt es keine große Schau mehr. Du bist einfach der Jüngste im Kreis, der Neuling. Deine Aufgaben im Training sind äußerst simpel. Die beweglichen Tore trägt das Greenhorn allein auf einer Seite. Gegenüber packen zwei Mann an. Für das Schleppen der Ballkiste ist nur einer verantwortlich: der Kleinste im Kreis. Rein optisch gesehen war das auch korrekt. Gestandene Fußballer können ja überaus charmant sein. Verzogener Ball, wegspringender Ball, Torschuss in die dritte Etage – ein lang gezogenes «Üüüben, üben, Uwe» war das Echo. Das Selbstverständliche, was man zu Hause als Stammspieler und Führungsperson beanspruchen kann, ist nicht mehr selbstverständlich. Das Wechselbad der Gefühle ist schon erstaunlich.

Mein Blick für die Kleinigkeiten schärfte sich. Ich muss wohl nicht erklären, dass beim Abspielen der Nationalhymne der Kloß im Hals ganz tief steckte, obwohl ich anfangs nicht auf dem Platz stand. Klaus ja. Ich war als Einwechselspieler vorgesehen. Wie froh war ich, mit meinem Mannschaftskameraden Jupp Posipal jemanden an der Seite zu haben, der meine Gefühle deuten konnte. «Halb so schlimm, Kleiner», sagte der immer fröhliche Weltmeister, der in Siebenbürgen geboren wurde und dessen pechschwarze Haare bis auf den letzten Tribünenplatz sichtbar waren. Schien die Sonne, dann leuchteten sie wie die Rosetten einer Sonnenblume.

Es waren 20 Minuten gespielt, da klopfte mir Herberger auf die Schulter und meinte lakonisch: «Geh'n Se rein und mache Se das, was Se könne. Kämpfen und Tore schießen.» Bernie Termath, der wieselflinke Linksaußen von Rot-Weiß Essen, humpelte verletzt vom Platz, und ich stürmte auf den Rasen. Den orkanartigen Jubel der 30 000 im Ohr. «Penny» Islacker, ebenfalls ein Essener Rot-Weißer, und Ottmar Walter klatschten und sagten kurz: «Ab in die Mitte, Dicker!».

Dabei war ich gar nicht dick. Einfach nur stämmig. Aber alle Welt nennt mich «Dicker», seit ich denken kann.

Das Spiel endete mit einer Enttäuschung. Mein Freund Klaus Stürmer schoss zwar ein Tor, doch wir verloren 1 : 3.

Mein 70-minütiges Gastspiel schien Herberger allerdings überzeugt zu haben. 1 : 3 – okay, abgehakt. Er dachte schon an die Zukunft. Wollte mit Klaus und mir und den wieder erstarkten Alten den Umbau der Nationalelf beginnen. Posipal, Fritz Walter, Rahn und Schäfer waren seine Korsettstangen. Und so nahm er sich Posipal zur Seite und erklärte ihm: «Achtet mir in Hamburg auf die zwei Jungs. Da wird mir zu viel Wirbel veranstaltet. Sie müssen aus erzieherischen Gründen auf die Herren einwirken. Beide brauchen – und haben – noch Zeit. Habe Se verstande, Jupp?»

Klar hatte Jupp verstanden. Dieser ungewöhnliche Mann verstand sowieso alles. Kritik übte er stets mit einem fröhlichen Augenzwinkern. Harmonie versprühte er beruflich, privat und beim Fußballspielen. Klaus Stürmer und mich betrachtete er als seine «eigenen Söhne». Er liebte uns, wie wir ihn liebten.

Nicht nur uns Youngsters beäugte Meister Sepp kritisch. Auch seine «Stars» wurden attackiert. Mit geharnischten

Worten. Er zweifelte an der Strebsamkeit seiner Zöglinge. Selbst Posipal wurde nicht geschont. Als Jupp mir den Brief zeigte, den er von Herberger bekommen hatte, zuckte ich zusammen. Da war zu lesen: «Sie sind nicht in bester Kondition. Gute Kondition zeigt sich nicht nur in einem entsprechenden Körpergewicht, sondern vielmehr in anderen Dingen, die ihren Sitz im Geistig-Seelischen haben.» Er hatte auch die Kopie eines Briefes von Herberger an Hans Schäfer, den Kölner Linksaußen, dabei. Ich las: «Was früher Ihre Stärke war, Ihr Drang zum Tor, Ihr explosiver Körpereinsatz im Kampf um den Ball, sucht man heute vergebens in Ihrem Spiel.» Dann fuhr er fort: «Wie schon so oft, möchte ich auch heute wieder darauf hinweisen, dass nur erhöhte Anstrengungen die früheren Leistungen zurückbringen. Auf der Weltmeisterschaft waren Sie im Urteil aller Sachkenner mit der beste Linksaußen. Sie waren Weltklasse. Heute sind Sie weit davon entfernt.» Auch Helmut Rahn bekam sein Fett ab. Herberger fehlten beim «Boss» die «Rasanz und der unwiderstehliche Zug zum Tor».

Mannomann, dachte ich. Starker Tobak. Die offene, direkte Ansprache gehörte zu den Charaktereigenschaften des Mannes aus Mannheim-Waldhof, der sich schon im Alter von vierzehn Jahren als Hilfsarbeiter und mit Gelegenheitsjobs durchschlagen musste. Früh war sein Vater gestorben, Herberger war erst zwölf Jahre alt. Aus zwei Ehen resultierten sechs Kinder, vier Mädchen und zwei Jungen. Man lebte in zwei Zimmern, hatte einen Garten und Ställe für Kleinvieh. Wenn ich an anderer Stelle dieses Buches über mein Elternhaus schreibe, wird man Parallelen entdecken. Auch wir Seelers lebten auf engstem Raum. Herberger bolzte, wie ich, auf der Straße, er spielte zuerst Stürmer und später Verteidiger beim SV Waldhof Mannheim. Er war drei Lenze jung, als sich am 28. Januar 1900 die Delegierten von

86 Vereinen aus dem Kaiserreich in der Leipziger Gaststätte «Marienthal» trafen. 60 Vereine gründeten den DFB, den Deutschen Fußballbund, Herbergers späteren Arbeitgeber – heute mit 6,5 Millionen Mitgliedern der größte Sportverband der Welt.

Drei Länderspiele machte Herberger in der Zeit von 1921 bis 1925, bevor er als Diplom-Sportlehrer im westdeutschen Fußballverband anfing, um dann von 1936 bis 1964 die deutsche Nationalmannschaft zu betreuen. Man stelle sich das mal vor: 28 Jahre lang. Undenkbar in der heutigen Zeit, wo die Trainer schon nach fünf Niederlagen in Folge die Papiere kriegen. Sehr zum Schaden des Fußballsports, wenn man überhaupt dann noch von Sport reden kann.

So wie mich mein Elternhaus prägte, so war's auch bei Herberger: Auf dem Fußballplatz konnte er ausprobieren und prüfen, was er im Leben gelernt zu haben glaubte – und umgekehrt. Der vom Ehrgeiz geprägte Arbeiterjunge verlangte Disziplin, Einsatz, Treue, Fairness. Taktik und Strategie eignete er sich an. Mit seiner bewundernswerten Treffsicherheit analysierte er menschliches Verhalten. Mit zäher Beharrlichkeit hielt er an Personen fest, die für ihn und seine Pläne von Bedeutung sein konnten.

5 Als «Flötenheini» im Mekka des Fußballs

Doch zurück ins Jahr meines ersten Länderspiels. Knapp zwei Monate nach dem Einsatz in Hannover kam wieder der berühmte Brief aus Frankfurt. Absender: DFB. Einladung zum Länderspiel in London am 1. Dezember 1954. England, London, Wembley-Stadion. Ich war 18 Jahre und 25 Tage alt.

Wenn ich richtig informiert bin, dann halte ich bis heute einen «Weltrekord». Nie mehr danach ist ein gerade Achtzehnjähriger im «Mekka des Fußballs» aufgelaufen: Im Wembley-Stadion, wo seit 1923 gespielt wurde. Heute ist das Stadion abgerissen, damals war es eine sagenumwobene Kultstätte. Schon bei der Platzbesichtigung stockte mir der Atem. Dieser Teppichrasen, dieser ovale Kessel, diese wuchtigen Tribünen, die Laufbahn. Ich schlich mich auch ganz kurz in die Loge der königlichen Familie. Natürlich ahnte ich nicht, dass ich zwölf Jahre später hier der Königin nach dem 2 : 4 gegen England die Hand schütteln würde – als Vize-Weltmeister.

Mein Gegenspieler im Dezember 1954 war kein Geringerer als der weltberühmte Billy Wright. Auf dem rechten Flügel spielte Stanley Matthews, der noch 1965, im Alter von 50 Jahren, an der Außenlinie herumwirbelte und den Queen Elizabeth zum «Sir» adelte.

Als bei der Mannschaftssitzung nach dem Frühstück mein Name an der Tafel stand, wurde ich zum «Flötenheini». Diesen Spitznamen hatte mir meine Mutter Anni verpasst. Eine tolle, resolute Frau, die eine sehr gute Schwimmerin und Handballerin gewesen war. Sie konnte überhaupt nicht begreifen, wenn man Angst hatte. Doch ich hatte Angst. Fiel im Hausflur das Licht aus, war's also dunkel, fing ich sofort an zu pfeifen, sprich zu flöten.

Natürlich konnte ich als Jung-Nationalspieler jetzt nicht flöten. Aber ein mulmiges Gefühl, ja Angst hatte ich dennoch. Die Mannschaftsaufstellung lautete: Herkenrath – Posipal, Kohlmeyer – Ehrhardt, Liebrich, Harpers – Kaufhold, Pfeiffer, Seeler, Derwall und mein Hamburger Landsmann «Coppy» Beck vom FC St. Pauli.

Links neben mir Jupp Derwall, der von 1980 bis 1984 Bundestrainer wurde, damals 27 Jahre alt, von Rhenania

Ich bin Deutschlands erster «Fußballer des Jahres», 1960. Glückwünsche von Günther Mahlmann und Fritz Walter. Im Hintergrund, rechts von mir: mein Vater Erwin Seeler.

Würselen. Ein exzellenter Techniker und eine echte rheinische Frohnatur, der keine Gitarre stehen ließ.

Ich stand also in der Anfangsformation: machte mein zweites Länderspiel. Die vier Weltmeister Posipal, Kohlmeyer, Ehrhardt und Liebrich wirkten unheimlich cool. Mir flatterten die Hosen: der Lärm, die Kulisse. Die Zuschauer wirkten wie eine schwarze Wand. Ihre Gesänge kannten keinen Stop. War die rechte Seite ruhig, fing sofort die linke an. Und umgekehrt. 90 Minuten lang. Ein Rhythmus, von dem die einen Flügel kriegen, die anderen schwere Beine. Wir hatten dem englischen Kick and Rush wenig entgegenzusetzen. Das Resultat: 1 : 3. Die Kritiken danach waren nicht von schlechten Eltern.

Zwar gab es im nächsten Länderspiel am 19. Dezember einen 3 : 0-Sieg in Portugal, doch ich war verletzungsbedingt nicht dabei. Ich spielte erst am 30. März 1955 wieder für Deutschland. Nach diesem Spiel, einem 1 : 2 in Stuttgart gegen Italien, dachte ich mir: Seeler, du hast die Seuche. Du bringst Deutschland kein Glück. Drei Länderspiele, drei Niederlagen. Deine Mannschaft hat drei Tore geschossen, acht reingekriegt. Nix Dolles, musste ich kritisch feststellen. Das Schicksal schien Mitleid mit mir zu haben. Als Achtzehnjähriger ist man ja noch im Wachstum. Doch ich hatte meinem Körper die Belastungen eines Erwachsenen zugemutet. Die Folge: Probleme im Kreuz und im Beckengelenk. Eine dreimonatige Pause ging mir so an die Nerven, dass aus dem netten Uwe ein grantiger Jungmann wurde. Drei Monate Pause beim Hamburger SV, Pause in der Nationalelf. Erst am 14. März 1956 lief ich wieder in Schwarz-Weiß auf. Natürlich – typisch «Seuchen-Uwe» – gab's eine Niederlage: 1 : 2 in Düsseldorf gegen Holland. Es folgten bis 1958, bis zum Beginn der WM in Schweden, noch fünfzehn Länderspiele. Alle ohne mich.

Ich war einfach nicht in Form. Ich ging zu zaghaft zum Ball. Ich sprang beim Kopfball nicht kräftig genug ab. Ich schoss nicht sofort, wenn ich den Ball hatte. Ich wagte nicht, mich abrupt zu drehen. Ich ging nur zögernd in die Zweikämpfe. Kurzum: Ich war nicht nationalelffrei. Welch komisches Wort! Aber es passte zu meiner Situation.

Jeder Sportler rutscht mal in ein solch ungewolltes Tief. Egal of Profi oder Freizeitsportler. Ob Fußballer, Tennisspieler, Leichtathlet, Boxer oder Radrennfahrer. Plötzlich gibt es einen Knick. Bei dem einen streikt die Psyche, weil der Erfolgsdruck wie eine Zentnerlast wirkt. Beim anderen sind es Bänder, Sehnen, Muskeln. Auch ich blieb von solchen Rückschlägen nicht verschont.

6 Meisterschaften, Titelkämpfe – und ein «Sklaventreiber» spitzt die Ohren

Doch bei der Weltmeisterschaft 1958 in Schweden wurde ich Stammspieler. Diese WM war für mich der Auftakt zur Teilnahme an vier Welturnieren: 1958, 1962, 1966 und 1970. Insgesamt absolvierte ich für Deutschland 72 Länderspiele, schoss dabei 43 Tore.

Wenn das Thema auf diese Großereignisse kommt, muss ich immer die Standardfrage beantworten: «Vier Weltmeisterschaften – aber nicht einmal Weltmeister. Tut das nicht weh?» Meine Antwort ist sehr einfach: «Es tut schon weh, aber wir haben es einfach nicht geschafft.» 1958 in Schweden wurden wir Vierter. 1962 in Chile gab's eine Pleite, Endstation im Viertelfinale. 1966 in England das verrückte Endspiel mit dem «Tor oder Nicht-Tor» gegen den Gastgeber – wir wurden Vizeweltmeister. Und in Mexiko 1970 das 120-Minuten-Drama um den Einzug ins Finale gegen Italien mit dem legendären 3 : 4. Ich beeile mich dann immer, ganz schnell zu bemerken: Aber Deutscher Meister bin ich geworden, mit dem HSV!

Rückblende: Frankfurter Waldstadion, 25. Juni 1960. Wir spielen gegen den haushohen Favoriten 1. FC Köln. Ich treffe zweimal, Charly Dörfel einmal, wir gewinnen 3 : 2. Welch eine Genugtuung nach dem zweimaligen Scheitern im Endspiel um die Deutsche Meisterschaft: 1957 mit 1 : 4 gegen Dortmund, 1958 mit 0 : 3 gegen Schalke 04.

Ich weiß noch gut, was ich empfunden habe damals – im Sommer 1960. Ich dachte: Lieber Gott, ich danke dir. Mich befiel eine Dankbarkeit, die ich vorher nicht gekannt hatte. Was ich bis dahin erleben durfte, konnte mir ja niemand mehr nehmen. Ich, der Junge aus dem Arbeitermilieu, stand auf der Sonnenseite des Lebens. Im hellen Licht.

Ich dachte an Ilka. Was hatte «Mäuschen» nicht alles an Verzicht und Entbehrungen auf sich genommen! Ihr leises Management zum Beispiel. Immer stand die Sporttasche griffbereit neben der Haustür. Immer hörte ich abends den Satz: «Uwe, mit den Kindern ist alles okay.» Selbst wenn unsere zwei Hunde, ein Dackel und ein Bernhardiner, die Blumenbeete wieder mal zertrampelt hatten oder die Heizung streikte – Ilka regelte alles auf ihre Art. Still und leise. Mein Kopf sollte frei von Alltagssorgen sein. Frei für den Fußball.

Im Meisterjahr 1960 vergaben Deutschlands Sportjournalisten zum ersten Mal den Titel «Fußballer des Jahres». Als mich die Kunde erreichte, ich sei der Gewählte, war ich mächtig stolz. Ich weiß nicht mehr ganz genau, was bei der Verleihung in der Festrede gesagt wurde. Ich erinnere mich nur noch an Worte wie Ehrlichkeit, Zielstrebigkeit, Fairplay, Kämpfer, Tore. Das Echo jedenfalls muss sehr laut gewesen und bis in die Ohren eines Mannes in Italien gedrungen sein. Respektlos nannte man ihn kurz und knapp «Sklaventreiber» oder «Mister Catenaccio». Sein Name: Helenio Herrera.

Geboren wurde der Mann 1916 als Kind spanischer Auswanderer in Argentinien, genauer gesagt: in der 13-Millionen-Hauptstadt Buenos Aires am Rio de la Plata. Dort, wo die Luftfeuchtigkeit im Sommer über 90 Prozent steigt, Tango und Fußball zum allgemeinen Leben gehören. Herrera verließ seine Heimat, wuchs in Marokko auf und wurde mit achtzehn Jahren Fußballprofi in Frankreich. Nach dem Zweiten Weltkrieg trainierte er in Frankreich und Portugal. Dann kam die Berufung zum Nationaltrainer der Franzosen, Italiener und Spanier.

Seine große Zeit begann 1960 bei Inter Mailand. In acht Jahren gewann er dreimal die italienische Meisterschaft und zweimal den Europapokal der Landesmeister. Seine Taktik hatte sich auch bis nach Hamburg herumgesprochen. Sie hieß: Catenaccio. Eine Defensivtaktik mit dem Hauptziel, Tore des Gegners zu verhindern. Die Verteidiger bekamen die Order, eisern beim Mann zu bleiben und in Bruchteilen von Sekunden sich in den Angriff einzuschalten. Man könnte auch sagen: hinten dicht, vorne hilft der liebe Gott.

Die Kritik, sein Spielsystem sei langweilig und destruktiv, störte Herrera nicht. Es machte ihm auch nichts aus, wenn Gerüchte kursierten, dass die Tage für Schiedsrichter in Mailand besonders nett seien und die Gastfreundschaft kaum Grenzen kenne. Herrera sah Fußball als ein knallhartes Geschäft. Eine moderne Einstellung, ganz wie heute. Erfolg um jeden Preis, gewinnen um jeden Preis.

Erstaunlicherweise fand das Spielsystem des «Sklaventreibers» viele Anhänger in Südeuropa und Lateinamerika. Aber auch in Italien wurde jahrelang aus der verstärkten Abwehr gespielt.

In wenigen Sätzen ist der Catenaccio so zu erklären: Der Mittelläufer sichert hinter der Abwehr ab, die aus beiden Außenverteidigern und den beiden Läufern besteht. Die Halbstürmer sichern davor, auch der Linksaußen ist weit zurückgezogen. Bei Ballbesitz stoßen wechselnde Spieler möglichst schnell vor.

Für solch eine Spielweise benötigt man die dementsprechenden Spielertypen. Einer, der genau in Herreras Catenaccio-System passte, war der Wuppertaler Horst Szymaniak. 1934 in Erkenschwick geboren, spielte er zunächst bei der Spielvereinigung und arbeitete als Bergmann auf der Zeche. Dann wechselte er 1956 zum Wuppertaler SV. Von dort zum Karlsruher SC und 1961 zum CC Catania. Er war plötzlich um 100 000 Mark reicher. Handgeld für zwei Jahre. Die nächste Station hieß Inter Mailand. In

Punktspielen setzte ihn Herrera selten ein. In Europacup-Begegnungen ständig. Herreras Begründung für die seltsame Rolle: Nur ein ausgeruhter Mann kann Höchstleistungen bringen. Ein Jahr hielt Horst diese Situation aus, dann wechselte er zum FC Varese, bevor er bei den St. Louis Stars in Chicago seine internationale Karriere beendete.

Fast 20 Jahre später wechselten weitere namhafte deutsche Spieler zu Inter. Karl-Heinz Rummenigge 1984 für die Transfersumme von zehn Millionen Mark. Drei Jahre war der Junge aus dem westfälischen Lippstadt in Diensten von Inter und schoss Tore am Fließband. Die Zeitungen schrieben vom blonden Fußballgott. Auch Lothar Matthäus, Hansi Müller und Mathias Sammer gaben kurze, heftige, aber gut dotierte Gastspiele.

Beim Lokalrivalen AC Mailand verdingte sich als erster Deutscher Karl-Heinz Schnellinger, vierfacher WM-Teilnehmer, 47 Länderspiele. Bei Düren 99 entdeckt, von 1958 bis 1963 beim 1. FC Köln, ging sein Stern bei der WM 1962 in Chile auf. Italien lockte – und «Schnelli» erlag dem Lockruf. Klar. Für eine bisher nie da gewesene Ablösesumme, 1 120 000 DM, wechselte er zum AS Rom, wurde dann an den AC Mantua ausgeliehen, kam nach Rom zurück, errang den Copa Italia und war ab 1965 zusammen mit Gianni Rivera ein knappes Jahrzehnt die Stütze des AC Mailand. Er galt als kühler Kalkulator. Beherrscht in jeder Situation. Er erzählte mir mal, dass ihn die Schauspielerin Gina Lollobrigida als den schönsten Fußballmann bezeichnet habe. «Und das bei deinen rotblonden Haaren und den vielen Sommersprossen», flachste ich. Da musste er selbst lachen …

Christian Ziege, der kernige Bayer, und Oliver Bierhoff, der elegante Mittelstürmer, den ich selten ohne Krawatte gesehen habe, spielten nach Schnellinger ebenfalls für den Verein des ehrgeizigen Silvio Berlusconi.

Trainer haben natürlich vom Spielsystem ihre eigenen Vorstellungen. Als beim AC Milan Arrigo Sacchi das Zepter übernahm, waren deutsche Importe nicht mehr gefragt. Er glaubte, Holländer seien taktisch besser belehrbar. Dabei war die holländische Nationalmannschaft zu jener Zeit eher drittklassig. Es gab noch keinen Marco van Basten, keinen Ruud Gullit, Frank Rijkaard oder Johan Cruyff. Cruyffs Verein Ajax Amsterdam ließ erstmalig im Herbst 1966 aufhorchen, man besiegte den FC Liverpool mit 5 : 1. Feyenoord Rotterdam holte 1970 unter Ernst Happel den Europacup. Dann aber rollte Ajax Amsterdam das Feld auf. Mit drei Europacup-Siegen in Folge. Der Motor dieser Mannschaft: Johan Cruyff, ein überragender Mittelstürmer, der ständig unterwegs war. Rechts, links, vorne und – ja, auch in der Abwehr. Cruyff war mir in einer Hinsicht ähnlich: sein Mundwerk stand nie still. Seine Mitspieler brüllte er an. Zeigte ihnen die Laufwege, schickte sie los. Es ging ihm darum, Raum zu schaffen und dann in diesen Raum vorzustoßen.

Ich habe einen Kronzeugen, der Johan Cruyff noch viel besser kennt als ich. Gern fahre ich mittags für ein oder zwei Stündchen in Hamburg auf den Fleischgroßmarkt. Eingang: Tor 13. Dort gibt es, versteckt im ersten Stock, unter dem Firmenschild Delta-Fleisch ein Restaurant. Mein Kumpel Heinrich Höper, ein Urgestein im weißen Schlachterkittel, der schon morgens um 5.00 Uhr auf den Beinen ist, lockt Sportler, Wirtschaftsleute und sonstige bekannte Gesichter mit erlesenen Steaks, Fischen und Getränken. Der runde Tisch in der Ecke rechts ist für uns Sportler reserviert. Das ist gut so. Denn der «runde Tisch» ist die perfekte Nachrichtenbörse nach dem Motto: «Hast du schon gehört?»

Hinter dem Tresen arbeitet Horst Blankenburg, jahrelang Teamkollege von Johan Cruyff bei Ajax Amsterdam (und später ein Klassespieler beim HSV). Horst erzählt gerne von «total Football», wie man die Spielweise damals nannte. Also: keine Verteidiger, die nur verteidigen. Keine Stürmer, die nur stürmen. Keine Außen, die nur an der Linie kleben und auf das Zuspiel warten. «Total Football» – da sollten alle in Bewegung sein und eigentlich auch alles können. Natürlich verlangt diese Spielweise als Basis eine Superkondition und eine enorme Willenskraft. Was ja auch deutsche Tugenden sind.

Meistertrainer Arrigo Sacchi, der seine große Zeit mit dem AC Mailand erlebte, ließ jedes Spiel, jeden Spieler filmen, und dann wurde analysiert. «Ich brauche elf Alleskönner», forderte er immer wieder. Ein verdammt frommer Wunsch. Wie schön, dass dieses herrliche Spiel nicht so perfekt planbar ist. Immerhin aber gelang es Sacchi im Halbfinal-Rückspiel 1989, Real Madrid mit einem 5 : 0-Sieg die höchste Niederlage der Vereinsgeschichte im Europacup zuzufügen.

Ob «Schweizer Riegel», «WM-System», 4-2-4-System, 4-3-3, ob Viererkette, Ausputzer, Catenaccio oder 4-4-2 oder 2-3-5-System – ganz egal. Für mich gilt als Grundvoraussetzung des Erfolges das, was mir mein Vater «Old-Erwin» und mein «Ziehvater» Günther Mahlmann eingebläut haben: Zeitgemäßer Fußball ist ausgeprägtes Teamwork. Ohne Mannschaft bist du nichts.

Die Formel «Elf Freunde müsst ihr sein» hat längst keine Gültigkeit mehr, ich weiß. Sie wurde abgelöst von dem Begriff der Ich-AG. Jeder Spieler hat ja heute seinen eigenen Berater, sieht sich als fußballspielende Firma. Nur: ob die Firma erfolgreich ist oder nicht, hängt – wie vor hundert Jahren – von der geschlossenen Mannschaftsleistung ab.

Geschlossene Mannschaftsleistung – diese zwei Worte

sind in ihrer Bedeutung nicht schwer zu definieren. Soforthilfe ist beim heutigen Tempo sofort angesagt. Dem Kollegen im Zweikampf helfen. In der Defensive genauso Fußball arbeiten wie im Offensivbereich. Abgesteckte Arbeitsfelder und Aufgaben darf es nicht mehr geben. Mein alter Freund und Mitspieler Willi Schulz hört das mittags bei Heini Höper im Delta-Restaurant nicht gern. Der schlaue Fuchs, zu seiner Zeit einer der besten Abwehrspieler der Welt, flachst immer: «Aufgabe ist Aufgabe. Meine Aufgabe hieß Tore verhindern. An der Mittellinie war mein Spielfeld zu Ende. Da begann das Reich von Uwe.» So ein Blödsinn. Mein Reich war der gesamte Platz.

Fußballkenner in Deutschland werden sich erinnern, dass es auch bei uns in der Bundesliga, die ja 1963 gegründet wurde, einen «Catenaccio»-Fanatiker gab. Sein Name: Rudi Gutendorf. Und es gelang ihm tatsächlich im Gründungsjahr der Fußball-Bundesliga 1963/64, mit einem solchen «Catenaccio»-System die Vizemeisterschaft mit dem damaligen Meidericher SV zu erringen. Um den Strafraum herum postierte Gutendorf nicht sieben, sondern gleich acht Spieler, die eine besondere Begabung aufzuweisen hatten: an der Strafraumgrenze lautete die Devise: «Weg mit dem Ding!» Flog der Gegenspieler mit weg – umso besser. Und vorne, im so genannten Stürmchen, stand jener Spieler, dessen Name in die Geschichte eingegangen ist: der legendäre Helmut Rahn, Schütze des «goldenen Tores» beim 3 : 2-Sieg 1954 im Berner Wankdorf-Stadion gegen die Ungarn. Wo der ebenso legendäre Rundfunkreporter Herbert Zimmermann fast einen Herzinfarkt erlitten hätte, als er rief: «Rahn hat den Ball, Rahn müsste schießen, Rahn schießt – Tooor, Tooor für Deutschland!»

7 Ein folgenschweres Nein

Helenio Herrera also suchte einen solchen Spieler für seine Defensiv-Taktik, der nur eine Richtung kannte: die Richtung Tor. Er suchte keinen, der den Ball glänzen ließ, der ihn streichelt, der mit einem eleganten Dribbling den Zuschauern Beifall entlockt. Herrera hatte ausrichten lassen, er würde persönlich nach Hamburg kommen, um mir ein Angebot zu machen. Er wusste auch, dass ich 1960 eine Offerte des «Königsklubs» Real Madrid mit der Begründung abgelehnt hatte: ich bin Hamburger, ich bleibe Hamburger. Für kein Geld der Welt hau ich ab.

Es störte ihn nicht. Er hatte um einen Termin gebeten, und ich gab eine Zusage. Je näher der Tag kam, desto unruhiger wurde ich. In der letzten Nacht schlief ich schlecht. Ich wachte gegen sieben Uhr auf, es nieselte, wie eingangs erwähnt, und der Aprilwind pfiff.

Ich schlich also in die Küche, kochte mir Kaffee und hatte Probleme mit meinem Appetit. Das Brötchen mit Quark wollte nicht schmecken. Ich saß allein in der Küche und dachte: Was machst du eigentlich, wenn der Herrera so viel Geld bietet, dass du nicht nein sagen kannst? Ich blickte aus dem Fenster und musste schmunzeln. Vielleicht wollten Regen und Wind mir ein Signal geben: Denk mal nach, Uwe. In Italien scheint morgens die Sonne. Du brauchst nicht am Rothenbaum im Schlamm zu trainieren. Der Ball ist keine glitschige Kugel, wenn er vom Kopfball-Pendel zurückprallt. Du stolperst nicht durch Pfützen, und die Klamotten sind nicht zwei Kilo schwerer nach jedem Training.

Als ich an diesem Morgen beim Training erschien, schaute mich unser Trainer Günther Mahlmann mit kritischem Blick an. Er, der mich seit meiner Jugend kannte, wusste sofort, dass mich irgendetwas bedrückte. «Ist was,

Dicker?», fragte er kurz und knapp. «Nee, nee», stotterte ich, «ich muss nach dem Training kurz noch mal in die Stadt.» Das verwunderte ihn. Denn sonst pflegte ich nach Schluss des offiziellen Trainings noch eine halbe Stunde am Kopfball-Pendel zu üben.

Ich sehe noch heute, über 40 Jahre später, wie «Papa Mahlmann» mit dem Kopf nickt und mit dem linken Auge zwinkert. Der wusste schon mehr.

Nun wurde ich noch unruhiger. Die Fahrt zum Nobelhotel Atlantic, wo Herrera mit einem Dolmetscher auf mich wartete, schien mir endlos lang. Dabei sind es nur ein paar Kilometer vom Rothenbaum bis zur Außenalster, ohne Stau am Dammtor maximal zehn Minuten.

Herrera empfing mich mit einem strahlenden Lächeln in der Hotelhalle. Er war nicht groß, aber auch nicht klein. Trug einen dunklen Anzug, ein blütenweißes Hemd mit einem Schlips, worauf das Emblem von Inter Mailand eingedruckt war. Er entsprach überhaupt nicht dem Klischee eines Mannes, der mit dem Lehren von Fußballkunst sein Geld verdient. Herrera hätte auch Bankdirektor, Vorstandschef, Professor oder Arzt sein können.

Man geleitete mich in den ersten Stock, hatte eine Suite gemietet. Eine Suite im Atlantic, mit Blick auf die Alster – Herrera merkte sofort, dass das nicht meine Welt war. Und als dann auch noch zwei Kellner umherhuschten, wurde mein Unbehagen immer größer. Ich blickte meinem Gegenüber tapfer in die Augen, suchte sofort Blickkontakt. Herrera fackelte nicht lange und ließ übersetzen: «Signore Seeler, wir wollen Sie kaufen. Sie sind der beste Mittelstürmer, den es zurzeit gibt. Sie wissen ja: Catenaccio ist ein tolles System, aber Catenaccio können Sie nur dann spielen, wenn jemand Tore schießt. Und das können Sie am besten.»

Ich lächelte ob des Lobes, nippte kurz an meiner Cola

und sagte nichts. Neben dem Tisch aus feinstem Glas mit goldener Umrandung stand ein schwarzer Koffer. Herrera griff nach ihm, hob ihn hoch und sprach: «Signore Seeler! Diesen Koffer füllen wir sofort mit einer Million Mark, netto, bar, versteht sich. Das ist Ihr Handgeld, wenn Sie für fünf Jahre nach Mailand kommen. Wenn es Ihnen nicht gefällt, können Sie nach drei Jahren wieder zurück. Ablösefrei. Die Million aber gehört Ihnen sofort!»

Eine Million! 1961! Eine Million Deutsche Mark im Alter von 25 Jahren. Verdammt viel Geld. Gut, heute hätte ein Profi für diese Summe nur ein müdes Lächeln übrig. Diese Summe wäre die Vermittlungsprovision seines Beraters.

Für mich aber, damals mit 500 DM brutto im Monat honoriert – später waren es dann 2500 DM –, war dieses Geld schon verdammt verlockend. Dann spielte unterschwellig noch die Faszination mit, zu einem europäischen Spitzenklub wechseln zu können. Internazionale Mailand – das war Musik in jedem Fußballer-Ohr. Ich kannte Spieler wie Burgnich, Faccetti, Suarez, Jairzinho oder Corso. Ich wusste, dass Mailands Luft nicht die beste ist, aber diese Stadt als Stadt der Mode, des Films, der Wirtschaft, der Musik und – des Fußballs, das galt. Damals wie heute.

Zwei Vereine bestimmten das Geschehen. Auf der einen Seite die Interista – die Fans von Inter, auf der anderen die Milanista – die Anhänger des AC Mailand. Helenio Herrera sprach über den Machtkampf und die Vereinsphilosophie. Ich hörte genau zu. Kinder, so berichtete er, würden als Interista oder Milanista geboren. Danach gäbe es kein Zurück mehr. Der AC Milan sei der Volksverein, obwohl die Mitglieder aus den gehobenen Schichten kämen. Sein Arbeitgeber Inter sei weitaus kühler, alles würde perfekt kalkuliert. «Ich berechne jede Situation», ließ er mir über den Dolmetscher übersetzen, «das Fußballspiel kann man wie Schach betreiben. Man braucht dazu aber die richtigen Figuren. Einen wie Sie, Uwe Seeler. Deutsche Spieler sind fleißig, kampfstark und sehr diszipliniert.»

Mir imponierten nicht nur Helenio Herreras Worte, sondern auch die Ruhe, die er ausstrahlte. Er schien sich seiner Sache ganz sicher. Als ich mich nach einer Stunde lächelnd verabschiedete, vereinbarten wir ein zweites Gespräch. Ich bat um Bedenkzeit.

Erstaunt war ich übrigens am nächsten Tag über das Presseecho. Vielleicht gehörten die lancierten Veröffentlichungen zur italienischen Taktik, um mich unter Druck zu setzen.

Ich stand also auf, reichte die Hand, ging zur Rezeption und rief Ilka zu Hause an. Ein Handy gab's ja noch nicht … «Nun komm erst mal nach Hause», sagte sie in ihrer kurzen, knappen Art.

Die Fahrt von Hamburg-Stadtmitte bis zu unserem Haus in Norderstedt, knapp 25 Kilometer, schien mir endlos lang. Und das lag nicht an meinem Auto, einem Ford 12 M. Die «blaue Badewanne» war nicht langsam, die Gedanken in meinem Kopf aber waren schnell. Als ich endlich zu Hause ankam, öffnete Ilka die Tür und gab mir den obligatorischen Begrüßungskuss. «Na, Mausi», lächelte sie, «alles klar?» «Alles klar», sagte ich, «wir können packen, wir sind aus dem Gröbsten raus. Du kannst schon mal Italienisch lernen.» Ich erzählte ihr von dem Gespräch. Plötzlich unterbrach sie mich: «Uwe, wie immer du dich entscheidest, was immer du machst – ich mache mit.»

Die Worte taten gut. Sie verfehlten ihre Wirkung nicht. Ich ging an diesem Abend etwas beruhigter zu Bett, obwohl es noch keine Entscheidung gab.

Am nächsten Tag suchte ich das Gespräch mit Günther

Mahlmann. Unsere Kabine lag hinter der Holztribüne am berühmten Rothenbaum-Sportplatz. Der Raum war so eng, dass, wenn sich alle gleichzeitig umzogen, große Rücksichtnahme gefordert war. Es gab auch nur drei Duschen und ein Fenster. Die Klappsitze vor den kleinen Spinden waren so eng, dass man nur seitwärts sitzen konnte. Mein Platz war hinten in der Ecke.

Ich passte Herrn Mahlmann nach dem Training im Kabinengang ab. Ich redete ihn mit «Herr» an, das war gewachsener Respekt für diesen feinsinnigen Mann. Er schaute mir direkt in die Augen, holte ganz tief Luft und sagte dann: «Eine schwierige Entscheidung, Uwe, die will sehr gut überlegt sein. Denk dran: hier bist du zu Hause, hier lieben dich alle.»

Das waren keine zwei Minuten. Sie machten mich nicht schlauer, stimmten mich aber nachdenklich. Meine Kameraden hatten natürlich die Zeitungen gelesen. Sie unkten: «Uwe, du musst gehen. Wir bringen dich auch mit Blumen zum Flughafen.» Verdammt, dachte ich, wollen die dich loswerden, oder welche Taktik steckt dahinter?

Abends rief ich dann Sepp Herberger an, schilderte ihm die Situation. «Bleibe Se hier», sagte er in seinem unverwechselbaren Mannheimer Dialekt, «hier wisse Se, was Se haben. Sie haben eine sichere Existenz, und Sie sind kein Typ, den man ins Ausland schicken kann.»

«Aber es ist doch sehr reizvoll, für einen so weltberühmten Verein spielen zu dürfen, Herr Herberger.» – «Kann ich verstehen», erwiderte er, «aber Sie sind nicht der Typ, Uwe, der in einem anderen Land klarkommt. Denken Se dran: Zum Fremdenlegionär muss man geboren sein.»

Sekundenlang war es ganz still in der Leitung. Dann bedankte ich mich und hörte nur noch halb zu, als Sepp Herberger sagte: «Am Kopfball-Pendel den Nacken schön steif halten und mit dem ganzen Oberkörper hinter den Ball.» Typisch Herberger! Er nutzte jede Situation und Gelegenheit, um seine Weisheiten in die Köpfe seiner Spieler zu pflanzen.

Helenio Herrera hatte das Hotel Atlantic für eine ganze Woche gebucht. Zwei Tage vor der Abreise kam es zum entscheidenden Gespräch. Nach dem Training fuhr ich also wieder in die Nobelherberge, saß wieder in der Suite, nippte wieder an meiner Cola. Ich sehe Herreras Gesicht noch heute vor mir. Er lächelte wie ein Spieler, der in der 90. Minute das spielentscheidende Tor geschossen hat. Der Champagner zum Begießen der Vertragsunterzeichnung schien mir auch schon geordert.

Bei solchen Gesprächen kommt man ja nicht gleich zur Sache. Da wird sich erst «aufgewärmt». Unter Fußballern ist das ganz einfach. Man kaut die Neuigkeiten durch, spricht über Vereine, Spieler, Tore, Gerüchte und Tatsachen. Herrera war ganz stolz, als er mir von einem 3 : 1-Sieg seines Teams in Bergamo berichtete. Ohne ihn auf der Bank – das sei eine Meisterleistung gewesen. Ich nickte Beifall. Dann kam die entscheidende Frage: «Na, Signore Uwe», fragte er lächelnd, «wie haben Sie sich entschieden?» Ich drückste ein wenig herum. Ich dachte mir: Jetzt stehst du vorm Tor, jetzt hast du den Ball am Fuß, jetzt musst du verwandeln, ohne Firlefanz, direkt.

«Ja, ich habe mich entschieden», sagte ich, «ich werde in Deutschland bleiben. Aber glauben Sie mir, Herr Herrera, die Entscheidung ist mir nicht leicht gefallen.» Sein Lächeln verschwand. Mit dieser Antwort hatte er nicht gerechnet, war es ihm in der Vergangenheit doch immer gelungen, begehrte Spieler nach Mailand zu locken. Immer mit dem gut gefüllten Geldkoffer.

«Aber wir sind doch noch nicht am Ende, was das Geld

In meiner Heimatstadt Hamburg unterwegs – zusammen mit meinem Bruder «Didi».

anbelangt», beeilte er sich nach der kurzen Schock-Pause zu bemerken.

«Es ist nicht das Geld, nein, es ist mein Gefühl. Für alle ist es besser, wenn ich in Hamburg bleibe.»

Er legte mir einen Vertrag vor. Beginn meiner Tätigkeit für Inter: 1. Juli 1961. Prämie für den Wechsel: 1 Million DM. Bar auf den Tisch. Netto. Steuerfrei. Jahresgehalt: pro Saison ca. 500 000 DM. Für drei Jahre wären das 1,5 Millionen DM gewesen. Verdammt viel Geld für die damalige Zeit. Ehrlich, mir war schon schwindelig. Als besondere Vergütung offerierte Herrera eine Villa – natürlich ohne Miete. Ein Auto – natürlich ohne Kosten für Benzin und Wartung. Ärztliche Betreuung für die ganze Familie – natürlich ebenfalls kostenlos.

«Es ist nicht das Geld, Herr Herrera», sagte ich, «es ist meine Überzeugung nach reiflicher Überlegung. Für uns alle ist es besser, wenn ich in Deutschland bleibe.»

Herrera offerierte mir noch mal Bedenkzeit. Doch mein Entschluss stand fest. Das «No» war meine ehrliche Meinung, eine Tatsachenentscheidung.

Untermauert wurde sie durch einen offenen Brief, den Professor Helmut Thielicke mir schrieb. Der Brief ist ein ungewöhnliches Dokument – ein Theologieprofessor wendet sich öffentlich an einen Sportler! In allen Hamburger Gazetten konnte man die Meinung des Rektors der Hamburger Universität lesen:

«Sehr geehrter, lieber Herr Seeler,
wahrscheinlich werden Sie sich ein bisschen wundern, ausgerechnet von mir einen Brief zu kriegen. Den schreibe ich Ihnen auch nicht in meiner gegenwärtigen Amtseigenschaft, sondern als jemand, der von Berufs wegen – unter anderem – die Aufgabe hat, über geistige und

ethische Fragen in unserer Zeit nachzudenken, und der sich, glaube ich, mit der jungen Generation gut versteht. Wer wäre nicht aufs heftigste von der Nachricht elektrisiert, dass ein ausländischer Verein einen unserer jungen und sehr geliebten Sportler für über eine Million gewinnen will? Die Phantasie beginnt dabei Purzelbäume zu schlagen, macht aber im nächsten Augenblick der Frage Platz: Wo will das hin?

Sie sind ein viel zu guter Sportsmann und haben einen zu verlässlichen Charakter, als dass Sie sich nicht selbst die Frage gestellt hätten, ob derartige Praktiken nicht der Ruin des Sports seien, ob seine Idee und sein Ethos nicht dadurch vergiftet würden. Ich selbst bin aufs tiefste von dem Zynismus betroffen, mit dem gewisse Manager besonders tüchtige junge Menschen – sei es beim Sport, sei es beim Film – zu Objekten ihrer Spekulation machen und damit oft genug in ihrer inneren Entwicklung zermürben und sie schließlich zu Bankrotteuren des Lebens werden lassen. Wer würde es Ihnen verdenken, wenn Sie dieser nahezu übermächtigen Versuchung nachgeben?

Doch wenn Sie dieser Versuchung widerstehen, lieber Herr Seeler, dann wäre das ein leuchtendes Fanal, durch das Sie eine abschüssige Bahn beleuchten, die Menschen zur Besinnung rufen und sie davor zurückschrecken lassen.

Alles, was hier an guten Ermahnungen laut wird (also auch von meiner Seite!), das mag schön und gut sein. Doch da es von Menschen geäußert wird, für die keine Million auf dem Spiele steht, fehlt ihm die Durchschlagskraft des Opfers. Sie sind bis jetzt ein ausgezeichneter Sportler gewesen und dadurch manchem aus Ihrer Generation ein Vorbild geworden. Ich glaube, Sie stehen jetzt vor der Frage, ob Sie eine noch größere Chance nutzen wollen: Der Jugend unseres Volkes ein Leitbild für die

Lauterkeit der Gesinnung und für den Ernst des sportlichen Spiels zu werden.

In diesem Sinne grüßt Sie
Ihr Thielicke»

Für mich bedeuteten diese Worte: Uwe, Hamburg braucht
dich!

Fußball-Deutschland braucht dich!

Alle brauchen dich!

8 ... und ein Jawort fürs Leben

Ich brauchte in diesem Moment nur eins: mein Zuhause,
meine Frau. Ich wollte mich mit klarem Kopf einfach nur
wohlfühlen, die Seele baumeln lassen. Mit Ilka, etwas Rotwein und ihren wunderbaren Käseschnittchen, in wenigen
Minuten herbeigezaubert. Kerstin, unser knapp einen Monat altes Töchterchen, schlief. Sie schien mir auch mit
geschlossenen Augen schöner denn je ...

Ilka, die ich am 18. Februar 1959 in der St. Johannis-
Kirche in Hamburg-Eppendorf geheiratet hatte, gehört zu
jenen Menschen, die Ordnung und Harmonie schätzen. Sie
besitzt die Gabe, sich klar und verständlich auszudrücken.
Sie kann motivieren, begeistern, kritisieren, ohne den anderen Menschen zu verletzen.

In der Festschrift zu meinem 60. Geburtstag am 5. November 1996 widmete sie mir 40 Zeilen. Unter der Überschrift «Mach was du wirklich willst», schreibt sie unter anderem:

«Immer wieder bin ich in den letzten Wochen gefragt
worden: Bist du eigentlich immer so glücklich mit Uwe gewesen? Um es ganz ehrlich zu sagen: Ja! Ich würde ihn immer»

wieder heiraten. Auch wenn es sicherlich manchmal schwer war. Da gab's dann auch Momente, in denen ich Uwe an die Wand hätte nageln können. Ein Beispiel gefällig?

Wenn Uwe ein Spiel hatte, konzentrierte er sich nur darauf. Alles andere wurde plötzlich unwichtig. Es kam nicht nur einmal vor, dass er nach dem Schlusspfiff vom Platz kam und einfach an mir vorbeilief – ohne mich zu beachten. Da war ich schon ziemlich sauer. Unterm Strich aber waren es wunderschöne Jahre. Manchmal bin ich fast ein bisschen traurig, dass die Zeit mit Uwe so schnell vergangen ist. Wir reden oft über diese Vergangenheit, die leider nicht zurückzuholen ist.» Und dann verrät sie, dass ich ein absoluter Workaholic sei. Immer, wenn ich von einer Reise nach Hause kam, habe mich der erste Weg zum Faxgerät geführt und nicht etwa zu den Kindern ins Zimmer. Bemerkenswert ihre Ehrlichkeit. Sie bekennt: «Heute kann ich ihn sogar verstehen, denn ich mache es inzwischen genauso.» Prima, nun hab ich es wenigstens schwarz auf weiß, «Mäuschen»!

Wie lange ich Ilka «Mäuschen» nenne, weiß ich nicht. Aber es ist schon eine lange Zeit. Sie ist für mich ein wunderbarer, perfekter Lebenspartner. Sie besitzt ein besonderes Gespür für jede Situation, weiß genau, wann sie leise oder laut sein muss. Verletzende Worte oder schlechte Laune gibt's bei uns nicht. Natürlich rummst es auch mal. Wie in jeder Ehe. Doch die Meinungsverschiedenheiten sind am Ende eines Tages immer ausgeräumt. Unsere Gespräche sind geprägt von Vertrauen und Ehrlichkeit – Kostbarkeiten! Im ganzen Leben ist man doch auf den anderen angewiesen.

Was mir bei Ilka besonders imponiert, ist ihre Power. In wenigen Worten kommt sie auf den Punkt. Ich neige dazu, privat nicht so schnell zu sein wie auf dem Fußballplatz. Da musste ich blitzschnell handeln. In Bruchteilen von Sekunden. In tausend verschiedenen Situationen. Privat bin

Mein «Zwilling» Klaus Stürmer und ich.

ich nicht so handlungsfreudig. Da schiebe ich den Telefon-Notizblock auf meinem Schreibtisch von rechts nach links. Die eingehenden Briefe lege ich nur allzu gerne in ein rotes Körbchen, warte, bis ein kleiner Stapel sich angehäuft hat und Ilka hinter meinem Rücken auftaucht und mit etwas forscher Stimme sagt: «So, Dicker, jetzt aber mal ran an die Post.» Bei der Festlegung meiner Termine funktioniere ich wie ein Roboter. Meine älteste Tochter Kerstin und Ilka legen sie fest. Ich bekomme einen «Reiseplan», nicke, packe meinen Handkoffer, stecke das Flug- oder Bahnticket ein und trolle mich. Bin ich am Ort der Verabredung, so melde ich brav meine Ankunft. Die Organisatoren sind beruhigt.

Am 18. Februar 1959 wurde aus Fräulein Ilka Buck Frau Ilka Seeler. Und genau an diesem Tag wurde Eintracht Frankfurt mit einem 5 : 3 gegen den Erzrivalen Kickers Offenbach deutscher Fußballmeister. Warum ich dieses Ereignis erwähne? Frankfurt spielte als erster deutscher Verein im Europapokal der Landesmeister. Im Finale gab es allerdings eine 3 : 7-Klatsche gegen Real Madrid. Ein legendäres Spiel und ein legendäres Resultat.

Doch an diesem 18. Februar interessiert mich kein Endspiel um die deutsche Meisterschaft. Natürlich gibt es einen Menschenauflauf vor der kleinen Kirche im Stadtteil Eppendorf. Ich bin nervös. Ich weiß, dass Ungeheures geschieht. Ich spüre ein bisschen aufsteigende Hitze. Ilka sieht toll aus, ganz in Weiß. Mit Krönchen und weißem Schleier. Mein Smoking wird mir immer enger. Ich schieße das Tor meines Lebens: ich heirate. Wie schön, dass ich am Ende der Saison dann auch auf dem Platz gut getroffen hatte. Nach 1956 werde ich zum zweiten Mal als Torschützenkönig ausgezeichnet. Die Beute: 29 Treffer.

Jedes Brautpaar steht am Hochzeitstag vor der Frage: Und wo wird gefeiert? Für uns kein Thema. Die Frage war schnell beantwortet. Wer in einem Sportverein zu Hause ist, der feiert auch zu Hause in seinem Sportverein. Also zog der ganze Tross in die «Burg», wie wir unser HSV-Clubheim nannten. Eine hanseatische Villa mit altertümlichen Türmchen, Ecke Rothenbaumchaussee/Hallerstraße.

Die Feier war typisch für uns und die damalige Zeit. Nichts Aufgesetztes, keine gekauften Stimmungsmacher. Es gab ein paar kernige Botschaften von «Vaddern» und Günther Mahlmann fürs spätere Leben, dann Tanzmusik, eine riesige Marzipantorte und reichlich Gerstensaft. Meine Mannschaftskameraden präsentierten sich in Topform bis zum frühen Morgen.

Auch mein bester Freund Klaus Stürmer umarmte mich lange und gratulierte mir: «Dicker, du hast gewonnen», lachte er. Dazu muss man wissen: Bevor ich ins Blickfeld von Ilka geriet, war Klaus schon da. Zarte Bande der Sympathie waren geflochten. Klar. Klaus sah gut aus. Drahtige Figur, blondes Haar. Sein Name tauchte genauso oft in der Presse auf wie meiner, schließlich spielten wir beide exzellenten Fußball und hatten eine große Zukunft vor uns. Meinten jedenfalls die Experten. Ich konnte Klaus gut verstehen. Der hatte Geschmack. Ilka war – und ist es noch immer – eine «seute Deern». So nennt man in Hamburg ein süßes Mädchen. Prima Figur, blond, sportlich, als Kauffrau im Beruf erfolgreich. Zusammen mit meiner Schwester Gertrud, die alle Welt nur «Purzel» nennt, spielte Ilka in der ersten Damenmannschaft des HSV Feldhandball. Eine Sportart, die zur damaligen Zeit sehr populär war. Ich bemerkte erst später, dass Freund Klaus den Spielplan der Damen fast auswendig kannte und Stammgast am Spielfeldrand war …

Es nahte die Silvesternacht zur Jahreswende 1953/54. Unsere Idee, geboren beim Bier mit der Fußballtruppe: Wir feiern gemeinsam. Nur – eine Feier ohne Damen ist keine richtige Feier. Fazit: Wir schickten Klaus als unseren Abgeordneten zu den Handball-Mädels mit einer Einladung zur Silvesterparty. Er hatte Erfolg. Er kam mit einer Zusage zurück. Die Fete im HSV-Clubhaus war heftig und lang. Was meine Sympathie zu Ilka betraf – ich «spielte» defensiv. Ein paar Tänzchen, etwas Smalltalk, mehr nicht.

Am nächsten Tag stand der in Hamburg übliche «Kopf-

Durchpusten-Spaziergang» an der Elbe auf dem Programm. Klaus und ich fuhren nach Eppendorf in die Isestraße Nr. 70, um Fräulein Buck abzuholen. Schlitzohr Stürmer wollte Ilka dabei mit einer Tafel Schokolade überraschen, klingelte und verschwand im Hausflur.

Ich wartete leicht gelangweilt im Auto. Doch es dauerte genau die paar Augenblicke, die man zum Vollstrecken eines Elfmeters benötigt – da war Klaus wieder unten. Er zuckte mit den Schultern, lächelte und sagte mit etwas tonloser Stimme: «Dicker, ich hab bei der keine Chance. Die will nur dich. Du sollst raufkommen und sie abholen.» Ich erwiderte verdattert: «Aber ich hab doch keine Schokolade.» Klaus: «Stimmt nicht. Ich hab Ilka meine gegeben und gesagt: Die Tafel ist von Uwe.»

Die Folgen dieser Begegnung sind bekannt: Ilka und ich sind heute 43 Jahre verheiratet, haben drei tolle Töchter und (bisher) sieben Enkelkinder.

Damit die «Niederlage» für Klaus erträglich blieb, fuhren wir anschließend zu dritt in Urlaub nach Sudelfeld.

9 Schicksalsschläge

Niemand ahnte zu diesem Zeitpunkt, wie erbarmungslos das Schicksal zuschlagen kann. Am 10. Mai 1961 spielten Klaus und ich noch gemeinsam für Deutschland. Wir gewannen ein WM-Qualifikationsspiel zur Teilnahme an der Weltmeisterschaft in Chile gegen Nordirland in Berlin mit 2 : 1. Der Sturm hieß: Kreß, Herrmann, Seeler, Stürmer, Brülls. Zehn Jahre später, am 1. Juni 1971, kam die Nachricht von Klaus Stürmers plötzlichem Tod. Hodenkrebs im Alter von 36 Jahren. Unfassbar! Wir alle waren wie gelähmt. Plötzlich war eine Leere da – auch wenn Klaus schon viele

Jahre in der fernen Schweiz gelebt hatte. Es scheint nichts zu geben, was dieses Gefühl von Verlust aufheben könnte, keinen Trost, kein Ende.

Ein ähnliches Gefühl hatte ich auch, als mein Bruder Dieter, meine Eltern oder mein Freund Jürgen Werner abberufen wurden. Es gehört schon verdammt viel Kraft dazu, solche Ereignisse zu überwinden. Man tröstet sich dann selber mit der Erkenntnis: alles was geschieht, was es auch sei, kann gemeistert werden.

Ich gebe zu: Das ist verdammt schwer, wenn solche Augenblicke einen kalt erwischen. Man kann seine Gefühle nur kurzfristig unterdrücken, indirekt kommen sie immer wieder hoch.

Jürgen Werner wurde nur 66 Jahre alt. Ich wollte die Nachricht von seinem Tod einfach nicht glauben. Dieser lang aufgeschossene, drahtige, blonde Gentleman und Oberstudienrat, der über 50 Jahre im Club war, 206 Spiele so elegant gespielt hatte und selbst dem legendären Pelé 1963 am 5. Mai im Hamburger Volksparkstadion beim 1 : 2 gegen Brasilien kaum Luft zum Atmen ließ. Mit der ihm eigenen Energie hatte er sich beim DFB und als Vorsitzender der Paul-Hauenschild-Stiftung um den Fußballsport gekümmert. Dieser Mensch sollte nicht mehr unter uns sein? Nein, nein. Bei der Trauerfeier in der Kirche im Hamburger Vorort Wellingsbüttel schnürte es mir die Kehle zu.

Die Rede seiner Tochter wird mir unvergessen bleiben. Jürgen zog sich bereits im Alter von 28 Jahren aus dem aktiven Sport zurück. Ein Rückzug, für den es viele Gründe gab. Da war die Einführung der Bundesliga mit all den schwer berechenbaren Unebenheiten des Profitums. Und Jürgen Werner gab in jenen Tagen zu verstehen, dass Fußball als Broterwerb nicht seine Sache sei. Da war – damals schon – ein schmerzhaftes Hüftleiden, das mit dem Beruf eines Profifußballers nur schwer zu vereinbaren gewesen wäre. Vor allem aber gab es das Berufsziel des begeisterten Pädagogen, der erst seine Schüler fit für das Leben machte und später als Oberstudiendirektor wiederum den jungen Lehrern den richtigen Umgang mit der Jugend beibrachte.

Doch nie ließ er die Geschicke des HSV aus den Augen. Unter DFB-Präsident Hermann Neuberger wurde Jürgen Werner Spielausschuss-Vorsitzender. Als Deutschland 1990 in Italien Weltmeister wurde, bildeten er und Teamchef Franz Beckenbauer ein erfolgreiches Tandem. Am Ende des Weges der DFB-Karriere stand das Ziel: Jürgen Werner, der große Fachmann mit dem nötigen Schuss Intelligenz, sollte Neuberger als DFB-Boss beerben. Doch die Dinge liefen anders. Neuberger starb viel zu früh und hatte seinem Favoriten als Nachfolger noch nicht genügend den Weg bereiten können. Für Jürgen Werner ein Grund mehr, sich wieder der Probleme des HSV anzunehmen. Aber als der Ruf an ihn erging, auch die Geschäftsführung des HSV zu übernehmen, da lehnte er ebenso dankend ab. Wie beim Versuch, ihn zum Vorsitzenden des Aufsichtsrates zu machen. Stattdessen gönnte er sich die Freude, als Delegierter der Europäischen Fußball-Union die Spiele der Champions League zu beaufsichtigen.

Zu meinem 65. Geburtstag hielt er eine eindrucksvolle Rede. Das war am 6. November 2001. Wir umarmten uns. Ich wusste, dass es nicht gut um seine Gesundheit stand. Immer seltener sahen ihn seine Golffreunde auf der Anlage des GC Walddörfer. Und wenn er spielte, dann nur noch neun Löcher. Zu sehr hatte ihm die Krankheit bereits die Kraft geraubt. Als es besonders heftig wurde, hat sich Jürgen Werner komplett zurückgezogen. Niemand, außer seiner Frau und seiner Tochter, sollte sehen, wie er sich auf seinen Tod vorbereitete.

Doch zurück in die Vergangenheit, in unser Wohnzimmer, wo ich zusammen mit Ilka bei Rotwein und Käse die Seele baumeln lasse – im Frühjahr 1961.

Das ganze Hin und Her mit dem Wechsel Hamburg – Mailand, ja oder nein, Bargeld, gemachter Mann ist beendet. Schluss mit dem Zwiespalt! Ilka macht keinen Hehl aus ihrer Einstellung und flachst: «Glaub man ja nicht, ich hätte dich allein nach Mailand ziehen lassen. Auf so 'n stämmigen Kerl von der Küste sind die italienischen Frauen nämlich besonders scharf.» Na bitte. Hätte es einen besseren Beweis für unsere Liebe geben können?

Noch am selben Abend rief ich Günther Mahlmann und Sepp Herberger an. Beide freuten sich. Nicht überschwänglich – sie hatten wohl fest mit meinem «Nein» gerechnet. Bei Professor Thielicke bedankte ich mich am nächsten Tag, und er sagte: «Warten Sie nur ab, lieber Uwe Seeler. Sie werden noch eine große Karriere machen.»

Diese war schwungvoll angelaufen. Zum Zeitpunkt der Verhandlungen mit Herrera war ich schon fünfundzwanzigmal für Deutschland aufgelaufen, hatte das «Stahlbad» WM 1958 in Schweden miterlebt und mit meinem HSV internationale Erfahrung gesammelt.

10 Auf der Bühne Europa

Unser Titelgewinn 1960, das 3 : 2 gegen den mit Nationalspielern gespickten 1. FC Köln, war in doppelter Hinsicht ein echter Hammer. Erstens: Der Favorit auf dem Papier bekommt eins auf die Nase; der Kleine besiegt den Großen. Das ist bei der Unberechenbarkeit des Spiels nichts Ungewöhnliches, das hat sich schon tausendmal ereignet. Zweitens – und das ist doch in der heutigen Zeit wirklich selten, wo in der Bundesliga enorm viele ausländische Spieler vertreten sind: wir, die Jungs von der Elbe, waren echte Jungs von der Elbe. In der Meister-Mannschaft standen elf Hamburger. Und mit Peter Wulf, der in der Vorrunde Erwin Piechowiak Platz machen musste, gehörte sogar noch einer mehr zum Team.

Da spitzte plötzlich Fußball-Europa die Ohren. Eine Mannschaft ohne Söldner als Meister – kaum zu glauben. Wir waren also für das internationale Geschäft qualifiziert. Und zwar in der «Edelklasse», die noch ganz brav Europapokal genannt wurde. Zwei clevere Herren hatten diesen Wettbewerb in der Saison 1955/56 ins Leben gerufen. Der eine hieß Gabiel Hanot, war Chefredakteur der französischen Sportzeitung «L'Équipe». Der andere war Julius Ukrainczyk, ein Spielevermittler (nicht Spielervermittler!) aus Polen. Kugelrund, stets fröhlich, Organisator von so genannten Sensationsgastspielen in den fünfziger Jahren.

Die Mahlmann-Brüder, Trainer Günther und Präsident Carl-Heinz, schätzten ihn. «Uki» trichterte ihnen ein: «Geld verdienen mit dem Ball auf dem Platz, Imagepflege ohne Ball.» Topvereine gastierten bei uns. Im August 1959 besiegten wir das «neue» Manchester United mit 2 : 0. Neu deshalb, weil ein Jahr zuvor die Mannschaft im Anflug auf München tödlich abstürzte. Grauenvoll! Wenige Wochen danach kamen die «Herren vom anderen Stern», die Königlichen, ganz in weiß: Real Madrid. Damals wie heute eines der besten Teams der Welt. Wir verloren zwar 2 : 3, aber die Clubkasse siegte: 350 000 DM Einnahme. Welch ein Batzen Bargeld für diese Zeit! 1962 erschien Weltpokalsieger Penarol Montevideo. 2 : 0 für uns! Dann Benfica Lissabon, 3 : 4-Niederlage. Es folgte ein 3 : 3 gegen den Pelé-Club FC Santos. Und wieder klingelte es in der Kasse. Der HSV verkaufte insgesamt 140 000 Tickets.

Die Gründung des Europapokal-Wettbewerbs hatte für den Franzosen Hanot und den Polen Ukrainzcyk ganz handfeste Gründe. Die Auflage von «L'Equipe» sank. Hanot wollte sie mit grenzüberschreitendem Fußball wieder nach oben puschen, «Uki» witterte den neuen internationalen Markt. Er spekulierte auf Fußball ohne Grenzen, träumte von einer Europaliga.

Das wäre ja keine Liga im Dunkeln gewesen. Es gab immerhin schon Fernsehen. Wenn auch in Schwarzweiß, aber auffälligerweise wuchs die Zahl der Zuschauer ständig seit dem 4. Juli 1954, dem Tag des WM-Sieges in Bern. 1957 registrierte man eine Million Fernsehzuschauer in Deutschland. Auch die kleine Familie Seeler gehörte dazu.

Wir «Kuddels» von der Elbe waren also Deutscher Meister und somit Nachfolger der Eintracht aus Frankfurt, die als erster deutscher Verein in einem Europapokal-Final gestanden und trotz des 3 : 7 gegen Real Madrid in Glasgow für Furore gesorgt hatte.

Unsere Tore-Visitenkarte in der Oberliga Nord konnte sich sehen lassen. Im Meisterjahr 101 : 29, 50 : 10 Punkte. Auch in den nächsten zwei Jahren erreichten wir die magische Zahl 100. Genauer gesagt: Saison 1961/62: 100 : 34 Tore, 50 : 10 Punkte; Saison 1962/63 100 : 40 Tore, 49 : 11 Punkte. In der Bundesliga schrumpfte die Zahl auf im Schnitt 50 bis 60 Treffer pro Spielzeit.

Die jungen Freunde von Young Boys Bern konnten sich gleich im ersten Europacupspiel von unserer Sturmqualität überzeugen. 5 : 0, ein sattes Polster fürs Rückspiel. Dieses endete 3 : 3.

Der nächste Gegner kam aus dem Mutterland des Fußballs: es war der englische Klub FC Burnley. Schlagt sie mit ihren eigenen Waffen, predigte uns «Günni» Mahlmann, der besonders gute Laune hatte. Ohne Prüfung hatte er vom

DFB die Trainerlizenz erhalten. Die eigenen Waffen bedeuteten: hart am Mann, Spiel ohne Ball, ständig in Bewegung sein. Es war ja kein Geheimnis, dass englische Profis knallharte Burschen sind. Nicht zimperlich. Die geben von der ersten bis zur letzten Minute Vollgas. Das Stadion in Burnley glich einem Hexenkessel. Ich glaube, es waren 30 000 Zuschauer da. Sie lärmten für 100 000. Ein eisiger Märzwind pfiff uns um die Ohren.

Der Platz war knochenhart gewesen, als wir am Tag vor dem Spiel trainieren durften. Auf diesen harten Untergrund stellten wir uns und unser Schuhwerk ein. Kurze 7-Millimeter-Stollen waren angesagt. Als wir am Spieltag ins Stadion kamen, wollten wir unseren Augen nicht trauen. Der Platz hatte sich über Nacht total verwandelt. Er war nun knöcheltief. In der Nacht kletterten die Temperaturen in die Höhe. Der Frost schlich sich davon. Unsere englischen Freunde nutzten die Gunst der Natur. Sie setzten den Rasen unter Wasser. Da standen wir nun bei der Besichtigung, 90 Minuten vor dem Anpfiff, mit langen Gesichtern.

Hektik kam auf. Jeder Spieler hatte plötzlich Zange und Schraubenzieher in der Hand, das Gewinde schraubte sich um die Stollen fest. «Umstollen» heißt so etwas in der Fußballersprache. Wir mussten ein paar Millimeter höhere Stollen einschrauben. Statt 7 nun 12 Millimeter.

Solch eine Situation ist natürlich nicht gerade förderlich, wenn es darum geht, einer wild anstürmenden englischen Mannschaft Paroli zu bieten. Nach 71 Spielminuten lagen wir durch Tore von einem Herrn Pilkington (2) und Robson 0 : 3 zurück. In der 74. gelang Charly Dörfel das 1 : 3. Trotzdem: Wir schlichen wie die berühmten begossenen Pudel vom Platz. Wie sollten wir in zwei Wochen beim Rückspiel drei Tore gegen dieses Bollwerk schießen? Eigentlich ein Unding.

Gerd Dörfel, mein Flankengott: «Charly gibt die Flanke, Uwe köpft ihn rein!»

15. März 1961, Rückspiel. 72 000 Zuschauer im Volksparkstadion. Super-Stimmung. Und wir sind «super» drauf. 7. Minute: 1 : 0 durch Klaus Stürmer. 41. Minute: 2 : 0 durch mich. Vier Minuten nach der Pause, in der 54. Minute: Burnley verkürzt auf 1 : 2. Zwei Minuten später: Charly Dörfel erzielt das 3 : 1. Und dann – es läuft die 60. Minute – spielt Klaus Stürmer mir den Ball im Strafraum genau in den Lauf. Zentimetergenau. Der englische Torhüter Blackslaw stürzt aus dem Tor – ich spitzele den Ball im Fallen an ihm vorbei: 4 : 1.

Als Schiedsrichter Poulsen aus Dänemark abpfeift, gleicht das Volksparkstadion einem Tollhaus. Wir selbst können diesen Sieg auch kaum begreifen.

Bei der Auslosung zur dritten Runde stockte uns dann erst recht der Atem. Der Gegner hieß CF Barcelona. Noch heute ein Markenzeichen im internationalen Fußballgeschäft. Barcelona hatte in der zweiten Runde die «Königlichen» von Real Madrid besiegt. Nun zogen also wir in den Fußball-Tempel der Katalanen ein, das Stadion Nou Campo.

An Selbstvertrauen mangelte es uns ja nicht. Aber beim Anblick von 105 000 Zuschauern half auch der Flachs von Charly Dörfel nicht mehr viel: «Ist denn ganz Spanien hier?»

Das Spiel war atemberaubend schnell. Die Wucht der englischen Profis kannten wir ja. Aber die spanische Söldnertruppe mit den Brasilianern Evaristo und Foncho sowie «Goldköpfchen» Kocsis aus Ungarn und dem weltberühmten Kubala paarte Kampfkraft mit perfekter Technik. Wir verloren durch ein Tor von Evaristo in der 46. Minute mit 0 : 1.

Das Rückspiel – zwei Wochen später – im ausverkauften Volkspark fängt gut an. Wir spielen «Pressing». Greifen die Spanier schon an der Mittellinie an. Ersticken somit ihre

Kombinationen. 58. Spielminute: Peter Wulf verwandelt einen Freistoß direkt. 1 : 0. Gesamtstand beider Spiele: 1 : 1. Neun Minuten später mache ich das 2 : 0. Gesamtstand: 2 : 1 für uns. Dann die 90. Minute. Es sind noch 30 Sekunden bis zur Sensation. Ich versuche, Dörfel in Höhe der Mittellinie anzuspielen. Der Ball landet im Aus. Einwurf. Foncho, Dörfels Schatten, erwischt den Ball und flankt. Und «Goldköpfchen» Kocsis macht seinem Name alle Ehre: Tor. 1 : 2. Gesamtstand nun: 2 : 2.

Da es noch nicht die Regelung gab, dass auswärts erzielte Tore doppelt zählen, war allen klar: Ein drittes Spiel musste die Entscheidung bringen.

Allen – auch den 71 000 Zuschauern. Solch eine Atmosphäre wie nach dem Abpfiff dieses Spiels hatte ich noch nie erlebt. Alle waren wie gelähmt. Man hätte die berühmte Stecknadel fallen hören können. Mir lief eine Gänsehaut über den Rücken. Wir standen und lagen auf dem Rasen. Wie versteinert. Mindestens 10 oder 15 Minuten lang. Ich weiß es nicht mehr genau. 30 Sekunden fehlten. Dreißig ...

Im entscheidenden dritten Spiel, auf neutralem Platz in Brüssel, versetzte uns dann wieder der Brasilianer Evaristo den Todesstoß. Sein Tor zum 1 : 0-Sieg war für uns das Aus im Europacup.

Wir waren physisch und psychisch am Ende. In der Liga krebsten wir im Mittelfeld herum. Klaus Stürmer wechselte nach Zürich. Bis zum 14. August 1963 dauerte die Depression. Dieser Tag war in doppelter Hinsicht ein denkwürdiger Tag: Günther Mahlmann hörte auf. Ein enger Freund Mahlmanns, ebenfalls Studienrat, wurde sein Nachfolger: Martin Wilke. Wir schenkten unserem «Ziehvater» zum Abschied den deutschen Vereinspokal. Mit einem 3 : 0 über Borussia Dortmund in Hannover. Natürlich freute es mich besonders, dass ich gleich drei Tore

meinem Entdecker Mahlmann widmen konnte. Wir feierten wie die Weltmeister, denn die Oberligen wurden auf-
gelöst, die Bundesliga stand vor der Tür, und es gab An-
zeichen für die Fortsetzung meiner Karriere in der
Nationalmannschaft.

Das 26. Spiel in weißem Hemd und schwarzer Hose mit
dem Adler auf der Brust sollte mein Ritterschlag-Spiel
werden: 20. Mai 1961, Düsseldorfer Rheinstadion, gegen
Dänemark. Mit 5 : 1 schickten wir die lustigen Kicker aus
dem Königreich zwischen Nord- und Ostsee wieder nach
Hause. Drei Tore steuerte ich bei, Kreß und Brülls je eines.
Der Ritterschlag hieß: Zum ersten Mal lief ich als Kapitän
der deutschen Nationalmannschaft auf. Ich konnte damals
nicht ahnen, dass sich dieser Vorgang noch neununddreißig-
mal wiederholen würde. Mit ganz anderen Aufgaben. In
Düsseldorf war ich eine Art «Frühstücksdirektor», abkom-
mandiert zum Wimpeltausch und Händeschütteln. Der
Grund: Herbert Erhardt, der eisenharte Mittelläufer aus
Fürth, später beim FC Bayern München, war seit Oktober
1959 Dauer-Kapitän gewesen. In fünfzehn Länderspielen
ohne Pause. Nun war er verletzt, und Herberger holte mich
nach dem Frühstück auf sein Zimmer. «Uwe», sprach er
ganz lässig dahin, «heut' mache Se Tore und mache den
Käpt'n. Beides is net schwer.»

Viel später wurde mir der Schachzug des Langzeit-
planers Herberger klar. Er dachte nicht nur an das Heute,
in seinem Kopf hatte sich schon das Morgen eingenistet.
Gestern waren seine Eckpfeiler Anderl Kupfer und Fritz
Szepan gewesen, dann Fritz Walter, Helmut Rahn und Hans
Schäfer, nun spielte ich in seinen Planungen eine zentrale
Rolle. Und es sollten ja auch noch viele weitere Auftritte als
Kapitän folgen – bis zu meiner Ernennung zum Ehrenspiel-
führer am 9. August 1970. Im Laufe dieser Zeit bekam das

Amt zunehmend eine andere Funktion. Nicht nur Hände-schütteln und Wimpeltausch. Ich erbte Verantwortung, musste führen, Diplomat sein, Vorkämpfer, Einpeitscher, Verhandlungsführer. Doch davon später mehr.

Nun war mein Kopf frei von Italien und Lire. Ich zog persönliche Bilanz und war überrascht, wie viele Menschen mir mit Rat und Tat geholfen hatten. Die Ehrlichkeit dieser Menschen imponierte mir sehr. Das waren ja keine Ge-spräche mit dem berühmten doppelten Boden gewesen: Man sagt das eine, meint das andere. Ehrliche Menschen braucht jeder in seiner Umgebung. Selbst heute noch. Oder besser gesagt: Gerade heute, weil das Tempo unseres Lebens doch von einer gnadenlosen Beschleunigung gekenn-zeichnet ist.

Was früher als selbstverständlich galt, ist heute nicht mehr selbstverständlich. Anstand, Moral, Sitte, Höflichkeit. Das betrifft auch die kleinen, weniger dramatischen Dinge unseres Lebens: Dass die Kinder öfter einmal bei ihren Eltern vorbeischauen. Dass der Mann sofort Nachricht gibt, wenn er sich einmal verspäten muss. Dass einer mit einer freundlichen Handbewegung die Vorfahrt im Auto freigibt. Dass die übermüdete Verkäuferin im Kaufhof kurz vor Feierabend sich noch zu einem freundlichen «Ich wünsche Ihnen ein schönes Wochenende» aufrafft. Oder dass der Chef wirklich zurückruft, wie es seine Sekretärin versprochen hat.

Kleinigkeiten? Alltäglichkeiten? Ja. Aber in ihrer Summe bestimmen sie das Klima unseres Lebens.

Natürlich spielen die Medien dabei eine ganz ent-scheidende Rolle. Die Grenzen der Scham sind längst gesprengt. Die totale Vermarktung wird mit einer solchen Wucht betrieben, dass mir manchmal angst und bange wird. Vor allen Dingen, wenn ich an unsere Kinder denke. Des-

halb haben Ilka und ich unsere eigenen «Familiengesetze»
beschlossen. Gewisse Blätter gelangen erst gar nicht ins
Haus. Gewisse TV-Sendungen werden gar nicht erst einge-
schaltet.

Bei manchen Sport-Moderatoren vermisse ich übrigens
den Tiefgang. Ich habe zu meiner Zeit Reporter erlebt, die
vor dem Spiel selbst den Rasen testeten. Dann kann man
auch darüber reden . . .

Aus meinen Fotoalben

Die «Villa» – das Clubhaus des HSV an der Rothenbaumchaussee. Ein Foto aus den zwanziger Jahren.

1947, nur zwei Jahre nach Kriegsende, gab es keinen Deutschen Meister. Aber der HSV wurde «Zonenmeister» in der Britischen Besatzungszone. Die siegreiche Mannschaft: 7. v. l. mein Vater Erwin, rechts daneben Heinz Spundflasche, 3. v. l. Richard Dörfel, 2. v. r. Frido Dörfel.

In den fünfziger Jahren begann der Aufstieg der «jungen Wilden» beim HSV. Das Foto zeigt uns bei einem Pfingstturnier in Pforzheim, 1954. Ich bin zu sehen als 2. v. l., rechts neben mir Klaus Stürmer und Jürgen Werner. In der Mitte der 2. Reihe: Gerd Krug.

Wieder mal einen Pokal gewonnen! 3. v. l. unser Trainer Günther Mahlmann; 3. v. r. der legendäre Paul Hauenschild, dem der HSV unendlich viel zu verdanken hat.

Mein erstes Länderspiel: 16. Oktober 1954 in Hannover. Wir verlieren gegen Frankreich mit 1 : 3.

Und das zweite Länderspiel: ein 1 : 3 im Wembley-Stadion gegen England.

Erst bei der Weltmeisterschaft 1958 in Schweden wurde ich Stammspieler. Hier schieße ich mein erstes Länderspieltor, im Spiel gegen Argentinien. Wir gewannen 3 : 1.

Wir wurden zwar «nur» Vierter. Aber es war eine tolle Truppe. Mit Hans Schäfer, Erich Juskowiak, Alfred «Aki» Schmidt, Herbert Erhardt, Georg Stollenwerk – und Fritz Walter!

1960 wurde ich mit meinem HSV Deutscher Meister! Aus den «jungen Wilden» war ein Meisterteam geworden. Hier freue ich mich mit Klaus Stürmer und Charly Dörfel; im Hintergrund links: mein Bruder Dieter.

Auch Bundestrainer Herberger wusste die Klasse der HSV-Stars zu schätzen. Vor dem Nordirland-Länderspiel 1961: der «Chef» mit mir und Klaus Stürmer, Charly Dörfel, Jürgen Werner.

Unvergessen sind die Europapokalspiele mit dem HSV 1961. Wir besiegten nach einem 1 : 3 im Hinspiel den FC Burnley in Hamburg mit 4 : 1. Dann gab es drei dramatische Spiele gegen den FC Barcelona. Ein 0 : 1 in Barcelona; einen 2 : 1-Sieg im zweiten Spiel in Hamburg; das Entscheidungsspiel in Brüssel verloren wir schließlich mit 0 : 1. Diese Szene stammt aus dem 2 : 1 in Hamburg – ich springe höher als «Barcas» Gensana.

Bei allen Erfolgen im Fußballstadion: Mein größtes Glück im Leben war die Hochzeit mit meiner Ilka am 18. Februar 1959. Es gratuliert «Papa» Paul Hauenschild.

Meine Ilka mit ihrer Mutter.

Wir bekamen drei wunderbare Töchter: Kerstin, Helle und Frauke.
Hier gebe ich meine Stimme ab zur Bundestagswahl 1965; auf Ilkas Arm:
unsere Tochter Helle, heute selbst Mutter von drei Kindern.

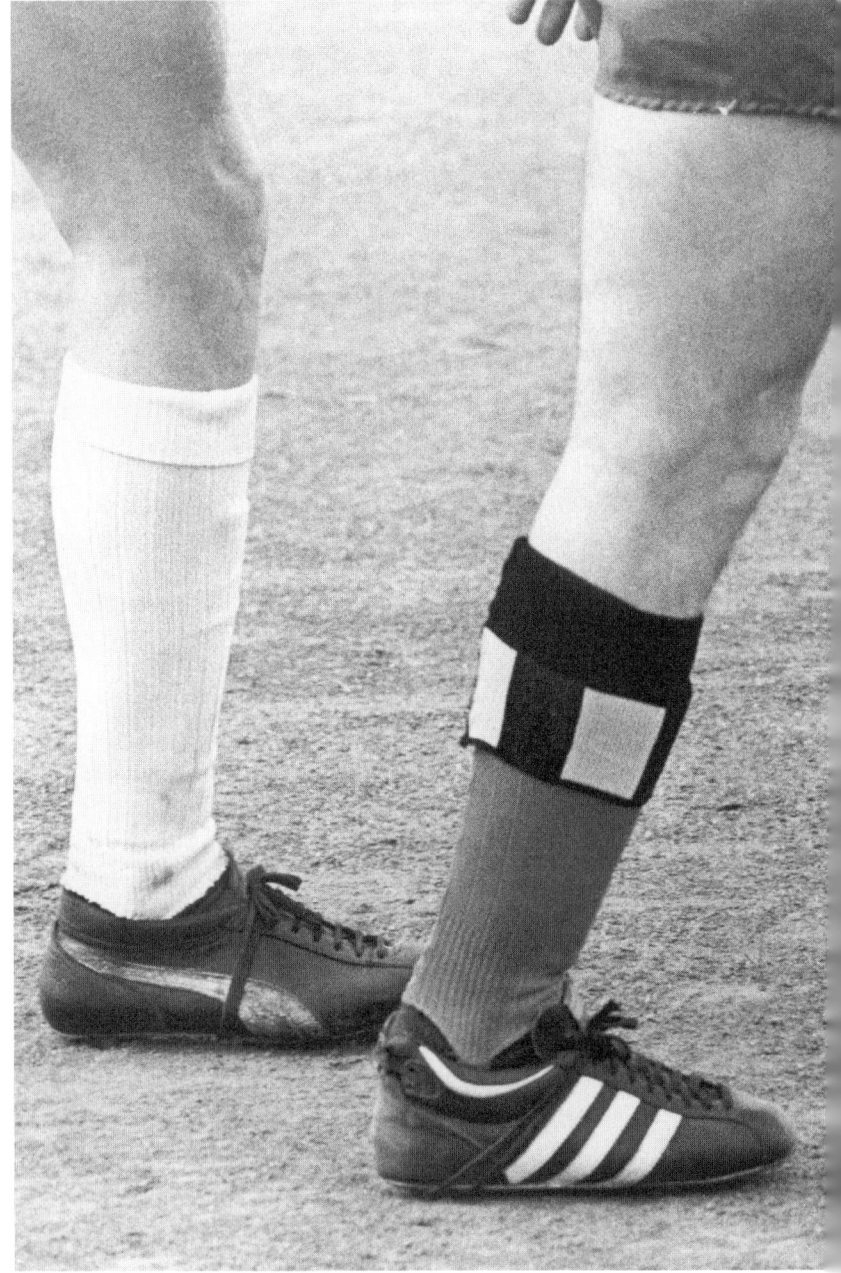

II. DREI STREIFEN – UND EIN SACK VOLL ERINNERUNGEN

11 Ein Tusch für Adi Dassler

In meiner Heimatstadt Hamburg wurde der Begriff vom ehrbaren Kaufmann erfunden. Der Ausdruck wirkt auf den ersten Blick etwas altmodisch, in der Tat ist er hoch aktuell. Auch in dieser turbulenten Zeit. Ehrbarkeit im hanseatischen Sinne heißt, von anderen Achtung erwarten dürfen, weil man sich dieser Achtung würdig zeigt. Ein Handschlag gilt als Vertrag. Ein Wort ist ein Wort. Diese bewährten Tugenden garantieren einen fairen Wettbewerb.

Ich finde diese Einstellung einfach toll. Auch wenn Unternehmer zeitweise erleben mussten, dass versucht wurde, die Geschäftsmoral zu zerstören. Die echten hanseatischen Kaufleute sind nie vom Weg abgekommen. Viele von ihnen haben ihre Betriebe in schwierigen Zeiten, zum Beispiel nach dem Krieg, weiter geführt oder neu gegründet. Diese Erfahrung hat sie stark gemacht und ihr Verhältnis zum Geld geprägt. Ihr Ziel: langfristiger Erfolg.

Natürlich geschieht dies alles im Wettbewerb miteinander. Und im Wettbewerb ist es wie im Fußball. Es wird immer stark und schwach geben. Doch der Unterschied liegt in der hanseatischen Tradition begründet. Da stützt der Starke den Schwachen.

Diese Erkenntnisse sind die Weisheit aus 800 Jahren Hanse. Und weil sie über diesen Erfahrungsschatz verfügen, brauchen hanseatische Kaufleute keine 100 Regeln für ein ehrbares Geschäftsleben. Es reichen vier: Ehrlichkeit, Verlässlichkeit, Verantwortung und Treue.

Mit diesen Prinzipien bin auch ich meinen beruflichen Weg gegangen. Dieser Weg begann Anfang 1961. Da war zuerst das Telefonat mit Sepp Herberger vor dem entscheidenden Gespräch im Hamburger Atlantic-Hotel mit Helenio Herrera. Der wollte mich ja mit einer Million DM zu Inter Mailand locken. Herberger hatte mir kurz und bündig gesagt: «Bleibe Se hier. Hier habe Se eine sichere Existenz.»

Diese Existenz existiert heute noch. Sie trägt den Namen adidas. Das weltweit berühmte Symbol: drei Streifen. Mehr als 3000 Beschäftigte arbeiten heute allein im Stammhaus in Herzogenaurach und in der Niederlassung Portland, Oregon (USA). Weltweit sind es 13 000 Mitarbeiter, die 600 verschiedene Sportschuhmodelle und 1500 unterschiedliche Textilien entwickeln. Pro Saison, versteht sich. Verkauft werden im Schnitt pro Jahr 80 Millionen Paar Schuhe und mehr als 150 Millionen Outfits, Sportbekleidung und Accessoires – in über 160 Ländern.

Heute firmiert das Haus unter einem Doppelnamen: adidas-Salomon AG. Die Fusion mit dem Ski-Hersteller Salomon fand 1997 statt.

Der Mann, der mein Leben beeinflusste wie kaum ein anderer, hieß: Adolf «Adi» Dassler. Er hatte das Unternehmen 1920 gegründet, gerade mal 20 Jahre alt. Sein Bruder Rudolf machte sich auch selbstständig und schuf das Kon-

Die Weltmarke mit den 3 Streifen

adidas-Sportschuhfabriken
ADI DASSLER KG
Postfach 1120
8522 Herzogenaurach

Ein berühmter Briefkopf.

kurrenzunternehmen PUMA. Durch die Kleinstadt Herzogenaurach zog sich ein tiefer Graben. Auf der einen Seite adidas, auf der anderen PUMA. Dieser Graben war tief. Trennte sogar Familien, Kneipen, die beiden Sportvereine, die Schützengilde und sonstige Institutionen.

Adi Dassler war von einer einfachen, aber genialen Idee besessen: Jeder Sportler sollte für seine Disziplin den optimal angepassten Schuh besitzen. Diesem Vorsatz folgte er bis zu seinem Tod 1978. 700 weltweit gültige Patente und Gebrauchsmuster sind der Beweis dafür, dass er jede Möglichkeit nutzte, einen Schuh zu perfektionieren.

Schon bei den FIFA-Jugendturnieren 1953 und 1954 war mir der kleine, drahtige Mann, den man immer in der Nähe von Sepp Herberger fand, aufgefallen. Er trug wie der «Bundessepp» ständig einen dunkelblauen Trainingsanzug. Darin, so erzählt es mir sein damaliger Schwiegersohn Alf Beute, war nie ein Pfennig Geld zu finden. Dafür aber das, was ein pfiffiger Schuster so auf die Schnelle brauchte: Schraubenschlüssel, Lederplättchen, Stollen, Klebstoff, Schnürsenkel.

Nie hat Adi Dassler selbst bemerkenswert mit einem Lederball gespielt. Es machte ihm aber riesigen Spaß, im Kreise von uns Fußballern zu unken, dass er ein guter Skispringer gewesen sei. Mit eigener Schanze hinter seinem Anwesen in Herzogenaurach und garantierter Bestweite von 28 Metern.

War ich zu Gast in seinem Haus, wusste ich: Die Nacht wird kurz. Punkt 6 Uhr klopfte Adi an die Tür und rief: «Preuße Seeler, aufsteh'n!». Das hieß: ein 60-minütiges Tennismatch auf einem Hartplatz, gleich neben dem Wohnzimmer – und zwar vor dem Frühstück. Dieses Wohnzimmer, genannt das «B-Zimmer», war das Heiligtum der Kommunikation. Hier traf sich alles, was im Sport Rang und

Namen hatte und in adidas-Ausrüstung siegte und verlor.

Die Familie bestand aus Ehefrau Käthe, Sohn Horst,
den Töchtern Inge, Brigitte, Karin und Sigrid. Meine Kon-
taktperson war Tochter Inge. Schwarzhaarig, hübsch, figür-
lich gut ausgestattet – in der zweiten Schublade ihres
Schreibtisches lagerten immer die erlesensten Pralinen.
Inge war zuständig für Verkauf, Promotion, Marketing. Also
auch für mich, der einen Vertrag mit adidas als Verkäufer
und Repräsentant abgeschlossen hatte. Die erwähnte sichere Existenz, ein Vertrag auf Lebenszeit. Natürlich bin ich
jetzt im Rentenalter nicht mehr mit dem Auftragsblock
unterwegs. Im Kofferraum lagert auch kein Musterkoffer
oder meine Sportausrüstung. Das eigene Musterlager ist
längst geschlossen, weil es ein neues Vertriebssystem gibt.

Meine Person stand nie zur Disposition, als es bei adidas
andere Veränderungen gab. Horst Dassler, sportlich, dyna-
misch, mit bemerkenswertem Kaufmannsdenken und cle-
verem Blick Richtung Zukunft ausgestattet, entzog sich der
Familien-Dynastie. Im französischen Landersheim peitsch-
te er adidas-Frankreich nach vorn. Von dort betrieb er die
hohe Kunst des Doppelpasses: die Verquickung von Aus-
rüstung, Sponsorengeldern und Sportpolitik. Ohne Horst
lief nichts im Fußball-Weltverband FIFA oder im Internationalen Olympischen Komitee (IOC). Seine Spezis waren
Joao Havelange, Juan Antonio Samaranch und Joseph Sepp
Blatter, der jetzige FIFA-Chef.

1984, nach dem Tod von Mutter Käthe, kam Horst
zurück nach Herzogenaurach. Drei Jahre später, nur 51 Jahre alt, starb er an Augenkrebs. Havelange ließ in Notre
Dame in Paris eine Messe lesen. 300 Sportfunktionäre gaben sich ein Stelldichein. Wiederum drei Jahre später, 1990,
verkauften die vier Schwestern Inge, Karin, Brigitte und

Sigrid 80 % der Firmenanteile für 440 Millionen DM. Ausgeschlossen vom Deal: die Marketing-Firma ISL. Ein Finanzjongleur namens Bernard Tapie aus Frankreich, Ex-Minister, Ex-Präsident von Olympique Marseille und im Gefängnis einsitzend, stieg groß ein. Zu groß. 1995 übernahm der Franzose Louis Dreyfus den Vorstandsvorsitz und ging im November an die Börse. Das Unternehmen war plötzlich 3,5 Milliarden DM wert. Uns Vertreter interessierte das alles nur am Rande. Mich die Sportpolitik sowieso nicht. Doch davon später mehr. Erhard Heiner, der heutige Chef, hat adidas wieder zum Markenzeichen geprägt. Mit viel Arbeit. Arbeit zeichnet die Franken sowieso aus. Wie Inge Beute, Mutter von drei Söhnen. Sie «schaffte» an der Seite ihres damaligen Mannes Alf, einem gelernten Schuster aus dem westfälischen Städtchen Rheine.

Die Besuche in Herzogenaurach waren eine wundersame Kombination aus Geschäft und Frohsinn. Im Partykeller der Beutes, an dessen Eingang ein fast zwei Meter hoher ausgestopfter Bär stand, flachste Alf: «Ich war mal Mittelstürmer bei Rheine 08 und genauso gut wie du, lieber Uwe. Nur mit dem Toremachen haperte es. Aber Uwe ist ja sowieso von einem anderen Stern.» – «Danke», lachte ich artig. Ich stand gut platziert in der Nähe einer Blumenvase – denn Schnäpse sind nicht mein Ding. Folge: Tarnen und Täuschen, das Glas an die Lippen, der Rest in die Vase ...

Der Dassler-Clan bestand aus drei Familien. Nesthäkchen Sigrid lebte bei ihren Eltern. Der Clan wohnte in drei Häusern hinter dem Verwaltungsgebäude. Die hoch gewachsenen Bäume wirkten wie ein schützendes Dach. Neben einem Gemüsegarten gab es eine kleine Wiese mit zwei Eishockeytoren. Es verging kein Meeting, ohne dass die Gäste des Hauses vor dem Abendessen zum Kicken gebeten wurden.

Nur Fritz Walter, der auch für adidas als Werber umherreiste, genoss eine Ausnahmestellung. Der stand am Rand, gekleidet wie ein Herr aus der Vorstandsetage eines Großkonzerns, und machte Witze. Neben ihm, im schon erwähnten dunkelblauen Trainingsanzug, Adi Dassler, der «Boss».

Dieser gottbegnadete Tüftler war ein Genie. Sein Meisterstück lieferte er 1954 bei der Weltmeisterschaft in Bern ab. Er hatte Fußballstiefel mit auswechselbaren Stollen kreiert. Und als kurz vor Spielbeginn der große Regen kam – Rundfunkreporter Herbert Zimmermann: «Unaufhörlich rinnt der Regen im Berner Wankdorfstadion, aber keiner wankt» –, da wechselte Adi Dassler kurzerhand die Stollen aus. Von 8 auf 13 Millimeter. Die Ungarn rutschten, die Deutschen standen, die Ungarn verloren, die Deutschen siegten.

Dem Perfektionisten Herberger war der Perfektionist aus Franken ein perfekter Partner. Für beide galt: Einsatzwille, Kameradschaft, Unterordnung, Hingabe sind die Basis für den Erfolg. Herberger gelang es ja immer wieder, eine spezielle eigene Leistung in sich abzurufen. Er formte seine Teams nach seinem Gespür, seinem Instinkt. Er plante akribisch, mischte starke Naturen und Draufgänger mit sensiblen Spielern. Er kitzelte ihre Leistungen heraus nach dem Motto: mal Zuckerbrot, mal Peitsche. «Nur gemeinsam sind wir stark», predigte er. Das sollte heißen: nur im Kollektiv, in der Mannschaft. Noch heute spricht man ehrfurchtsvoll vom berühmten «Geist von Spiez». In Spiez befand sich das deutsche Quartier während der Schweizer WM 1954. Hatte Fritz Walter später seine zwei, drei «Pikkolöchen» getrunken, erzählte er gerne die Geschichte von der Verschwörung. Waldspaziergang der gesamten Truppe, plötzlich ein meterhoher Holzhaufen. Herberger ließ einen Kreis bilden. Alle fassen sich an den Händen. Alle murmeln: «Wir sind stark.

Wir werden Weltmeister.» Ein dreifaches Hipphipphurra schallt durch den Wald.

Adi Dassler hatte es bei jedem Spiel auf meine Schuhe abgesehen. Ich war die Treter ständig los. So dreckig wie sie auch waren, verpackte er sie in eine Tasche. Ab in sein Privatlabor zur Überprüfung der Druckstellen, der Sohlen und der Stollenbelastung. «Uwe», pflegte er immer zu sagen, «du bist mein bestes Test-Kaninchen.»

12 Der Nachtzug aus Leipzig oder Ein Kapitel Fußballgeschichte

Wie wichtig gutes Schuhwerk für Fußballspieler ist, wissen nicht nur die 180 000 Mannschaften, die Woche für Woche in Deutschland dem runden Lederball nachjagen. Von der Bundesliga bis zur letzten Kreisklassenmannschaft.

Eigentlich weiß man das in Deutschland seit 1890, wo Berlin zum Zentrum des Fußballspiels wurde. Hier gab es das erste Sportgeschäft. Der Deutsche Fußballspieler-Verband gründete sich. Ein Vorläufer des heutigen DFB; der DFB selbst konstituierte sich zehn Jahre später: 1900 in Leipzig. Als 1904 der Welt-Fußballverband FIFA in Paris ins Leben gerufen wird, nutzt der DFB sofort seine Chance. Er bittet telegrafisch um seine Aufnahme.

Da bin ich noch im «irgendwo». Noch nicht einmal in der Planungsphase. «Vaddern» selbst ist auch noch nicht auf der Welt, er wird am 29. April 1910 geboren. Doch bereits im Jahre 1903 wird erstmals die deutsche Fußball-Meisterschaft zwischen dem VFB Leipzig und dem DFC Prag ausgespielt. Mit großem Vergnügen habe ich darüber gelesen, als ich vor Jahren in einer Schule einen Vortrag über die Historie des Fußballs halten musste. Mir hat mächtig impo-

Eine Kuriosität: Eintrittskarte für das allererste Endspiel um die
deutsche Fußballmeisterschaft, 1903.

niert, was sich da ereignete: Die knapp 21-jährigen Jungmannen aus Leipzig reisten in der 3. Klasse per Nachtzug
an und schliefen in den Gepäcknetzen. Das Spiel fand in
Hamburg auf dem Platz von Altona 93 statt. Angepfiffen
wurde mit 30-minütiger Verspätung. Der Grund: Der
Schiedsrichter hatte den Ball vergessen. Und ohne Ball –
geht's bis heute nicht ...

Für Statistiker: 7 : 2 gewannen die Jungs aus dem Nachtzug, somit war der VFB Leipzig der erste Verein, der den
Titel errang. Mein HSV folgte sechsmal: 1923, 1928, 1960,
1979, 1982 und 1983. Mit einem siebten Titel hätte sich der
HSV 1922 schmücken können. Verliehen vom DFB am
grünen Tisch. Doch die Spieler mit dem «Salmi» auf der
Brust, dem Vereinssymbol, einer Salmiakpastille ähnelnd,
verzichteten. Vorausgegangen waren zwei Endspiele zwischen dem HSV und dem 1. FC Nürnberg. Das erste Spiel

endete 2 : 2, das zweite 1 : 1. Daraufhin erklärte der DFB den HSV zum Meister, die Nürnberger, später noch siebenmal Champion, protestierten auf das heftigste. Salomonisch entschied der DFB: ein drittes Spiel solle stattfinden. Der HSV schaltete auf stur: nicht mit uns. So steht heute in der Meister-Ehrentafel hinter der Jahreszahl 1922: kein Meister.

Wichtig jedoch war das Jahr 1906 für den internationalen Fußball. Einheitliche Regeln wurden eingeführt. Der Spielball musste aus Leder sein mit einem Gewicht zwischen 370 und 430 Gramm und einem Umfang von 68,5 bis 71 Zentimetern. Metalleinlagen in den Fußballschuhen waren strengstens verboten.

Somit wären wir wieder «ganz unten» an den Füßen, bei den Schuhen angelangt. Und bei adidas und meinem Job als Handelsvertreter.

13 Für die drei Streifen auf Tour

1961: Ich bin 25 Lenze jung, fahre einen 190er Mercedes Diesel – selbst gekauft, nicht gesponsert –, besitze einen Musterkoffer, Auftragsblöcke, Prospekte, Quittungsblöcke und jede Menge Kugelschreiber. Ich präsentiere adidas-Produkte, notiere Aufträge, rede und überzeuge die Kundschaft von der Qualität der Schuhe, Bälle oder Sporttextilien. Ich bin Handelsvertreter im klassischen Sinn.

Vorne rechts im Handschuh (Fach, welch ein blödes Wort, wer platziert dort seine Handschuhe?) befindet sich mein Proviantlager. Inhalt: eine Tüte Bonbons, drei belegte Brote in einem Blechkasten, eine Thermoskanne mit Kaffee und mehrere Wasserflaschen.

Mein Verkaufsgebiet reicht von Hamburg bis Hannoversch-Münden. An meiner Seite der erfahrene Kollege Richard Ahlisch, der mir Hilfestellung leistet, weil er in zwei Jahren in Pension gehen will und ich dann sein Nachfolger bin. Vorstellen bei den Kunden muss er mich nicht. Ich ertappe mich oft bei dem Gedanken: Fußball ist schon irre. Da schießt du ein paar Tore, und schon eilt dir der Ruhm voraus. Du wirst gelobt! Jeder Mensch ist ja ein bisschen eitel. Die einen mehr, die anderen weniger. Je mehr man mir auf die Schulter klopft, desto stolzer bin ich auf die Erziehung durch meine Eltern.

Vater Erwin war ja Schutenführer im Hamburger Hafen. Er hatte kein hohes, aber ein regelmäßiges Einkommen. Seine Fußballkünste wurden mit ein paar Mark honoriert. Als er noch im Arbeitersportverein kickte, nahm er mal 10 Reichsmark als Spesen an. Irgendein Neider verpfiff ihn. Der DFB wollte ihn sperren. Doch dazu kam es nicht.

«Vaddern» war zwar knorrig, ein kantiger Typ. Sein Herz für Menschen aber war riesengroß. Ich trug noch kurze Hosen, war vielleicht 10 oder 12 Jahre alt, hatte einen blonden Wuschelkopf, da schickte er mich zweimal in der Woche ins HSV-Clubhaus mit einem großen Kochgeschirr. Da stiegen wunderbare Düfte in meine noch so junge Nase. Mal roch es nach Hühnersuppe oder Eintopf. Mal nach Kohlroulade oder knusprig gebratenen Frikadellen. Ab und zu erwischte ich auch ein richtiges Stück Fleisch. Trotz meiner Jugend wusste ich den Wert zu schätzen. Der HSV hatte diese «Sonderküche» eingerichtet, um starke Männer auf dem Spielfeld zu haben. Zu Hause saßen «Old Erwins» Kameraden beim Bier und warteten, dass ich mit gefülltem Geschirr erschien. Dann waren die «Löwen» so in Form wie auf dem Fußballplatz. Sie hauten mächtig rein.

Meine Mutter Anni umsorgte den Trupp wie die berühmte Henne ihre Küken. Uns drei Kindern, meiner

Schwester Gertrud, meinem Bruder Dieter und mir sagte sie ständig: «Merkt euch eins, der Ruhm ist vergänglich. Bleibt mit beiden Beinen auf dem Boden. Und zwar immer.»

Wir Geschwister bewunderten unsere Eltern erst viele Jahre später. Im Knabenalter von zehn Jahren sind andere Dinge wichtiger.

14 Eltern, Lehrer, Lebensregeln

Am 1. April 1942 wurde ich in Eppendorf eingeschult. Vier Jahre später, am 1. April 1946, nimmt mich «Vaddern» mit zum HSV. Ich bekomme einen Ausweis, bin Mitglied, werde zum Training der Schüler eingeladen – ich glaube, mit dem Ausweis bin ich auf Anhieb 10 Zentimeter gewachsen.

Wenn wir später in unserer winzig kleinen Küche in der Dreizimmerwohnung in Hamburg-Eppendorf zusammensaßen, erzählten Mutter und Vater sehr oft von diesem Jahr 1946, vom so genannten «Todeswinter». Minus zehn Grad. Scharfer Ostwind. Die Stadt ein Trümmerfeld, sie war zu 63 % zerstört. 300 000 Menschen der 1,35 Millionen Einwohner hausten in Ruinenkellern, primitiven Buden und undichten Nissenhütten.

Der Hafen, wo ich sechs Jahre später am 1. Januar 1952 meine Lehre als Speditionskaufmann bei der Firma Schier, Otten & Co. begann, war nach dem Krieg zu mehr als drei Vierteln zerstört.

«Vaddern» berichtete vom nackten Überleben. Mit Lebensmittelkarten, die eine Zuteilung von 1500 Kalorien täglich garantieren sollten. Tatsächlich waren es jedoch knapp 1000 Kalorien. 14 000 Bürger litten an Tuberkulose, zehn Menschen pro Tag wählten den Freitod. Zwei Tage vor

Weihnachten waren schon 50 Hamburger elendig erfroren.

Wir saßen also in der Küche, klönten und konnten nur noch staunen. Besonders wenn Vater von den Kohlendieben erzählte. In den Güterbahnhöfen Eidelstedt, Rothenburgsort und Wilhelmsburg stürmten jede Nacht Hunderte, später Tausende alle ankommenden Kohlenzüge aus dem Ruhrgebiet. Dabei wurden Dutzende überfahren, von Puffern zu Tode gequetscht. Diese Erzählungen haben mich geprägt. Ich weiß sehr wohl zu schätzen, dass mich der liebe Gott in einer Zeit auf die Welt geschickt hat, wo ich und meine Familie nicht ums nackte Überleben kämpfen müssen.

Mir wurde sehr schnell klar, dass es ein großer Fehler ist, immer nur nehmen zu wollen und alles für selbstverständlich zu halten. Wer das Glück hat und auf der sonnigen Seite der Straße des Lebens gehen darf, der sollte Verständnis haben für jene, die vom Schicksal geschlagen wurden.

Das Heraustreten aus dem eigenen Kreis, diese Hinwendung zum Nachbarn, zum Freund, auch zum Fremden ist mir nie schwer gefallen. Sportler, so glaube ich, tun sich da viel leichter als Nicht-Sportler.

Nicht nur meinen Eltern muss ich danken. Auch meinem Entdecker und Ziehvater Günther Mahlmann. Dieser großartige Pädagoge, ein Trainer aus purer Leidenschaft, pflanzte mir das Rüstzeug für mein Leben ein. Es waren sechs Gebote, die er uns Jungs predigte:

1. Disziplin 2. Ordnung 3. Sauberkeit
4. Zuverlässigkeit 5. Ehrlichkeit 6. Beharrlichkeit

Gebote, die übrigens auch für Sepp Herberger Gültigkeit hatten.

Günther Mahlmanns Zuhause war das Trainingsgelände Ochsenzoll in Norderstedt, vor den Toren Hamburgs. 1959 baute ich dort mein Haus, einen Steinwurf vom Sportplatz entfernt.

Dieser Ochsenzoll ist die absolute Welt von Herrn Mahlmann. Wir, die Spieler, sind «seine Jungs». Er sieht uns als Söhne in einer Großfamilie, wo es Meinungsverschiedenheiten gibt, Zoff, Spaß, Beifall, Kritik. Wo private und berufliche Probleme diskutiert und gemeinsam mit ihm gelöst werden. Sein Gespür für die verschiedenen Charaktere in den Männerbeziehungen ist einmalig. Sie steht in keinem Lehrbuch, sie basiert auf der Erfahrung des Lebens. Meisterhaft versteht er, das richtige Wort zur richtigen Zeit anzuwenden. Nie wurde Günther Mahlmann laut. Okay, in der Kabine wurde der Ton bei einem schlechten Spiel schon mal schärfer. Aber in der Öffentlichkeit siegte stets seine Feinfühligkeit, uns Spieler zu hegen und zu pflegen. Pressevertreter müssen sich aus seinem Mund Sätze anhören wie: «Die Mannschaft ist tabu. Ihr könnt mich kritisieren, aber nicht die Jungs.»

Ich war aufgrund meines Jobs als reisender Handelsvertreter nicht in der Lage, jeden Tag mit der Mannschaft zu arbeiten. Zwei bis drei Tage in der Woche kurvte ich durch mein Verkaufsgebiet, besuchte Kunden. Ich machte aus der Not eine Tugend. Im Handschuhfach lagerte der Reiseproviant, im Kofferraum Trainingsanzug, Turnschuhe und Fußballstiefel. Die Platzwarte der Fußballclubs in ganz Niedersachsen wurden schnell zu meinen Freunden. Sie schlossen Türen und Dusche auf, damit ich das tun konnte, was Mahlmann und Herberger ständig predigten: «Der Ball ist schneller, als jeder Spieler laufen kann. Das einfachste Spiel ist das schwierigste. Wenn du glaubst, du beherrschst die Kunst, dann musst du erst recht die Kunst üben.»

«Vaddern» nörgelte bei Günther Mahlmann herum: «Wenn der Dicke nicht trainiert, dann darf er auch nicht spielen.» Mahlmann konterte: «Der trainiert schon. Sieh ihn dir an, wie fit er ist.» Und «Vaddern» sah bei jedem Spiel genau hin. Sein sonntäglicher Rhythmus wiederholte sich ständig: Mittags selbst gemachte Rouladen von Mutter Anni, dazu ein Fläschchen Holsten-Pils, kurze Mittagsruhe, dann ab zum Fußball. So wurde er über 80 Jahre alt.

15 Die Gründung der Bundesliga

Viel zu meckern an unserer sportlichen Leistungsfähigkeit gab es eh nicht in der Zeit von 1955 bis 1963. Der HSV war im Norden die klare Nummer 1. Unser «Familien-Motto» lautete: Verlieren ist ein dummer Zufall, den man unbedingt verhindern muss. Das gelang perfekt. In acht Jahren achtmal norddeutscher Meister – das war auch die Basis für genügend Punkte bei der Nominierung zur Bundesliga, die am 28. Juli 1962 im Goldsaal der Dortmunder Westfalenhalle beschlossen wurde: mit 103 zu 26 Stimmen, also deutlich über der notwendigen Zweidrittelmehrheit.

Im Goldsaal endete auch die Amtszeit des DFB-Präsidenten Dr. Peco Bauwens, einem legendären ehemaligen Schiedsrichter. Ihm folgte nun Dr. Hermann Gösmann aus Osnabrück, der bei Meisterfeiern schon mal Borussia Mönchengladbach mit Borussia Dortmund verwechselte und ein sehr fröhlicher Funktionär war.

Sechzehn Plätze für die höchste Klasse wurden festgelegt: Je fünf für den Westen und Süden, drei für den Norden, zwei für den Südwesten und einer für Berlin. Drei Kriterien waren für die Nominierung ausschlaggebend:

1. Sportliche Qualifikation nach dem Abschneiden in den letzten 10 Jahren. Dann in den letzten 5 Jahren und besonders im Jahr 1962.
2. Die wirtschaftliche Leistungsfähigkeit.
3. Die technischen Voraussetzungen, wie zum Beispiel Stadiongröße.

46 Vereine bewarben sich, 15 erhielten sofort eine Absage. Am 11. Januar 1963 vergab die Bundesliga-Kommission die ersten neun Fahrkarten für die große Reise in die Zukunft.

Die Nord-Vertreter: Werder Bremen, Hamburger SV
Westen: 1. FC Köln, Borussia Dortmund, Schalke 04
Süden: Eintracht Frankfurt, 1. FC Nürnberg
Südwest: 1. FC Saarbrücken
Berlin: Hertha BSC.

Es gab jetzt reichlich Gesprächsstoff bei meinen Touren als Handelsvertreter. Ich musste der lieben Kundschaft das Auswahlverfahren haarklein erklären.

Für Sepp Herberger ging mit der Gründung der Bundesliga sein Wunschtraum in Erfüllung. Schon vor der WM in Chile 1962 hatte er gestöhnt: Wir haben keine starke Mannschaft. Wir sind Halb-Amateure. Der gute Mann hatte Recht: Das monatliche Grundgehalt betrug 400 DM. Wo sollte eine starke Truppe auch herkommen? In den fünf Regionalligen wurde braver Fußball gespielt. Mehr nicht. Deshalb kämpfte Herberger, mal laut, mal leise und listig, um eine höchste Klasse.

Für mich war die Reise nach Chile zur Weltmeisterschaft 1962 die große Reise in eine andere Welt. Südamerika, da unten am Ende der Welt, 12 000 Kilometer von Hamburg entfernt – ein Jugendtraum sollte wahr werden. Doch wir waren ja nicht auf Abenteuerurlaub. Die Stimmung war vom Start weg gedämpft. Herberger wusste genau um unsere Schwächen. Horst Szymaniak war mit dem Spielaufbau im Mittelfeld überfordert. Die Abwehr um den Fürther Herbert Ehrhardt, meinen Mannschaftskameraden Jürgen Werner, um Willi Giesemann, Hansi Sturm aus Köln und Karl-Heinz Schnellinger aus Düren war gut, aber nicht sehr gut. Und im Sturm? Ich war bei diesem Turnier leider nur Durchschnitt. «Weltmeister» Hans Schäfer ebenfalls. Der Schalker Willi Koslowski auch. Kurzum: Wir kassierten insgesamt in vier Spielen zwar nur zwei Gegentore, bekleckerten uns aber sonst nicht gerade mit Ruhm. 0 : 0 gegen Italien, 2 : 1-Sieg gegen die Schweiz, 2 : 0 gegen Gastgeber Chile und 0 : 1 gegen Jugoslawien im Viertelfinale. Das 0 : 1 war das WM-Aus. Peinlich, peinlich. Denn diese WM wurde weltweit in 18 Ländern im Fernsehen übertragen.

Dieses Spiel war unser frühes Aus bei der Weltmeisterschaft in Chile: Im Viertelfinale verloren wir in Santiago mit 0 : 1 gegen Jugoslawien.

Der weltberühmte Edson Arantes do Nascimento, genannt Pelé, tat mir Leid. Mit einer Muskelzerrung saß er beim Finale auf der Bank. Trotzdem gewann sein Brasilien mit 3 : 1 gegen die damalige ČSSR.

Pechvogel Nummer 2: Der große Alfredo di Stefano von Real Madrid. Er war in Chile schon 36 Jahre alt, wollte für Spanien wenigstens einmal eine WM spielen. Auch ihn erwischte es vor Turnierbeginn mit einer Muskelzerrung.

An Schlagzeilen aus unserem Lager mangelte es keineswegs: Hans Tilkowski, der verbissen ehrgeizige Torhüter aus Herne, später Borussia Dortmund, drehte in der Nacht vom 30. auf den 31. Mai durch. Herberger stand bei der Mannschaftsbesprechung an der Tafel, hantierte mit einem Stück Kreide. Kaum schrieb er den Namen Wolfgang Fahrian hinter die Ziffer Nr. 1, sprang «Til» hoch. Er warf Stühle um und rannte raus. Im Zimmer der Escuela Militar, wo wir untergebracht waren, tobte er weiter, disqualifizierte sich für die Zukunft selbst. Wir waren alles andere als eine verschworene Gemeinschaft und schieden zu Recht aus. Sorgten für eine große Enttäuschung in der Heimat.

Gesprächsstoff aber gab es auch ohne Nationalmannschaft. Es existierte Ende 1962/Anfang 1963 nur ein Thema: die Gründung der Bundesliga. Am 6. Mai 1963 berief die fünfköpfige Kommission mit dem Nürnberger Rechtsanwalt Ludwig Franz an der Spitze die restlichen sieben Vereine: Eintracht Braunschweig (Nord), Preußen Münster und Meidericher SV, heute MSV Duisburg (West), 1860 München, VfB Stuttgart, Karlsruher SC (Süd) und 1. FC Kaiserslautern (Südwest).

Das Hauen und Stechen aber ging weiter. Gegen die Nichtberücksichtigung protestierten dreizehn Vereine. Alemannia Aachen und die Offenbacher Kickers zogen sogar vor ordentliche Gerichte. Erfolglos. Auch Borussia Mönchengladbach und der FC Bayern München gehörten zu den Protestanten. Alle Beschwerden schmetterte der DFB-Vorstand jedoch ab. Gladbach und Bayern schafften es dann 1965 auf sportlichem Weg in die höchste Klasse. Und mir ist es immer noch einen Flachs wert, zu meinem Freund Franz Beckenbauer sagen zu können: «Na, du Zweitgeborener.» Wir, der Hamburger SV, sind also der Dinosaurier in der Bundesliga, dem liebsten Kind der Deutschen. Ich hoffe nur, wenn jemand dieses Buch in dreizehn Jahren liest, dass das dann auch noch so ist. Es wäre das schönste Geschenk zu meinem 80. Geburtstag.

Dem Vordenker zu diesem Werk Bundesliga hätte man eigentlich ein Denkmal setzen müssen: Franz Kremer, dem damaligen Präsidenten des 1. FC Köln. Der stämmige Kaufmann vom Rhein, der sich so gerne im Pelzmantel auf der Tribüne im Müngersdorfer Stadion zeigte und dessen Mannschaft die erste war, die in maßgeschneiderten Trikots aus Paris auflief, hatte seit Anfang der fünfziger Jahre die Debatte zur Schaffung einer einheitlichen Liga angekurbelt. Mit seinen Gedanken war er der Zeit weit voraus, mit der Zunge leider etwas ungeschickt. Kremer war kein Taktiker. Die eingefleischten Funktionäre mochten ihn nicht. Dafür umso mehr Sepp Herberger. Der «Chef» unterstützte Kremers Pläne und kochte vor Wut, als die Bundesliga-Gegner mit dem Argument aufmarschierten: «Wir sind 1954 ohne Bundesliga Weltmeister geworden, also brauchen wir sie auch nicht, um international bestehen zu können.»

1956 kamen Kremer noch zwei glückliche Zufälle zu Hilfe: Der Saar-Fußball kehrte zum DFB zurück – und mit ihm Hermann Neuberger, ein gewiefter Taktiker, der später Hermann Gösmann als Präsident beerbte.

Am 24. August 1963 war es endlich so weit. In acht Stadien wurde die erste Bundesliga-Saison angepfiffen.

Großer Jubel in Hannover, 14. August 1963: Mir gelingen alle drei Tore beim 3 : 0-Pokalsieg gegen Dortmund.

Für meinen HSV und mich ein Start mit stolz geschwellter Brust. Denn: Wir «Rothosen» aus Hamburg fidelten zehn Tage vorher, am 14. August 1963, die «Zecken» aus Dortmund im Pokalfinale mit 3 : 0 ab. Mir gelangen alle drei Treffer. Vor 70 000 Zuschauern in Hannover. Wir freuten uns diebisch, denn vorher hatte es immer schlimme Schlappen gegen die Kampf-Fußballer aus dem Revier gegeben. Nun gehörte uns der Pott: ein 47 Zentimeter großer und 6,25 Kilogramm schwerer Silberpokal, veredelt mit 210 Gramm Feingold, zwölf Turmalinen, ebenso vielen Bergkristallen und 18 Nephriten. Materialwert: rund 18 000 DM.

Noch zweimal war er an der Elbe zu bestaunen: 1976 mit Trainer Kuno Klötzer, nach einem 2 : 0 gegen den 1. FC Kaiserslautern, 1987 mit Trainer Ernst Happel, durch ein

3 : 1 gegen die Stuttgarter Kickers. Beim letzten Sieg war meine Karriere schon fünfzehn Jahre vorbei.

Der «Cup-Gewinn» war gleich doppelter Trost für mehrere vergeigte Endspiele: 1956 ein 1 : 3 gegen den Karlsruher SC im Pokal, 1957 ein 1 : 4 gegen Dortmund um die Deutsche Meisterschaft, 1958 ein 0 : 3 gegen Schalke 04 im Meisterschafts-Endspiel.

Der Fußballsport produziert – je nach Blickwinkel – unzählige Geschichten, und manche von ihnen gleichen Dramen. Er schenkt Momente der Freude und der Trauer. Ein Pokal oder ein Titel heilen Wunder, spenden Trost, Genugtuung für zweifelhafte Schiedsrichter-Entscheidungen, für Gegentore in der letzten Spielminute, wo innerhalb von Sekunden die Leistung von 89 Minuten zunichte gemacht wird. Für Schuldzuweisungen unter der Dusche, in der Kabine oder für harsche Kritik in der Presse am Morgen nach dem Spiel. Dieser so einfache Mannschaftssport, der auf der ganzen Welt nach einheitlichen Regeln durchgeführt wird, lässt gestandene Profis weinen und behandelt die echten Fußballfans so brutal, dass sie tagelang leiden. Meistens eine Woche. Bis zum nächsten Auftritt ihrer Lieblinge.

Bei einer Niederlage stürzen sie sich in die nächste Kneipe, um unter Gleichgesinnten den Frust zu bekämpfen. Bei einem Sieg gilt das Prost dem Gegenteil. Denen haben wir es gezeigt, denen haben wir ein paar satte Dinger eingeschenkt, denen haben wir ordentlich eingeheizt, «denen» – der gegnerischen Mannschaft. Die wahren Fans sagen ja nicht: «Heute spielt meine Mannschaft.» Sie sagen: «Heute spielen wir!» Wir – das ist die totale Identifikation mit ihrem Fußballverein. Und wenn die ersten Schatten ins Stadion fallen, laufen die Hauptdarsteller Richtung Kurve oder Tribüne. Sie klatschen symbolisch Beifall, fassen sich an den Händen und verneigen sich. Gut und richtig.

Ich spreche hier von den echten Freunden des Fußballs. Nicht von denen, die das Ereignis dazu benutzen, ihren beruflichen oder privaten Frust abzulassen. Hübsch anonym. Versteckt in der Masse. Da fühlen sie sich stark. Nur da. Deshalb finde ich es vollkommen in Ordnung, wenn sie von der Polizei schon am Hauptbahnhof abgefangen und bis ins Stadion eskortiert werden und wenn innerhalb des Stadions nur alkoholfreies Bier ausgeschenkt wird.

16 «Herr Seeler, runter vom Platz!»

Die Macht der Fans hat im Laufe der Kommerzialisierung der Klubs enorm an Bedeutung gewonnen. Gezielte Fan-Betreuung gehört zum Bundesliga-Alltag. Ebenso wie ein harmonischer Trainerstab, der Verkauf im Merchandising und die medizinische Abteilung.

Wie Fans reagieren können, wie sie das Geschehen auf dem Rasen mitreißt, erlebte ich live am ersten Tag im Dezember 1957. Ich war 21 Jahre jung, spielte natürlich Mittelstürmer am Rothenbaum gegen den TuS Bremerhaven 93. Ein Mann mit der Nr. 9 auf dem Rücken lebt hart an der vordersten Front.

Knüffe rechts, Knüffe links. Schienbein-Polierung von vorn, Wadenbein-Sonderbehandlung von hinten. Kleiner Pferdekuss im Oberschenkel, Zerren am Trikot, Festhalten, Drücken, Schieben. Ellenbogen in den Rücken, gestreckte Faust in den Magen. Kurzum: Tore-Verhinderung, Fußball ohne den Ehrenkodex des FIFA-Weltverbandes, wo es so schön heißt:

1. Spiele, um zu gewinnen
2. Spiele fair

3. Halte dich an die Spielregeln

4. Respektiere Gegner und Mitspieler.

Es gibt Profis, die pfeifen auf den Ehrenkodex. Sie sind wahre Meister in der Kunst, den Gegenspieler auszuschalten, sogar zu quälen. Nicht alle spielen nur mit Kopf und Beinen. Leider, leider.

Dagegen waren meine Bremer Freunde Max Lorenz und «Pico» Josef Schütz Gentlemen-Kicker. Obwohl Max seinen Spaß daran hatte, während des Spiels «Pico» lauthals aufzufordern: «Los, fass den Dicken. Fass ihn!» Er selbst gibt heute zu – ein Senior und Großvater wird im Alter eben doch weise: «Mein Freund Uwe war ein Sauhund. Ich hab ihn am Trikot festgehalten und an der Hose gezogen. Zwecklos. Er war in der Luft immer einen Meter größer als ich, obwohl mir der liebe Gott über 190 Zentimeter geschenkt hat und ihm vielleicht 165. Ein Kopfball-Duell war gegen ihn kaum zu gewinnen.» Das Kopfballspiel habe ich ja auch bis zur Bewusstlosigkeit geübt. Die anderen duschten schon, da hing ich immer noch am Pendel.

Das Schöne am Fußballsport ist ja, dass der Ball praktisch mit allen Körperteilen an- und mitgenommen werden kann. Außer mit der Hand natürlich. Aber ansonsten ist die Mitnahme mit der Brust gestattet. Mit dem Bauch. Mit dem Ober- und Unterschenkel. Mit dem Spann, der Außen- oder Innenseite des Fußes, ja selbst mit der Fußsohle.

Die Technik der An- und Mitnahme des Balls ist im Grunde immer die gleiche. Der den Ball annehmende Körperteil wird dem Ball entgegengeführt. Im Moment der Ballberührung weicht er elastisch zurück und schwingt in die neue Laufrichtung. Dieser Gummieffekt wird noch gesteigert, wenn die Muskulatur bei der Ballannahme mög-

Das Training am Kopfballpendel gehörte für mich immer zu den Voraussetzungen eines erfolgreichen Spielers. Während meine Kameraden schon duschten, legte ich oft Sonderschichten ein.

lichst entspannt ist. Deshalb predigte mein Entdecker Günther Mahlmann immer: Dicker, bleib locker. Verkrampfe nicht bei der Ballannahme.

Meine besondere Qualität, den Kopfstoß, habe ich mir am erwähnten Kopfball-Pendel angeeignet. Ein Holzgerüst. Der Ball hängt an einer verstellbaren Leine. Und immer wieder hoch, runter, hoch, runter. In verschiedenen Lagen. Absprung – möglichst von einem Bein. Der Oberkörper holt aus der Bogenspannung rückwärts aus und schnellt dem Ball entgegen. Hals- und Nackenmuskulatur sind angespannt. Das Kinn zur Brust nach unten gesenkt. Die Trefffläche ist die volle Stirnfläche.

Es gibt ja herrliche, so genannte «Hecht-Kopfballtore». Da hechtet der Spieler dem halbhoch anfliegenden Ball entgegen. Ich erinnere an Tore von Gerd Müller, Rudi Völler, Jürgen Klinsmann, Oliver Bierhoff, Ulf Kirsten und ein paar viele Dutzend von mir.

Doch zurück an den Hamburger Rothenbaum. Zu meinem ersten und einzigen (ja: einzigen!) Platzverweis.

Am 1. Dezember 1957 schrien 18 000 Menschen auf dem Platz am Rothenbaum «Uwe, Uwe», als mir ein Schiedsrichter namens Höfel aus Braunschweig zwanzig Minuten vor Schluss die rote Karte unter die Nase hielt und mich anbrüllte: «Runter wegen Nachtretens!» Diskussion? Zwecklos. Mein Gegenspieler, der ohne den erwähnten Ehrenkodex, hatte sein Ziel erreicht.

Nachtreten hatte ich nie nötig. Ich war immer schnell genug. Mit und ohne Ball. Die Folgen des Pfiffes waren dramatisch. Die Zuschauer stürmten den Platz, der DFB verhängte eine Platzsperre, sprach mich «aus Mangel an Beweisen» frei. Das nächste Punktspiel mussten wir in Bremen gegen Eintracht Braunschweig austragen. 45 Minuten lang standen wir neben uns. Zur Pause führte Braunschweig mit

Schiedsrichter Höfel (links) verpasste mir 1957 den einzigen Platzverweis meiner langen Karriere. Im NDR-Studio gab es später einen
versöhnlichen Händedruck. In der Mitte der legendäre Sportreporter
Herbert Zimmermann («Aus! Aus! Auuus! Deutschland ist Weltmeister!!»).

4 : 0. Trainer Mahlmann sprach nur einen Satz in der Kabine: «Haltet das Ergebnis in Grenzen, mit 10 Gegentoren
fahren wir nicht über die Elbbrücken.» Wir fassten uns an
die Hände und schworen Volldampf ab Wiederanpfiff. Jupp
Posipal, unser Weltmeister, lief trotz Verletzung wieder auf,
Auswechseln war zu dieser Zeit noch nicht möglich. Jupp
wurde als Stand-Fußballer auf Rechtsaußen postiert und
nur zaghaft angespielt. Wir aber rackerten wie die Verrückten. Aus dem 0 : 4 wurde schließlich ein 6 : 4-Sieg.

Solche Ereignisse beweisen den Geist einer Mannschaft.
Für Sepp Herberger war ja der «Geist von Spiez», dem
Trainingsquartier bei der WM 1954, die Basis zum Welt-
meister-Titel – ich erzählte schon davon. Wir «Jungmannen»

Ende der fünfziger Jahre sprachen vom «HSV-Geist». Unsere Truppe war eine seltsame Mischung. Da gab es eine echte Typen-Bildung. Die «Akademiker» und die «Arbeiterkinder».

Ich gebe zu, kein sehr einfacher Mannschaftsspieler gewesen zu sein. Ich spürte, wenn in meinem Nacken so ein leichtes Kribbeln begann. Meine Gesichtsfarbe soll sich verändert haben, wenn ich sah, dass einige Kameraden allzu leger zu Werke gingen. «Achtung, Uwe leuchtet», hörte ich dann. Mit hochrotem Kopf hetzte ich über den Platz. Nicht gerade leise redend ...

Ist doch logisch: Mein Hauptberuf war Leistungssportler, Fußballspieler. Je energischer und entschlossener man seine Arbeit verrichtet, desto schneller spürte und spürt der zahlende Kunde im Stadion: Aha, der tut was für unser, für sein Geld. Einen schlechten Tag haben – das kann jedem passieren. Eine schlechte Einstellung aber brachte mich damals und bringt mich noch heute zur Weißglut. «Über den Kampf zum Spiel», lautete eine Devise von vielen, die uns Herberger eintrichterte.

Zwischen einem Profi-Fußballer und einem Freizeitkicker liegt ein breites Leistungsspektrum. Je höher der Leistungsanspruch, umso bedeutender sind die Vorbereitung, das Training, die Einstellung.

Technik mit und ohne Ball ist die eine Grundlage. Gute Ausdauer, Sprint-, Sprung- und Schusskraft die andere. Dazu gehören Willen, Kampfkraft, Zähigkeit und Spielfreude. Die Technik darf nicht zum Selbstzweck werden. Statistiker haben mal ausgerechnet, dass selbst Spitzenleute der Bundesliga nicht viel mehr als 3 Minuten im Ballbesitz sind. 87 Minuten dagegen sind sie in Bewegung, um sich dem eigenen Mitspieler anzubieten oder dem Gegner den Ball abzujagen.

Jeder Mensch, aber vor allen Dingen jeder Sportler muss sich klar definierte Ziele stecken. Ziellos – das ist wie das Segeln auf einem Schiff ohne Ruder. Eine Schiffsbesatzung, die auf einem ruderlosen Schiff fahren muss, wird sehr schnell frustriert sein. Das Schiff fährt pausenlos im Kreis, es kommt nicht vorwärts. Und tüchtige Menschen wollen nicht auf der Stelle treten – sie wollen Erfolg, Anerkennung. Diese Anerkennung muss nicht auf großer Bühne stattfinden. Anerkennung, das kann auch der Respekt des Trainers und der Mitspieler, ja sogar des Gegenspielers sein. Oft reicht schon ein Schulterklopfen und die zwei Worte «gut gemacht».

Der Tüchtige im Team geht bis an die Schmerzgrenze. Dahin, wo's wehtut. Wenn plötzlich der innere Schweinehund erwacht, die Oberschenkel schwer wie Ziegelsteine werden, die Lunge brennt, die Hände in den Hüften Halt suchen, wenn die innere Stimme fordernd wispert: Lass doch deinen Kameraden kämpfen, lass doch den anderen in den Zweikampf gehen. Verkriech dich, humpel ein bisschen herum, winke nach dem Onkel Doktor und dem Masseur, mime auf Zerrung.

17 Der «Große Fritz»: mein Vorbild Fritz Walter

Im Laufe vieler Jahre und vieler Spiele wird der eigene Blick für solche Situationen messerscharf. Zum Glück kreuzten wenig «Alibi-Fußballer» und «Mimen» meinen Weg. Im Gegenteil. Ob bei der Nationalmannschaft oder beim HSV – wir lebten nach unserem Motto: «Einer für alle, alle für einen.»

Ich weiß noch heute, wie ich am 8. Juni 1958 bei der Schweden-WM auf der Fahrt ins Stadion zu Fritz Walter sagte: «Du kannst ruhig mal ausruhen. Ich laufe für dich mit.» Wir spielten gegen Argentinien, gewannen 3 : 1. Ich schoss mein erstes Tor für Deutschland. 42 weitere sollten folgen. Herberger hatte vor dem Spiel Kondition bolzen lassen und gepredigt: «Lasst den Gauchos keine Luft zum Atmen, rückt ihnen ständig auf die Pelle. Wenn sie dauernd gestört werden, werden sie auch keine Mannschaft sein können.»

Wir Deutschen würden Fußball arbeiten, auf dem Platz und im Kopf, so hieß es. Diese Arbeit reichte bis zum Halbfinale. Die Bilanz: 3 : 1 gegen Argentinien, 2 : 2 gegen die Tschechoslowakei, 2 : 2 gegen Nordirland, 1 : 0 gegen Jugoslawien.

Sie reichte nicht mehr am 24. Juni im Göteborger Hexenkessel gegen Schweden. Es war das bis dahin schlimmste Spiel meiner jungen Karriere. 50 000 hysterische Zuschauer, 1 : 0 Führung für uns nach stürmischem Schweden-Start, dann 1 : 1, dann säbelt Erich Juskowiak den wieselflinken Hamrin um und fliegt vom Platz, dann verletzt sich Fritz Walter, dann schießen die Schweden in den letzten zehn Minuten das 2 : 1 und 3 : 1.

Die Verletzung vom «Großen Fritz» war dann so schwer, dass er bei der satten 3 : 6-Niederlage im Spiel um Platz 3 gegen Frankreich nur neben Herberger auf der Trainerbank sitzen konnte.

Ein Nebeneinander mit Symbolcharakter? Ich glaube ja. Herbergers stiller Traum war es, seinen Lieblingsspieler zu seinem Nachfolger zu machen. Listig köderte er ihn. Er sollte einen zurückhängenden Mittelstürmer spielen, zwei bis drei schnelle Leute um ihn herum, ich war für die Spitze vorgesehen. Doch Fritz, ein äußerst sensibler, liebevoller, treuer Mann, winkte ab: «Einmal muss Schluss sein.» Zur WM 1962 flog er als «guter Geist» mit, um nach turbulentem Rückflug nie mehr ein Flugzeug zu besteigen. Seine

Dienstfahrten als adidas-Werbemann fanden auf der Schiene statt. Zug bis Mannheim-Hauptbahnhof, umsteigen nach Gleis 6, Zug nach Kaiserlautern, heim nach Enkenbach an den Tisch seiner geliebten Italia. Und samstags, wenn sein 1. FC Kaiserslautern spielte, ging er nach eigenen Worten durch die «Hölle am Radio». Das direkte Erlebnis im Stadion überstieg die Kraft seiner Nerven.

Wir telefonierten oft miteinander. Aber irgendwie spürte ich manchmal, dass er den Telefonhörer nicht auflegen wollte, so, als wollte er mir signalisieren: «Uwe, lass mich nicht allein.» Fritz bekam im zunehmenden Alter gesundheitliche Probleme. Obwohl er für einen Ex-Fußballspieler verdammt gesund lebte. Anders als zum Beispiel «Boss» Rahn konnte ihn niemand in einer rauchigen Kneipe an einem Stammtisch mit Pils und Korn zum Erzählen ködern. Die Salatblätter beim Essen sezierte Fritz wie ein Chirurg. Sein Steak musste gut durchgebraten und durfte nicht zu fett sein. Dessert war für ihn ein Fremdwort. Ein Gläschen «Prickelwasser», Sekt oder Champagner, galt ihm als Medizin. Und einmal im Jahr reiste er mit seiner Italia zur Frischzellenkur ins bayerische Lenggries. «Die Sache ist zwar umstritten», sagte er, «aber wir glauben dran. Wir schwören drauf.»

Innerhalb von achtzehn Jahren musste er zwei Hüftoperationen überstehen. Im April 1996 erlitt er einen Schwächeanfall und wurde mit Kreislaufproblemen ins Klinikum seiner heiß geliebten Stadt Kaiserslautern eingeliefert. Jede Schwester avancierte zu seinem Liebling, jeder Arzt zum Freund. Typisch für ihn!

Der Aufenthalt in der Klinik war von kurzer Dauer. Aber Ende 1999 sah er die Schwestern und Ärzte wieder: Kreislaufprobleme, Darmerkrankung. Die Ernennung zum Ehrenbürger des Landes Rheinland-Pfalz im Oktober 2000, eine Auszeichnung, die es vorher noch gar nicht gegeben hatte, war nur ein schwacher Trost. Sie war die letzte auf der unglaublichen Ehrentafel dieser Fußball-Legende: Silbernes Lorbeerblatt 1953, als erster Fußballer überhaupt; Ehrenspielführer der Nationalelf 1954; Goldene Ehrennadel des DFB 1955; Großes Verdienstkreuz des Verdienstordens der Bundesrepublik, 1970; Ehrenbürger von Kaiserslautern; Bundesverdienstkreuz mit Stern 1995; Verdienstorden der FIFA 1995; Deutschlands Fußballer des Jahrhunderts; Europas Fußballer und Welt-Fußballer des Jahrhunderts. Und, und, und ...

Auf die Goldene Ehrennadel mit Brillanten seines Vereins 1. FC Kaiserslautern, wo er mit siebzehn Jahren in der ersten Mannschaft sein Debüt gab und schon drei Jahre später am 14. Juli 1940 beim 9 : 3 gegen Rumänien drei Tore erzielte, auf diese Nadel zeigte er mit besonderem Stolz, wenn wir uns trafen.

Diese Treffen, bei Fußballgroßereignissen oder auf der Sportartikelmesse in München, waren von einer Herzlichkeit geprägt, die man heute nur noch in einer intakten Familie erlebt. Um es kurz zu sagen: Er war wie ein Bruder. Und so durfte ich mit ihm auch herumflachsen: «Na, du Verteidiger?» Man muss wissen: Mein Flachs war begründet. Nach der Fusion FV/Phönix Kaiserslautern, die 1932 stattfand und woraus der 1. FCK entstand, spielte er zunächst rechter Verteidiger. Langsam aber sicher arbeitete er sich in Richtung gegnerisches Tor vor. Bis er seinen älteren Bruder Ottmar erreicht hatte. Als Mittelstürmer, dann als Halbstürmer.

Bis zum 24. November 1942 bestritt Fritz während des Krieges 23 Länderspiele, insgesamt 66. Er erzielte 33 Tore. Doch auch sein Ziehvater Sepp Herberger konnte einen Fronteinsatz nicht verhindern. Fritz wurde Infanterist in Frankreich, dann auf Sardinien, wo er an Malaria erkrankte.

Es folgten Einsätze auf Korsika und Elba. Während dieser Zeit war er auch Mitglied der bekannten Soldatenelf «Rote Jäger» des Jagdflieger-Majors Hermann Graf.

Dann hatte er Glück im Unglück. Fritz geriet in russische Gefangenschaft. Auf dem Weg nach Sibirien, in einem Lager namens Marmaros-Szigett in Rumänien, erkannte ihn ein russischer Major. Ein Fußball-Kenner. Heimlich, still und leise schleuste er unseren Fritz aus dem Treck. So kam er bereits im Herbst 1948 vorzeitig in die Heimat zurück, spielte für den 1. FC Kaiserslautern und betreute «so ganz nebenbei, aus Liebe zum Sport», den kleinen Ortsrivalen VfR Kaiserslautern. Zweimal holten die «Roten Teufel» mit Fritz den Meistertitel in die Pfalz, dreimal scheiterten sie erst im Endspiel. Von 1962 bis 1968 trainierte Fritz den SV Alsenborn – ebenfalls aus Spaß am Sport.

Mir hat dieser Mann, der Älteste von fünf Geschwistern, mächtig imponiert. Am 31. Oktober 1920 wurde er in Kaiserslautern geboren. Seine Brüder Ottmar und Ludwig waren ebenfalls gute Fußballer. Ich freue mich, dass ich ihm an dieser Stelle etwas zurückgeben kann. Wenn es auch nur einige gedruckte Worte sind.

Also erstens: Vom Talent her war er zum großen Fußballer geboren. Er war ausgestattet mit einem ungeheuren Instinkt für jede Situation. Seine Spielintelligenz stempelte ihn automatisch zum Spielmacher. Ich würde sagen: Er hatte die Perfektion eines Pelé, die Eleganz eines Franz Beckenbauer, die Geschmeidigkeit eines Zinedine Zidane. Fritz war schon damals ein Prototyp des heutigen Fußballs, half in der Abwehr aus und war vor dem gegnerischen Tor gefährlich. Für ihn war Fußball Kunst – Kunst als Perfektion zur Freude der Zuschauer. Und er selbst erzählte mir oft, wie er bis kurz vor dem Anpfiff auf der Toilette saß. Magen und Nerven rebellierten.

Fachsimpelei mit Fritz Walter und Sepp Herberger beim Länderspiel Deutschland – Italien, 1965. Hinter mir: Günther Mahlmann.

Zweitens: Die sportliche Höchstleistung war stets gepaart mit einer bewundernswerten Charakterhaltung. Er verkörperte fast alles, was eine Nation als Vorbild braucht. Ein Star ohne Allüren. Ehemals Leistung, dann Bescheidenheit, immer Noblesse und Charme. Kameradschaft, Anstand, Treue, Hilfsbereitschaft – nein, für ihn waren das keine Lippenbekenntnisse.

Oft besuchten wir gemeinsam Haftanstalten im Auftrag der Sepp-Herberger-Stiftung. Und oft erlebten wir, dass die Gestrauchelten unserer Gesellschaft wenigstens für Stunden ihr Schicksal vergessen konnten. Waren wir zwei dann wieder draußen, freute er sich wie nach einem Siegtreffer auf dem Rasen: «Hast' gesehn, Uwe, wie die harten Jungs weich wurden?» Nie wurde er müde, den «harten Jungs» ein frohes Osterfest oder eine besinnliche Weihnacht per Kartengruß zu wünschen.

1948 heiratete er Italia. Eine schwarzhaarige Schönheit,

in Italien geboren, in Frankreich aufgewachsen. Sepp Herberger erkannte spät, aber nicht zu spät, wie einflussreich diese Frau an der Seite des sensiblen «Ball-Zauberers» war. Draufgänger, starke Naturburschen, Kämpfer – die brachte Herberger schnell auf seinen Kurs. Da steckte er den harten mit dem weichen Typen einfach in ein Doppelzimmer. Wie 1954 Helmut Rahn und Fritz Walter. Herberger störte, dass Italia als Managerin ihres geliebten Fritz fungierte. «Schätzchen», wie er sie nannte, wollte den Ruhm ihres Mannes in Geld umwandeln. Irgendwie verständlich. Schließlich entschied er sich, ähnlich wie ich 1961, eine Offerte von Atletico Madrid mit den Worten abzulehnen: «Daheem is daheem.» 250 000 DM Handgeld für einen Zweijahresvertrag, plus 10 000 DM Monatsgehalt, plus Prämien, plus Auto – ein Vermögen zur damaligen Zeit. Das war 1952.

Fritz blieb sich, seinem Verein und Deutschland treu. Italia kümmerte sich aber intensiv ums «Haushaltsgeld». Man betrieb ein Kino, wurde Repräsentant von Saba, adidas, einer Lotto-Gesellschaft, und nicht nur die Fußballer tranken «Fritz Walter Sekt».

«Schätzchen» war dem knurrig gewordenen Herberger zu egoistisch. «Schätzchen» hatte ihm unmissverständlich erklärt: Wäre sie nicht da, stünde ihr Fritz längst nicht mehr auf dem Fußballplatz. Eva Herberger wurde sogar grob und sprach von der «Schwarz-Hex» vom Betzenberg. Es dauerte fast ein ganzes Jahr, bis sich das Verhältnis wieder normalisierte. Und Fritz empfahl mir mal beim Sekt: «Lass dir von niemandem in deine Ehe reinreden. Die Liebe, die echte Liebe hält alles aus.»

53 Jahre hielt die Liebe alles aus, 53 Jahre waren Fritz und Italia Walter verheiratet, bevor Italia im Dezember 2001, eine Woche nach ihrem 80. Geburtstag, starb.

Schon Anfang des Jahres hatte mir Fritz sein Leid geklagt: «Uwe, ich weiß nicht, wie es weitergehen soll. Ich habe ein komisches Gefühl. Die Italia will nirgendwo mehr hin. Ich krieg sie nicht aus dem Haus raus. Es ist so, als würde sie auf den Tod warten.» Mir fiel eine Antwort schwer. Da stehst du einem Freund gegenüber und musst einfach banales Zeug als Trost reden: Kopf hoch, wird schon werden, das kriegst du hin. Man sucht krampfhaft nach Beispielen aus dem täglichen Leben. Doch so scheint das Leben zu sein.

Den Tod von Italia hat Fritz Walter nie verkraftet. Am 17. Juni 2002, es war ein Montag, erreichte mich gegen 18.15 Uhr ein Anruf aus Enkenbach-Alsenborn. Die Nachricht: Um 15.15 Uhr sei Fritz in seinem Haus friedlich eingeschlafen. Den zweiten Schlaganfall habe er nicht überstanden.

Ilka und ich haben geweint. Ich will und kann es nicht glauben, dass der «Große Fritz» nicht mehr da ist.

Unsere Tage mögen ja sein wie sie wollen, sonnig und heiter oder dunkel und wolkenverhangen; wir mögen müde sein oder hellwach, munter oder traurig, die Erde voller Hiobsbotschaften – das Schicksal richtet sich nicht danach. Es schlägt gnadenlos zu, wenn es ihm passt.

Wie bei Dieter, meinem fünf Jahre älteren Bruder, den alle «Didi» riefen.

Er wurde nur 47 Jahre alt.

1973, zehn Jahre nach Gründung der Fußball-Bundesliga, in der er achtundzwanzigmal mitspielte und zwei Tore schoss, erlitt er einen Herzinfarkt. Es folgten zwei Schlaganfälle. Plötzlich versagten beide Nieren. Und am 21. September 1979 starb er, und wir trugen ihn zu Grabe.

Unfassbar, dass dieser kantige, vor Kraft und Lebensmut strotzende Mann so früh gehen musste.

Aus meinen Fotoalben

Adolf Daßler, genannt «Adi», war ein genialer Tüftler.
Herberger und er bildeten ein perfektes Gespann. Der
Schuhmacher aus Herzogenaurach wurde weltberühmt.

Ich selber fand bei adidas eine ideale berufliche Heimat. Hier «verkaufe» ich Boxpromoter Fritz Wiene neue Stiefel für seine Kämpfer.

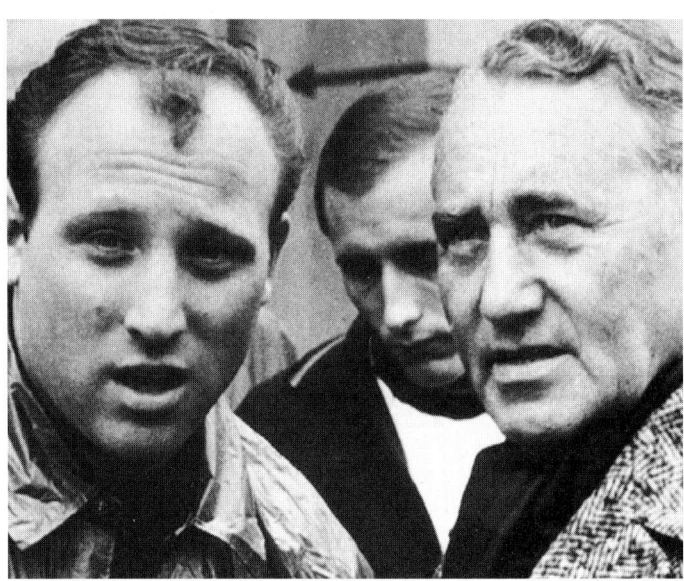

In Adi Daßler (rechts) hatte ich einen Chef, auf den ich mich immer verlassen konnte.

Die beiden Trainer, die mein Leben prägten: Günther Mahlmann ...

... und Sepp Herberger (hier bei der Weltmeisterschaft 1958 in Schweden; links Kapitän Hans Schäfer, rechts hinter mir Horst Szymaniak, dahinter Helmut Schön, damals Herbergers Assistent).

Im August 1963 begann die Fußball-Bundesliga. Im allerersten Spiel holten wir bei Preußen Münster ein 1 : 1-Unentschieden. Am Ende der Spielzeit wurde ich mit dreißig Treffern erster Torschützenkönig der neuen Liga.

m 23. Oktober 1963 wurde mir eine besondere Ehre zuteil: Ich spielte in
iner Weltauswahl der FIFA gegen Englands Nationalmannschaft – aus Anlass
es hundertjährigen Bestehens von Englands Fußballverband.

auter berühmte Namen: die FIFA-Auswahlmannschaft. Von links nach rechts stehend:
uskás, Djalmar Santos, Pluskal, Jaschin, Popluhar, Schnellinger, Soskic, Masopust,
yzaguirre, Baxter, Seeler. Knieend: Kopa, Law, di Stefano, Eusebio, Gento.

Mein Freund Fritz Walter und ich: 1958 bei der Weltmeisterschaft in Schweden, zusammen mit Helmut Rahn. Wie herrlich schlank wir sind ...

Mit Franz Beckenbauer bei meinem fünfzigsten Geburtstag 1986 im Hamburger Rathaus: drei Ehrenspielführer der deutschen National- mannschaft auf einem Bild.

ritz und ich im Sommer 2001, während der Sportartikelmesse in München.

III. BI UNS TO HUUS

18 Mein Bruder Dieter

«Didi» war auf dem Platz ein Terrier. Er biss sich fest an seiner Aufgabe, und jeder, der gegen diesen Außenläufer zu spielen hatte, war nicht zu beneiden. Und so ganz nebenbei kümmerte er sich im Spiel auch um mein Wohlergehen. Wehe dem, der mir zu nahe kam, und «Didi» hatte es gesehen. Nicht, dass er dann zu unfairen Mitteln griff, nein, er schlich sich wie ein Kriminalkommissar an den «Täter» heran und stellte ihn lautstark zur Rede.

Als er in seinen Anfangsjahren für kurze Zeit zu Altona 93 wechselte, hing bei uns zu Hause der berühmte «Haussegen» etwas schief. «Vadder» schmeckte der Wechsel überhaupt nicht, Mutter Anni schon gar nicht. Schließlich kehrte Dieter zum HSV zurück, spielte 237-mal von 1955 bis 1965 in der 1. Mannschaft mit mir gemeinsam und war überglücklich, als wir 1960 die Meisterschale an die Elbe holten.

«Didi» – der harte Hund. Ein Beispiel gefällig? Bitte sehr: Der HSV bekam eine Einladung nach New York. Amerika – für uns junge Spunde eine Reise in eine andere Welt. Am Abend vor dem Spiel genoss mein Bruderherz diesen Ausflug auf seine Art. Er schnupperte an der Hotelbar nicht nur am Whisky. Als ich dann zur vorgerückten Stunde seinen Blondschopf in Richtung Aufzug wandern sah, dachte ich mir: Mann oh Mann, wie will der bloß das morgige Spiel bestreiten? Wenn der die 90 Minuten übersteht, dann fresse ich einen Besen.

Ich hätte ihn fressen müssen. «Didis» Kopf leuchtete zwar wie eine Glühbirne, puterrot, doch von irgendwelchen Nachwirkungen war nichts zu spüren. Im Gegenteil: Der Kerl war vorne, hinten, rechts und links. Dass er Horst Schnoor, unserem Torhüter, nicht den Job streitig machte, das war alles. Kurzum: «Didi» war der beste Mann auf dem Platz.

Ich glaube, in ihm steckten die Gene von unserem Vater, der sich von 1935 bis 1949 den Ruf eines echten Haudegens als Stopper und Läufer beim HSV erspielt hatte.

Die Nachricht von Dieters verschlechtertem Gesundheitszustand erreichte mich am Vormittag des 21. August 1979. Ich war als adidas-Mann bei meinem Freund Max Lorenz in Bremen. Plötzlich klingelte im Büro von Max das Telefon. Ilka! Sie sagte mit fast tonloser Stimme: «Dicker, Dieter geht's nicht gut. Bitte komm sofort nach Hause, fahre direkt ins Krankenhaus.»

Mir war sofort klar, was los war. Dieter kämpft um sein Leben! Er hatte schon längere Zeit Probleme mit seinen Nieren gehabt. Mich befiel eine seltsame Mischung aus Wut, Ohnmacht und Trauer. Diesen Zustand hatte ich noch nie erlebt. Wie ein Verrückter fuhr ich nach Hamburg. Auf der Autobahn schossen mir ganz banale Gedanken durch den Kopf: Das ist alles nicht wahr. Dieter gewinnt den Kampf. Du spendest ihm sofort eine Niere. Dann können wir beide leben. Es ist schon seltsam, wie in solchen Momenten das Gehirn, nicht das Herz, einen selbst zu retten versucht.

Man wünscht ganz bescheiden, dass morgen so wie gestern sein würde. Das wäre ja schon genug. Die Ungewissheit über «Didis» Zustand war das Schlimmste. Meine Gedanken waren nur bei ihm, die Tachonadel meines Autos und die Geschwindigkeitsbegrenzungen nahm ich nicht wahr.

Endlich war ich im Krankenhaus. Aus den Gesichtern der mich begrüßenden zwei Ärzte konnte ich ihre Botschaft lesen. «Es ist sehr kritisch», sagten sie. Ich nickte. Unterdrückte meine Tränen. Leise, ganz leise öffnete ich die Tür des Krankenzimmers. Dieter atmete. Ein, aus. Langsam, gleichmäßig. Warten auf den nächsten Atemstoß. Es scheint

Stolz in den Farben Hamburgs: mein Bruder Dieter und ich, in den fünf-ziger Jahren. Hatten wir nicht einen guten Friseur?

mir endlos lang. Mich beschleicht Hoffnung: Das Herz pumpt, ich sehe nur Technik um sein Bett herum, Schläu-che, Apparate, auf und ab steigende helle Kurven auf dunk-len Bildschirmen. Das Wunderwerk des Körpers wird künst-lich in Gang gehalten.

Hoffnung? «Nein, keine Hoffnung, Herr Seeler», sagt einer der neben mir stehenden Ärzte. Am späten Abend kommt dann der bittere Anruf aus der Klinik. Dieter ist friedlich eingeschlafen.

Der anschließende Gang in die Bismarckstraße, meine Eltern waren umgezogen, war der schwerste meines Lebens. Ich musste Vater und Mutter die grausame Nachricht über-bringen. Nur mit größter Mühe hielten wir alle unsere see-lische Balance.

In solchen Momenten wird einem erst richtig klar, welch kostbares Gut die Lebenszeit ist. Wie viele Menschen leben einfach so in den Tag hinein? Wie viele machen sich nicht klar, dass jeder Tag, jede Stunde, jede Minute einmalig und unwiederholbar sind? Wir können doch keine Sekunde unseres Lebens, die vergangen ist, jemals wieder einfangen. Dieters Tod schmerzte unendlich. Das klingt zwar sehr simpel, weil jeder Abschied von dieser Welt wehtut. Doch man muss wissen: «Didi» war das Kind der ersten zärtlichen Liebesbande zwischen Anni und Erwin. Er wurde vor ihrer Heirat geboren. Heute würde man locker bemerken: «Na und? Was soll's denn? Ist doch toll.» Aber zur damaligen Zeit, 1931, ein Kind gebären vor der Eheschließung? Unvorstellbar. Und dann auch noch von zwei Menschen, die über die Grenzen ihres Geburtsortes Rothenburgsort hinaus bekannt waren: «Vaddern» als Leistungsträger beim HSV und als lautstarker, hart zupackender Stauervize im Hamburger Hafen. «Mudder» als hoch talentierte Schwimmerin, die uns Kinder später staunen ließ, wenn sie ausgiebig erzählte, dass sie als junge Deern mit einem Kopfsprung von den Elbbrücken in den Fluss gesprungen sei. «Kein Bauchklatscher. Ganz elegant.» Artig zollten wir Beifall. Mutter strahlte und wuchs um ein paar Zentimeter.

19 Kindheitserinnerungen

Rothenburgsort, schon vor 400 Jahren als Landsitz der Kaufmanns- und Senatorenfamilie des Ratsherrn Johann Rodenborg urkundlich erwähnt, war zu dieser Zeit um 1930, der Flirtphase meiner Eltern, ein Dorf. Jeder kannte jeden. Heute, wo dort 8000 Menschen leben, davon über ein Viertel Ausländer aller Nationen, ist das anders. Aber damals – man wusste, was bei Nachbars mittags auf dem Tisch stand. Dementsprechend wurden Anni und Erwin nach Dieters Ankunft angeflachst. Sie stoppten die Frotzeleien auf ihre Art: sie heirateten. Meine Schwester Gertrud, genannt «Purzel», und ich waren dann die Beweise der legalen Liebe.

Wir waren also zu fünft. Unser Quintett funktionierte perfekt, Mutter Anni als unumschränkte «Königin» in unserer Mini-Wohnung Winzeldorfer Weg (früher Schnelsener Weg), Ecke Frickestraße in Eppendorf.

Einem Stadtteil mit wechselhafter Geschichte und spannender Vergangenheit. Wohlbetuchte Hanseaten ließen anspannen, um auszuspannen. Im 12. und 13. Jahrhundert gehörte der Kurzurlaub in Eppendorf zum gesellschaftlichen Standard. Wie heute die Reise nach Sylt. Die Alsternähe und die üppige Natur wurde von jedermann geschätzt. Heute wohnen in Eppendorf ca. 22 000 Menschen, zahlen hohe Mieten, weil es eben schick ist, Eppendorfer zu sein. Weltweit bekannt ist das UKE, das Universitätskrankenhaus Eppendorf: 16 Kliniken, 15 medizinisch-theoretische Institute, 52 000 Patienten im Jahr, 200 000 ambulante Behandlungen und hilfreiche Station für 50 000 Notfälle jährlich.

Mutter Anni durfte also ihre Rolle als «Königin» im vierten Stock des sechsstöckigen Familienhauses in Eppendorf spielen. Es war ein verdammt kleines Reich: Die Küche war so lütt, dass sie nicht vom Tisch aufstehen musste, um den Kochtopf auf den Tisch zu balancieren. Das so genannte Schlaf- und Wohnzimmer stand dem nicht viel nach. Es waren, um es ganz ehrlich zu sagen: Löcher. Und in diesen «Löchern» lebten sechs Personen: Vater, Mutter, Gertrud, Dieter und ich. Und noch jemand: Unser «Pensions-Dauergast» hieß Onkel «Moni», Mutters Bruder. Mit richtigem Namen Günter Wolf. Er spielte Fußball beim ehrwürdigen Traditionsverein SC Victoria Hamburg von

1895 e.V., als Torwart. Sein Klub verwies immer voller Stolz auf die überdachte Tribüne. Sie war die erste in Norddeutschland. Mit weniger Stolz registrierte man ein Ereignis aus dem Jahr 1932: Adolf Hitler lockte auf einer Wahlkampfveranstaltung 50 000 Menschen ins Stadion an der Hoheluftchaussee.

Klar, dass «Moni» später das Stadion wechselte, zum HSV kam. Familien-Transfer mit leichtem Druck ...

Die Aufteilung der häuslichen Schlafstätten glich einer logistischen Meisterleistung. «Purzel» nächtigte bei den Eltern, «Didi» und ich im Wohnzimmer, «Moni» neben dem Küchentisch auf der Bank.

Die Enge, das ständige Improvisieren, ja, auch der tägliche Kampf um Nahrung und Kleidung – das alles sorgte für eine Atmosphäre, die mir auf meinem späteren Lebensweg sehr hilfreich war. Ich lernte Rücksichtnahme. Ich lernte Ehrlichkeit. Ich lernte die direkte Aussprache. Und ich lernte, den Wert einer Familie zu schätzen.

Heute habe ich ja selbst eine Großfamilie: drei Töchter, drei Schwiegersöhne, sieben Enkelkinder. Mein eigener Stellenwert freut mich am allermeisten: Opa ist «in».

Damals, als ich im August 1959 Ilka heiratete, deutete sich schon so ein Clan an: Da gab's Ilkas Eltern – ihr Vater war Schiffsingenieur; und meine Schwester «Purzel», Mannschaftskameradin von Ilka im HSV-Handball-Team, heiratete den HSV-Handballer Deppisch. Schon hatten wir einen neuen Schwager und mit Dieters Frau eine Schwägerin. Dann: Tante «Isch», die Zwillingsschwester meiner Schwiegermutter, die eigentlich Lisbeth hieß. Aber alle sprachen nur von Tante «Isch». Und Tante Irma, die Schwester meiner Mutter, und ihr Mann Onkel Kurt. Dazu gesellten sich natürlich die Omas.

Wer uns kannte, der wusste: Der Seeler-Clan ist ein

Familienfoto: Meine Eltern mit Dieter, Gertrud und mir.

besonderer Clan. Die halten wie Pech und Schwefel zusammen. Hass, Neid, Missgunst, oft bei Großfamilien zu beobachten, für uns waren das Fremdwörter.

Wurde einer aus dem Clan gesucht, vornehmlich an Sonn- und Feiertagen, war diese Suche sehr rasch vorbei. Ein gezielter Anruf bei einem Familienmitglied beendete sie. Alle hockten sowieso zusammen, darunter fand sich meist der oder die Gesuchte.

Das Zusammengehörigkeitsgefühl hat sich bis heute nicht geändert. Auch wenn es einen Generationswechsel gibt und der Nachwuchs nach vorne drängt. Die Kaffeestunden am Sonntag sind lauter geworden. Lebhafter. Ich finde es toll und sage mir immer wieder: Mensch Uwe, was hast du für ein Glück, mit dieser Familie. Glück ist ja nicht zu kaufen oder mit Macht zu erzwingen. Es kommt auf einen zu oder es bleibt einfach weg. Erfolg ist akribisch planbar. Glück ist ein Geschenk. Wenn das Geschenk da ist, sollte man die Glücksmomente erkennen, sie schätzen lernen. Bei unseren Töchtern Kerstin, geboren 1961, Helle, 1963, und Frauke, Jahrgang 1967, haben wir versucht, diese Einstellung zu vermitteln.

Meine eigene Erziehung ist in wenigen Worten beschrieben: manchmal rau, aber immer herzlich. Manchmal streng, aber immer gerecht.

Mutters Ausstrahlung nötigte uns schon rein optisch eine Menge Respekt ab. Ihre Gesten aber verrieten ihre Gefühle. Nein, so richtig böse sein konnte sie nie. Trotzdem wurden leichtere Verfehlungen des Verhaltens am frühen Abend geahndet. Diese Verfehlungen fanden auf der Straße statt. Beim Bolzen. Vier gegen vier oder fünf gegen fünf. Es waren die Endlos-Begegnungen zwischen HSV und St. Pauli, der Altersklassen 8 bis 16. Klar, dass wir noch nicht solch gute Fußballer sein konnten, um immer nur die Tore – rechts ein Stein, links ein Stein – treffen zu können. Es machte öfters klirr. Die Fensterscheibe in der Parterrewohnung musste mehrfach dran glauben. Täter: Seeler, Uwe. Ich stand dann wie bedröppelt da, während meine Spielkameraden die Flucht ergriffen. «Natürlich wieder der Seeler», schrie eine Frau aus dem Nachbarhaus, «wir sollten die Polizei rufen.»

Oben ging das Fenster auf. Mutter steckte den Kopf heraus. «Warst du das, Uwe?», rief sie. «Ja», erwiderte ich kleinlaut. Eine Minute später stand Anni auf der Straße, redete der keifenden Frau beruhigend zu: «Mein Mann wird das mit der Scheibe schon in Ordnung bringen.» Vaters Freund hieß Arthur Guhl. Und Herr Guhl, der bei uns im Haus wohnte, verdiente sein Geld als Glasermeister. Natürlich erfolgten die Reparaturen zum Sonderpreis, weil ihm unterm Strich eine Eintrittskarte für den HSV zugeschoben wurde.

Solange es Zeugen auf der Straße gab, verteidigte mich meine Mutter vehement. In der Küche allerdings fand ein Ritual statt, das wir Jungs uns brüderlich teilten. «Umdrehn», knurrte die «Chefin». In der rechten Hand wippte sie mit einem hölzernen Kochlöffel: «Jetzt gibt's 'nen Flicken.» Je nach Schwere der Delikte erfolgten drei bis vier Schläge aufs Hinterteil. «Wenn ihr schon Fußball spielt», nörgelte sie, «dann spielt wenigstens richtig, zielt genau. Eine Fensterscheibe ist doch kein Tor.» Viel schlimmer als die Klapse traf uns eine «Ausgangssperre», eine Art Hausarrest. Dieter und ich litten Höllenqualen, hörten wir doch das Gejohle von der Straße und sahen durchs Fenster HSV gegen St. Pauli spielen . . .

Eines Abends saßen wir in der Küche. Plötzlich sagte Mutter: «Du Erwin, der Uwe muss in den Kindergarten. Der wird zu wild. Er hat nur noch Fußball im Kopf.» Bei dem Wort Kindergarten zuckte ich zusammen. «Kann nich' schaden», brummte «Vaddern», wohl wissend, dass ich die Leidenschaft zum Ballspiel von ihm geerbt hatte. Ein Veto schien zwecklos.

Im Kindergarten musste ich singen und Spiele mitmachen, die mich zu Tode langweilten. Am dritten Tag schlug meine Stunde. Die Stunde zur Flucht.

Ich schlich zur Garderobe, schnappte meine Jacke und rannte nach Hause. Als meine Flucht bemerkt wurde und die Kindergärtnerin die Verfolgung aufnahm, freute ich mich zum ersten Mal über meine gute Kondition und schnellen Beine. Als die Jäger das Elternhaus erreichten, war der Gejagte schon im Ziel und jammerte: «Da will ich nicht mehr hin. Nie mehr.» – «Musst du auch nicht», antwortete Mutter.

Ich war als Kind weder scheu noch sensibel. Ich hatte auch keine Pausbacken. Nur die Oberschenkel unterschieden sich von denen meiner gleichaltrigen Kameraden. Etwas aber steckte tief in mir. In unserem Treppenhaus, wo es immer dämmrig-schummrig war, befiel mich ein Kribbeln. Ich hatte Angst. Dagegen machte ich mir selber Mut, indem ich zwei Stufen auf einmal nahm und laut pfiff. Dieses Pfeifen brachte mir den Spitznamen «Fleuten-Heini» ein. Ich erwähnte ihn schon, als ich vom Länderspiel gegen England im Londoner Wembley-Stadion erzählte. Vor dem Einlaufen kribbelte es auch.

Meine fehlende Körpergröße, Dieter überragte mich um einen ganzen Kopf, glich ich durch Sprungkraft aus. Und zwar um zwei Köpfe. Mein heutiger Freund Ludwig «Luggi» Müller, sechsfacher Nationalspieler und dreimal Deutscher Meister (mit dem 1. FC Nürnberg und mit Borussia Mönchengladbach), galt in seiner Blütezeit als eisenharter Strafraumpolizist, als so genannter «Eisenfuß». Spielte ich gegen ihn, fand im Kabinengang folgender Dialog statt: Müller: «Du Fischkopp, bleib in der Kabine. Heut' pack ich dich.» Ich: «Du Frankenschädel, hol dir noch schnell 'ne Leiter, sonst mache ich nur Kopfballtore.»

Im Bremer Weserstadion fand der Dialog mit Max Lorenz statt, neunzehnfacher Nationalspieler auf dem Rasen, bei 38 Länderspielen als Reservist auf der Bank, ein Abwehrrecke und Meister des Humors. Lorenz: «Na, Kurzer, heut' zieh ich dir die Hose runter, wenn du nach oben willst. Hoffentlich hast du ein Höschen drunter, damit nicht die Damen flüchten.» Ich: «Ach Großer, eh du meine Hose hast, bin ich schon dreimal aus der Luft zurück und wir führen 3 : 0.»

Diese Wortgeplänkel, die im Seniorenalter noch garniert werden, sind wunderbare Erinnerungen. Die Erinnerung ist ja bekanntlich das einzige Paradies, aus dem wir nicht vertrieben werden können.

Der Sport bestimmte den Lebensrhythmus in der Seeler'schen Dreizimmerwohnung in Eppendorf. Immer stand eine Tasche mit verschwitzten, dreckigen Klamotten herum. Mal die von «Purzels» Handballspielen, mal die von der Fußball-Abteilung «Didi» und ich. Wie «Mudder» es immer wieder schaffte, die Sachen zu reinigen, ist mir zeitlebens ein Rätsel gewesen. Tatsache war: Wir liefen zwar in geflickten Hemden und Hosen herum, aber stets picobello sauber.

«Old» Erwin, niemand wagte damals das Wörtchen «Old» zu benutzen, genoss die Privilegien eines Meisterkickers. Schließlich schmückten ihn und seinen Verein SC Lorbeer 06 zwei Deutsche Meistertitel, genauer gesagt: ATSB-Titel. Dahinter verbarg sich der Arbeiter-Turn- und Sportbund. Dieser war 1893 gegründet worden. Es spalteten sich die Arbeiter-Turner von der Deutschen Turnerschaft ab. Unter diesem Verbund wurde um die Deutsche Fußballmeisterschaft gespielt. Vaters SC Lorbeer gewann 1929 mit 5 : 4 gegen FT Döben, 1931 mit 4 : 2 gegen SpVgg Pegau, vor 15 000 bzw. 17 000 Zuschauern in Hamburg.

Als er 1932 zusammen mit seinem Freund Erwin Springer zum «bürgerlichen» SC Victoria wechselte, gab es mächtige Kritik von der so genannten Arbeiterpresse. Für die sozialdemokratischen Zeitungen waren beide «verirrte Proletarier». Ihr großer Einsatz bei der Arbeiter-Olympiade 1931 in Wien, Silbermedaille nach einem 2 : 3 gegen Österreich, schien vergessen. Nach der nationalsozialistischen Machtergreifung 1933 wurde der ATSB verboten. Was Va-

Unser «Vadder»: Erwin Seeler in seiner aktiven Zeit. Er spielte hart, aber fair.

ter aber richtig stank, war die Behauptung, er habe 1935 beim Wechsel zum HSV 10 Reichsmark Handgeld kassiert. Eine infame Lüge, wie sich erwies.

Zurück zu seinen Privilegien: Seine Fußball-Ausrüstung erhielt Pflege beim HSV. Wichtig für unsere Familie waren die Lebensmittel, mit denen die Spieler der 1. Herren bedacht wurden. Fleisch, Fisch, Fett, etwas Gemüse, Kartoffeln oder Brot. 1945 kostbarer als Geld!

Rückblende ins Jahr 1945: Am 6. November wurde ich 9 Jahre alt. In der Schule bin ich braver Durchschnitt. Rechnen, Schreiben und Lesen machen mir Spaß. Natürlich ist die Sportstunde der wöchentliche Höhepunkt, aber nur wenn Fußball gespielt wird.

Wir Kinder bekommen nur schemenhaft mit, was der Zweite Weltkrieg für Spuren hinterlassen hat. Erst viel später wird einem das Leid bewusst: Der Tod von 45 000 Menschen in Hamburg, die Bombardements der Briten und Amerikaner. 101 000 Sprengbomben sollen abgeworfen worden sein. Auch die Übergabe der Stadt am 3. Mai von Generalmajor Wolz an den britischen Brigadegeneral Douglas Sporling erzählt uns niemand. Dabei haben die Briten den Alltag in Trümmern genau geregelt: Ausgangssperre zwischen 21.00 Uhr und 6.00 Uhr morgens. Fahrradfahren ist nur mit einer Sondergenehmigung gestattet. An den Wohnungstüren muss eine Liste mit den Namen der Bewohner hängen. Bei uns steht fünfmal Seeler und einmal Wolf.

Die schlechte Ernährungslage sowie der Mangel an Kleidung und Brennstoff zwingen viele Bürger zu gesetzeswidrigen Handlungen. Schwarzmarkt und «Hamsterfahrten» aufs Land dienen dem Überleben. Vater erzählt jeden Abend von einer neuen Razzia der Polizei. Vorgestern seien 34 000 Zigaretten in St. Pauli sichergestellt worden, gestern 25 Zentner Butter in unserem Wohnviertel in Eppendorf.

Die Schulkinder haben bis zu acht Kilo Untergewicht. Nicht viel mehr als 1000 Kalorien am Tag ist der Durchschnitt, den die Menschen täglich bekommen. «Damit können wir keine neue Stadt und keine Demokratie aufbauen», sollen die ersten Worte des SPD-Politikers Max

Brauer in seiner Antrittsrede als Hamburger Bürgermeister gewesen sein, «unser Kampf gilt dem Hunger. Wir müssen 2500 Kalorien erreichen». Trotzdem wird am Rothenbaum Fußball gespielt. Ein Ventil, etwas Abwechslung für die harte Prüfung der Bevölkerung.

Am frühen Nachmittag jenes 6. November, meinem 9. Geburtstag, ist bei uns die Bude rappelvoll. Woher Mutter Kakao und Kuchen organisiert hat, ist mir rätselhaft. Jedenfalls sind die Raritäten da. Meine Bolzkumpels hauen so rein, als hätten sie tagelang nichts zwischen die Zähne bekommen.

Und plötzlich steht ein Topf mit Knackwürsten auf dem Tisch. Ein Geschenk von Vaters Freund, der eine Schlachterei besaß. Diesen Schlachter bewunderte ich. In meinem kleinen Kopf reifte nach jedem Knackwurstessen in seinem Laden der Wunsch heran, später auch einmal Schlachter zu werden. Dabei kann ich keiner Fliege etwas zuleide tun ... Doch die Knackwürste hatten es mir angetan. Eine Leidenschaft, die bis heute anhält.

Als die Kumpels mit vollen Bäuchen gegangen waren, machte mir «Vaddern» das schönste Geburtstagsgeschenk. «Hör mal zu, Lütter», sagte er, «die planlose Bolzerei auf der Straße hört jetzt auf. Wenn du Fußball spielen willst, dann brauchst du vernünftige Anleitung und richtiges Training. Im Januar melde ich dich beim HSV an. Klar?» Ich konnte es kaum glauben. Mir schlotterten die Knie.

«Ist das wirklich wahr, Vati?», strahlte ich ihn an. «Klar, du Döskopp», strahlte er zurück, als er meine Freude bemerkte.

Und er hielt Wort: Am 1. Januar 1946, es war ein eiskalter Wintertag, nahm er mich mit zum Rothenbaum und meldete mich an. Ich erhielt die Mitgliedsnummer 1725 und einen echten Ausweis. Diese Nummer besitze ich heute noch. Somit habe ich im Jahr 2006, wenn die Weltmeisterschaft in Deutschland stattfindet, mein sechzigjähriges Vereinsjubiläum. Allerdings nur, wenn der liebe Gott es will und mich gesund bleiben lässt.

Ein neues «Fußball-Leben» begann. Ganz langsam, ganz behutsam.

Die Zeit von 1946 bis 1948 war noch nicht so bemerkenswert. Meine Fortschritte im Fußball waren es jedenfalls nicht. Das wurde ganz anders, als 1948 beim HSV ein großer, schlanker, sehniger Mann auftauchte, mit dessen Erscheinen bald ein ziemlich frischer Wind – auch bei uns Knaben – zu wehen begann: Günther Mahlmann! Er ist der Mensch, dem ich fast alles verdanke, was ich als Fußballspieler erreicht habe.

Anfangs war er nur selten am Rothenbaum, wo die Stars spielten. Um so häufiger kam er zu uns nach Ochsenzoll hinaus, auf das 130 000 Quadratmeter große HSV-Areal weit vor den Toren Hamburgs, wo die HSV-Jugend schon damals spielen durfte.

Günther Mahlmann war von Beruf Studienrat: Deutsch, Geschichte und Leibesübungen. Die Leibesübungen hatten es ihm angetan.

In Ochsenzoll standen damals teilweise noch Baracken; anfangs war das Gelände, das dem HSV seit 1928 mit dem dazugehörenden Restaurant «Lindenhof» gehörte, sogar beschlagnahmt. Dann entstanden dort Postwohnheime. Uns war das alles völlig egal; wir wollten Fußball spielen – Post hin, Post her.

Günther Mahlmann war gewohnt, sich schnell Respekt zu verschaffen. Er hielt uns bereits am ersten Tag eine Rede, nachdem er uns beim Spiel zunächst einige Zeit zugesehen hatte. «Hört mal zu, ihr Schlipse», sagte er. «Woran ihr euch erst mal gewöhnen müsst, ist die Tatsache, dass es eine

Endlich im HSV-Trikot! Ich hocke vorn, ganz rechts. Foto von 1949.

bestimmte Ordnung gibt und dass man nach bestimmten Grundsätzen trainieren muss. Ihr meint, wenn ihr auf der Straße mit Blechdosen rumgebolzt habt, könnt ihr Fußball spielen. Irrtum, meine Herren Knaben! Nebenbei gesagt ist es unfair gegen eure Eltern, wenn ihr beim Bolzen auf der Straße dauernd die Schuhe kaputtmacht. Wir hatten kürzlich eine Währungsreform. Schon mal was davon gehört?»

«Jaaa – klar!», kam es im Chor.

«Aha! Keiner von uns hat jetzt was zu verschenken. Also lasst den Quatsch auf der Straße und lasst die Schuhe ganz! Euren Eltern fällt das alles nicht so leicht, wie ihr glaubt. Wenn ihr anständige Fußballspieler werden wollt, müsst ihr Disziplin halten und Ordnung – auch mit euren Sachen! Das gehört einfach dazu. Klar?»

«Klar!», kam es im Chor. Günther Mahlmanns stimmliche Mischung aus Strenge, Ironie und Verständnis imponierte uns. Wir ahnten, dass wir einen Kameraden gefunden hatten, der mit uns durch dick und dünn gehen würde.

Günther Mahlmann hat später über diese Zeit gesagt: «Dann haben wir so langsam angefangen. Es waren großartige Bengels – mit allen Unterschieden, die es gibt. Allein die Zusammensetzung der Mannschaft war ein Problem: Höhere Schüler, die das Abitur machen wollten, dazu Volksschüler und Berufsschüler, die ja schon in der Lehre waren. Jungens in diesem Alter kommen schon mal auf den Gedanken: Mensch, dieser oder jener darf auf die Höhere Schule gehen. Und ich? Was muss ich dagegen schon alles machen! In der Lehre strampeln, Berufsschule besuchen ... Der andere im selben Alter, der höhere Schüler, trug vielleicht die Nase schon etwas weiter oben und dachte gar nicht darüber nach, dass der Besuch des Gymnasiums keine Selbstverständlichkeit war. Falls einmal etwas zwischen den Jungen in dieser Richtung gesagt wurde, hat es unwahrscheinlich geklingelt!»

Ich erinnere mich genau, dass es bei Günther Mahlmann auch in Bezug auf mich ein paarmal «unwahrscheinlich geklingelt» hat, aber nicht wegen irgendwelcher Bemerkungen der beschriebenen Art, sondern wegen meiner Trainingsfaulheit.

Ungeachtet aller Mahnungen bolzte ich nach wie vor lieber auf der Straße herum und fühlte mich als großer Fußballspieler. Ich hatte einfach keine Lust, nach Ochsenzoll zum ernsthaften Training hinauszufahren; es erschien mir entsetzlich langweilig, nicht so «richtig spielen» zu können, wie ich es gerne tat. Eines Abends kam Dieter, der inzwischen bereits sechzehn Jahre alt war und selber tüchtig trainierte, nach Hause.

«Ich soll dir von Herrn Mahlmann was ausrichten», sagte er. «Er lässt dir sagen, du könntest ruhig auch zum Training kommen.» – «All right», knörte ich ungeduldig heraus. Am Nachmittag hatte ich das Wort von einem englischen Soldaten aufgeschnappt, der mit einem Kameraden an mir vorbeigegangen war. Vater ließ die Zeitung sinken, die er gerade las, und sah mich an: «Warum gehst du nicht zum Training?» «Das ist doch zu blöd ...», sagte ich störrisch. «Du musst's ja wissen», antwortete er sarkastisch. «Ich hatte nur gedacht, dass du ein guter Fußballspieler werden willst.» Das saß!

Trotzdem konnte ich mich nach wie vor nicht entschließen, zum Training zu gehen. Kaum kam ich aus der Schule nach Hause, futterte ich hastig das Mittagessen in mich hinein – und dann war ich auch schon auf der Straße beim «Bolzen».

Immer wieder ließ mir Günther Mahlmann, entweder durch Vater oder durch meinen Bruder, die Einladungen zum Training ausrichten. Endlich wurde es ihm aber zu bunt. «Sag deinem Jüngsten, wenn er jetzt nicht zum Training kommt, dann spielt er auch nicht mehr!» Diese absolut ernst gemeinten Worte waren erneut an meinen Vater gerichtet, der sie mir beim Abendbrot übermittelte.

Diese Drohung wirkte endlich. Am nächsten Trainingsnachmittag erschien ich, wie die meisten anderen per Fahrrad, pünktlich am Ochsenzoll. Günther Mahlmann zog die Augenbrauen in die Höhe, als er meiner ansichtig wurde, und sagte nur: «Herzlich willkommen!» Sonst kam kein Wort des Vorwurfs mehr von ihm. Das imponierte mir so, dass ich hinfort pünktlich und immer pünktlicher erschien. Im Laufe der Zeit bekam ich Freude am Training, und schließlich begriff ich sogar, dass es ohne Training überhaupt nicht geht.

«Sie haben sich großartig verstanden», sagte Günther

Mahlmann später über unsere damalige Knabenmann-
schaft. «Es war ein verschworener Haufen, der im Lauf der
Jahre immer stärker zusammenwuchs. Sie blieben zusammen, bis sie praktisch aus der Jugend herauskamen ...»

20 Kurze Geschichte des HSV: Stars und Präsidenten, Elefanten und Blasmusik

HSV – diese drei Buchstaben sind mittlerweile ein Markenzeichen im internationalen Fußball. Der einzige Verein, der
seit der Gründung der Bundesliga im Jahr 1963 dabei ist.
Man spricht vom Dinosaurier. Und wenn dieses Buch er-
scheint, wird er immer noch erstklassig sein.

Als Jung-Kicker hat uns die Historie nie interessiert. Im
Alter ist das anders. Ich sage immer: Ohne Vergangenheit
gibt's keine Gegenwart, ohne Gegenwart keine Zukunft.
Also stöbern wir mal kurz gemeinsam in der Kiste «Vergangenheit HSV».

Am Anfang stand ein Zusammenschluss. Zwei Sport-
klubs aus Hohenfelde und Wandsbek-Marienthal taten sich
am 15. Februar 1887 zusammen. Dies war das Gründungs-
datum des SC Germania «zu Hamburg», was zu damaliger
Zeit ein notwendiger Zusatz war, denn die Stadt Wandsbek
gehörte noch zur preußischen Provinz Schleswig-Holstein.

Als Vereinsfarben wurden Schwarz und Blau bestimmt.
Anfangs wurde (Leicht-)Athletik betrieben, bevor die Engländer den Fußball 1891 hoffähig machten. Vor allem
britische Geschäftsleute und Akademiker in Hamburg, das
traditionell enge Handelsbeziehungen zu London unter-
hielt. «Play up Germania» – so lautete der Slogan des Vereins, der zwei Jahre später erste Wettspiele austrug. Gelun-
gene Premiere 1893: 17 : 0 gegen Association aus Eilbek.

Die Geschichte des zweiten bekannten HSV-Vorgängers, des Hamburger Fußball-Clubs von 1888 (HFC 1888) liest sich so: Am 1. Juni des Dreikaiserjahres gründeten «zwölf Jungmannen, kaum älter als 16», den Verein. Es waren größtenteils Schüler des renommierten Wilhelm-Gymnasiums Harvestehude, wo Turnlehrer Wendt das Fußballspielen förderte. Von Beginn an wurde in diesem Club die neue Sportart ausgeübt. Der HFC oder auch Hamburg 88 spielte auf der Moorweide, im Süden des Stadtteils Rotherbaum, also im Bereich des westlichen Alsterufers, wo das wohlhabende und gebildete Bürgertum seine Heimat hatte. Das erste Wettspiel soll ebenfalls 1893 stattgefunden haben: 1 : 0 gegen Association.

Ein weiterer Meilenstein folgte: Im Oktober 1894 wurde der Hamburg-Altonaer Fußball-Bund (HAFB) gegründet. Zweck der Organisation: Meisterschaften zu organisieren. Fünf Vereine nahmen den Titelkampf auf (übrigens die erste Fußballmeisterschaft in Deutschland mit Ausnahme von Berlin, wo ein «Deutscher Fußball- und Cricket-Bund» bereits drei Meistertitel ausgespielt hatte): Neben Germania waren es Altona 93, der einzige heute noch bestehende Klub, Association, der Borgfelder FC und der HFC von 1888. Die Anglo-Germanen von Germania blieben in den ersten beiden Spielzeiten unbesiegt und gewannen nach Belieben.

Unvergessen bleibt nach dem HAFB-Titel in der Saison 1903/04 die große Stunde der «Deutschen»: 11 : 0 – Kantersieg über Hannovers Vertreter, bevor Germania durch ein 1 : 3 gegen Britannia Berlin ausschied.

Auf Druck des DFB gründete sich am 15. April 1905 der Norddeutsche Fußball-Verband. In diese Zeit fällt der Niedergang Germanias. Die Elf zerfiel, die ausländischen Spieler wanderten ab. Ausgerechnet im Jahr des 25. Jubiläums drohte der Abstieg, der gegen Ottensen nur knapp vermieden werden konnte. Für die neu gegründete Norddeutsche Liga konnte sich Germania nicht qualifizieren. Auch der HFC war 1913/14 zweitklassig.

Der Erste Weltkrieg stoppte den Wettkampfbetrieb auf überbezirklicher Ebene. In der Hamburger A-Klasse gab es fünfzehn Vereine, Germania spielte unter ihnen eine eher mittelmäßige Rolle. Erst in der Spielzeit 1919/20 taucht der FC 88 wieder auf, als «Kriegsgemeinschaft» mit dem SC Victoria, der 1919 Hamburger und Norddeutscher Meister wird.

Danach beginnt die große Zeit des Hamburger SV, der aus einem Zusammenschluss von drei Klubs entsteht. Konkret: Seit dem 2. Juni 1919 gibt es den Hamburger Sportverein e. V., entstanden aus dem Zusammenschluss von SC Germania 1887, dem Hamburger FC von 1888 sowie dem «kleinen» FC Falke 1906, einem von Untertertianern der Oberrealschule Eppendorf gegründeten Verein.

Heute einzutauchen in die Geschichte meines HSV macht mir richtig Spaß. Während meiner aktiven Zeit fehlten mir dazu die Muße und – ich gebe es zu – die richtige Einstellung. Geschäft, Wettkampf, Training und ein paar Prozent Familie, allerdings nur Alltagsprobleme, weil Ilka die große Regisseurin hinter den Kulissen war, ließen kein Studium der Annalen zu. Ich schnappte aber gern in Gesprächen mit altgedienten HSV-Kämpen die eine oder andere Geschichte auf. Ich spitzte kurz die Ohren, schmunzelte, erwiderte erstaunt: «A» und «O» – dann hatte mich der Alltag wieder schnell im Griff. Dabei ist die Identifikation mit «meinem Verein» für mich das Wichtigste. Die bezahlten Stars kommen und gehen, sie kassieren neben dem harten Euro die Zuneigung der Fans. Der Verein aber bleibt. Er wird geliebt. Simpel ausgedrückt: einmal HSVer, immer HSVer.

Bedingt durch die Arbeit an diesem Buch weiß ich, warum wir in weißen Hemden und roten Hosen aufliefen. Rot und weiß sind die Stadtfarben meiner Geburtsstadt, der Freien und Hansestadt Hamburg, die Gründerfarben des SC Germania Hamburg 1887. Blau und Schwarz wurden im Rhombus des Vereinswappens verewigt. Die Ähnlichkeit mit einer Salmiak-Pastille ist nicht zu verleugnen. So wurden wir oft als «Salmi-Bubis» tituliert. Unsere Antwort auf die Häme: Tore.

Nach der Fusion von Hamburg 88, Germania und Falke marschierten sofort die Neider und Propheten auf, die es immer gibt, wenn sich vernünftig denkende Menschen an den berühmten einen Tisch setzen und kluge Entscheidungen treffen. Das war damals so und hat sich bis heute nicht geändert. An solch einem Tisch muss jeder mit seinen persönlichen Ambitionen zurückstecken, wenn die Sache Erfolg haben soll. Für «Betonköpfe», für Funktionäre, die immer alles nur besser wissen, ist da kein Platz.

Der HSV strafte die Nörgler, Neider und Besserwisser Lügen. Aus der Meckerei, der Zusammenschluss der drei Vereine sei zum Scheitern verurteilt, wurde genau das Gegenteil: Man hielt zusammen, ließ sich auf dem Weg nach vorn nicht beirren. Man wurde die Nummer 1 des norddeutschen Fußballs.

Am 30. Oktober 1921 erfolgte das erste Spiel im Bahrenfelder Stadion, der Urform des alten Volksparkstadions. Heute heißt sie AOL-Arena. Mein Klub und Altona 93 trennten sich 1 : 1. Entscheidend aber war der Kauf des langjährigen Domizils, der Villa an der Ecke Rothenbaumchaussee/Hallerstraße, Hausnummer 115. Zwei Männer genossen hier zu dieser Zeit Schulterklopfen und Anerkennung: Ein norwegischer Mittelläufer namens Halvorsen und der hünenhafte Mittelstürmer Otto «Tull» Harder. Von zwei besonderen Spielen dieser Veteranen wurde uns Jung-Kickern später oft erzählt. Es waren Spiele, die heute undenkbar wären, obwohl sie einen großen Unterhaltungswert besitzen würden und jede Einschaltquote im Fernsehen gesprengt hätten. Ich habe die Spiele schon erwähnt, aber ich möchte noch ausführlicher von ihnen erzählen.

18. Juni 1922: Im Berliner Grunewaldstadion stehen sich mein HSV und die fränkische Fußballmacht 1. FC Nürnberg gegenüber. Die so genannten «Clubberer» mit der Torwart-Legende Heiner Stuhlfauth. Der war der Oliver Kahn der zwanziger Jahre. In fünf siegreichen Endspielen von 1920 bis 1927 ließ er, bis auf das Drama 1922, kein einziges Tor zu. 606-mal stand er für den 1. FC Nürnberg im Tor, 21-mal für Deutschland. Ein Kraftprotz mit Schiebermütze und Knieschonern, der auch als dritter Verteidiger im Strafraum agierte. Leider wurde er nur 70 Jahre alt und starb im WM-Jahr 1966.

Am 18. Juni steht es nach zweimaliger Verlängerung, nach drei Stunden und neun Minuten, 2:2. Das berühmte «Golden Goal» will und will nicht fallen. Die Nachmittagssonne kennt kein Pardon. 27 Grad. Der Schiedsrichter, Dr. Peco Bauwens, später Präsident des DFB, zunächst auch nicht. Schließlich bricht er mit Wadenkrämpfen zusammen und die Begegnung ab.

Das Wiederholungsspiel, sechs Wochen später, am 6. August sollte noch dramatischer werden. Vor 50 000 Zuschauern hieß es nach 90 Minuten 1:1. Verlängerung. Wieder Zusammenbrüche, Krämpfe, Verletzungen, zwei Platzverweise. Wieder hieß der Schiri Dr. Peco Bauwens. Als der Club nur noch mit sieben Mann auf dem Feld steht, pfeift Bauwens nach 115 Minuten ab und erklärt den HSV zum Meister. Das war regelkonform. Grund: Nürnberg hat zu viele Feldverweise, keine komplette Mannschaft mehr auf

1923: der erste deutsche Meistertitel für den HSV, nach einem 3 : 0 gegen Union Oberschöneweide. Stehend 3. v. r., mit der Schärpe am rechten Ohr: Tull Harder.

dem Platz. Doch die Nürnberger legten Protest ein. Ein drittes Spiel sollte stattfinden. Der HSV aber ließ den FC Nürnberg hanseatisch unterkühlt wissen: nicht mit uns. Danke, wir verzichten. So gab es, wie ich schon erwähnte, 1922 keinen Deutschen Fußballmeister.

Fast ein Jahr später wurde der Verzicht des HSV belohnt. Meistertitel gegen das damalige Sensationsteam Union Oberschönweide am 10. Juni 1923 vor 65 000 Zuschauern mit 3 : 0. Natürlich schoss «Tull» Harder sein Tor.

Mein Freund Ludwig «Luggi» Müller, der auch zu den Urgesteinen des 1. FC Nürnberg gehört, glaubt ja heute noch, dass die Wiege des deutschen Fußballs in Nürnberg und Fürth stand. Wenn er seine Nase in die exzellente Produktion der fränkischen Weine senkt und in höchsten Tönen vom Bocksbeutel schwärmt, muss ich mir die Mär von den «goldenen Zeiten» anhören. Ob ich will oder nicht. «Ihr Fischköppe habt doch nur Hauruck gespielt», lästert er dann, «immer auf deinen runden Kopf. Im Frankenland aber wurde die hohe Kunst des Spiels zelebriert.» Da bleibt mir nur der Konter: «Aber ohne dich. Da warst du noch nicht auf der Welt.»

Doch Scherz beiseite: Nürnberg und Fürth waren in der Tat Fußball-Hochburgen, Bildungsstätten großer Fußballkultur. Elegant und technisch perfekt. Die Akteure allerdings waren sich oft nicht besonders grün. Man muss sich einmal folgende Situation vorstellen: Die deutsche Nationalmannschaft wird nur aus zwei Vereinen rekrutiert. Man reist gemeinsam zum Spielort und doch getrennt. Ein Unding? Nein, Tatsache: Am 21. April 1924 lädt der DFB ausschließlich Spieler der beiden erbitterten Rivalen Nürnberg und Fürth zum Länderspiel nach Amsterdam gegen Holland ein. Sie reisen zwar im gleichen Zug, doch die «Clubberer» sitzen im ersten, die «Kleeblätter» aus Fürth im letzten Wagen. So fand auch die Rückfahrt nach einem 1 : 0-Sieg statt. Den Torschützen Auer aus Fürth soll man allerdings gemeinsam bejubelt haben. Ich weiß nicht, ob's stimmt.

Ab 1933 fand dann im deutschen Fußball eine Wachablösung statt. Der Schalker Kreisel fing an zu brummen, mit Fritz Szepan und Ernst Kuzorra. Der HSV stagnierte. Der Krieg ließ ja keine systematische Aufbauarbeit zu. Aber es gab immerhin einen durchgehenden Spielbetrieb. Erst im fortgeschrittenen Fußballer-Alter von 28 Jahren kam mein Vater Erwin zum HSV. Der beste Klub reizte ihn. Im Arbeitersport war er groß geworden. Als er im Februar 1932 zum bürgerlichen Club SC Victoria wechselte, gab es einen riesigen Aufstand. Nach drei Jahren «Vici» trug er dann ab

1935 das HSV-Trikot. Vierzehn Jahre lang. Bis auf Torwart spielte er alles. Selbst mit gebrochenem Wadenbein – ich hab's schon erwähnt – hielt er bis zum Schlusspfiff durch. Ganz ehrlich: Ich hätte diesen Haudegen nicht gerne als Gegenspieler gehabt. 1949 war Schluss auf dem Platz. Aber nicht an seinem Arbeitsplatz im Hamburger Hafen. Erst 1973 sagte er dort «tschüss».

Kritisch verfolgte «Old Erwin» die Entwicklung seines HSV, deren Präsidenten, Trainer und Spieler. Es mangelte ja nicht an schillernden Figuren, tollen Typen, exzentrischen Stars, bewunderten Idolen und charismatischen Trainern. Da war Rudi Noack, ein Supertechniker in den dreißiger und vierziger Jahren, genannt «schwarzer Zigeuner». Der Liebling der Fans. Dann der schon erwähnte Otto «Tull» Harder. 15 Länderspiele 14 Tore seine Bilanz. Dreimal war Harder mit dem HSV Meister. Als Mitglied der NSDAP und der SS wurde er 1947 als Kriegsverbrecher zu fünfzehn Jahren Haft verurteilt. Vier Jahre saß er ab, verdingte sich dann als Versicherungsvertreter, bevor er im Alter von 63 Jahren 1956 starb.

Oder die Dörfel-Dynastie: Friedrich Dörfel, der Bruder von Richard und Vater meiner Mannschaftskameraden Gert «Charly» und Bernd. Ihr Vater «Frido» galt als Allrounder, konnte Außenstürmer oder Abwehrspieler spielen. Sein Markenzeichen waren rot gefärbte, ungarische Fußball-stiefel. Zweimal in vier Wochen spielte er 1942 für Deutschland. Hat Seltenheitswert.

Seinen Bruder Richard nannten alle nur «König Richard». Auch mein Vater sprach respektvoll vom «König». Richard Dörfel hatte, wie man so schön in der Fußballer-sprache sagt, alles drauf. Stürmer, Verteidiger, Ersatz-Tor-hüter.

Bernd Dörfel, mit dem ich in einer Mannschaft stand, galt als großes Talent. Ein eleganter Außenstürmer mit insgesamt 15 Länderspielen. Er kam im zweiten Bundesligajahr von unseren Amateuren in die 1. Mannschaft, wechselte dann leider zu Eintracht Braunschweig. Später zu Servette Genf.

Als Könner und Original in einer Person muss man Gert Dörfel beschreiben, der von jedermann liebevoll mit «Charly» angesprochen wurde. Die französische Sportzeitung «L'Équipe» kürte ihn 1965 zum besten Linksaußen Europas. Über die Herren auf dem linken Flügel und zwischen den Pfosten wird ja oft gelästert. Engländer umschreiben das mit dem netten Wörtchen «crazy». Willi Lippens, das holländische Original bei Rot-Weiß Essen, wie Freund «Charly» links draußen, war sogar während des Spiels für einen guten Spruch zu haben. Dialog: Schiedsrichter zu Lippens: «Hier ist die gelbe Karte. Ich verwarne Ihnen.» Lippens zu Schiedsrichter: «Ich danke Sie!»

Gert Dörfel sorgte nicht nur wegen seiner Maßflanken in den Strafraum für gute Stimmung. Kein Tag verging ohne Spaß mit «Charly». Eines Tages strahlte er in der Kabine und jubilierte: «Ich mache mich mit einem Schönheitssalon selbstständig. Kommt alle zur Einweihung!» Die Tage vergingen ohne Einladung. Auf Nachfrage druckste er herum: «Der Laden ist schon wieder geschlossen.» – «Warum, wieso?» Antwort: «War komisch. Das Ordnungsamt hat ihn dichtgemacht.» Nochmal ein lautes: «Warum, wieso?» Antwort: «Ich hatte lebende Küken im Schaufenster als spezielle Werbemaßnahme. Das war irre. Ich hatte die meisten Leute vor der Tür, aber an der Kasse stand keiner. Nur das Ordnungsamt.»

1972 wanderte Gert Dörfel zuerst nach Südafrika und später nach Kanada aus, kehrte zurück, kickte für Barmbek-

Uhlenhorst und diente dann als Pensionär der Stadt beim Ordnungsamt im Stadtteil Stellingen.

Die Liste der Spielertypen des HSV lässt sich beliebig fortsetzen. Jeder prägte den Klub zu einer bestimmten Zeit: Wie «World Cup Willi» Schulz, der Gelsenkirchener von Union Günnigfeld aus Schalke. Ein Prototyp des klassischen Ausputzers, mein Begleiter bei drei Weltmeisterschaften – 1962, 1966, 1970. 1968 wurde er in die FIFA-Weltauswahl berufen, 66 Länderspiele stehen auf seinem Konto. «Ich bin 1965 gekommen, dat war ein Segen für Hamburg und für mich. Hier geh ich nie wieder weg», lässt er jeden wissen. Er ist der trockenste Hanseat, den ich kenne. Trinkt er Rotwein, stimmt er zu gerne in seinem Heimatdialekt das Lied an: «Am Tag als am regnen fing» – am Tag als der Regen kam ...

«Old Erwin» hat den Willi immer gemocht. Seine rationelle Art Fußball zu spielen, seinen Schalk, die profihafte Einstellung – das war ganz nach Vaters Geschmack. Der «Quittje» aus dem Ruhrpott – Quittje sind ja die Zugereisten – durfte meinen Vater auch anflachsen. Erwin trug stets sein Geld in einer breiten Geldbörse. Kam «World Cup Willi» des Weges, rief er schon von weitem: «Erwin, hol die große Kasse raus, wir brauchen kleine Kohle.»

Echte Fußballer kennen im Dialog keine Altersunterschiede. Die Denke und die Sprache stimmen immer. Der Klub, der Verein ist eben für viele Menschen ein Stück Heimat und mehr als die Frage nach Sieg oder Niederlage an einem Spieltag. Hier wird gefachsimpelt: Tausendmal «Weißt du noch ...?»

Womit wir wieder bei den Typen des HSV vor und nach meiner aktiven Zeit wären.

Ganz spontan muss ich an die «Mighty Mouse» aus England denken: Kevin Keegan, 1977 vom damaligen Ex-Prä-

Eine «Mighty Mouse» aus England: Kevin Keegan im HSV-Trikot.
Das Foto hat er mir in Freundschaft gewidmet: «Für ‹Unsere› Uwe».
Thank you, Kevin!

sidenten und anschließenden Generalmanager Dr. Peter Krohn aus Liverpool an die Elbe gelockt. Für 1,6 Millionen DM Ablöse – eine Rekordsumme für die Bundesliga und England im Jahr 1977. Der clevere Peter – «Hollywood ist tot, es lebe der HSV» – trickste Barcelona, Real Madrid und Manchester United aus. Kevin, nur 1,69 Meter groß, entpuppte sich wirklich als eine «mächtige Maus». Der Bergmanns-Sohn war sein Geld wert, und ihm ist es besonders zu verdanken, dass der HSV 1979 nach neunzehn Jahren wieder mal Deutscher Meister wurde.

Irrwisch Keegan tat sich beim Start unter Trainer Branko Zebec an seinem neuen Arbeitsplatz zunächst sehr schwer. Das ist immer so, wenn ein erfolgreicher Spieler in eine erfolgreiche Mannschaft integriert werden muss. Und der HSV war verdammt erfolgreich. «So will ich die Jungs seh'n», ereiferte sich mein alter Herr, «die kämpfen noch, wenn sie im Bus sitzen.»

Ein lohnender Kampf: 1976 Pokalsieger gegen den 1. FC Kaiserslautern mit 2 : 0 in Frankfurt. Nach dreizehn mageren Jahren endlich mal wieder einen Wettkampf gewonnen. Der Trainer hieß Kuno Klötzer, kurz «Ritter» Kuno gerufen. Ein Coach der alten Schule aus dem Erzgebirge. Düsseldorf, Nürnberg und Offenbach hievte er vorher in die Bundesliga. 1973 kam er zu uns. Der «Ritterschlag» fand im Mai 1977 statt. Genauer gesagt: am 11. Mai, eine Sensation vor 58 000 Zuschauern in Amsterdam. Der HSV bezwang den RSC Anderlecht im Finale des Europapokals der Pokalsieger mit 2 : 0. Wenn ich den «Ritter», der bei mir um die Ecke in Norderstedt wohnt, treffe, freut er sich noch immer diebisch über diesen Erfolg. Besonders über die Tore von Felix Magath und Georg Volkert. Volkert war als Einunddreißigjähriger von Zürich abgeschoben worden. Nun wurde er noch mal so richtig jung.

Plötzlich aber knallte es. Laut, sehr laut sogar. Der «Ritter» Kuno und der Generalmanager Dr. Krohn, der Arbeiter aus dem Erzgebirge und der Meister der Showbühne, prallten nicht auf-, sondern gegeneinander. Klötzer zog die Konsequenzen, ging für eine Saison nach Bremen zu Werder, hörte aber dann 1981 ganz auf.

Unser rühriger Dr. Krohn aber, dessen Vater Gründungsmitglied beim HSV war, träumte vom totalen Fußball. «Mister 10 000 Volt» war ein hoch motivierter Mann, selbst ein passabler Torhüter. Für ihn galt: Fußball ist Show! Folge: Showtraining mit Musik am Rothenbaum, Blaskapelle, pink- und rosafarbene Trikots, Elefanten hinter den Toren. Nach dem Klötzer-Knall engagierte er den «Paradiesvogel Nr. 1»: Rudi Gutendorf. Da saßen die beiden auf der Insel Sylt im Sand. Mit roten Stöckchen steckten sie ein Spielfeld ab, die grünen waren die Spieler. Viererketten und holländisches Flügelspiel, sie probten das Verschieben ganzer Mannschaftsteile. Im Mittelfeld brasilianisch und in der Defensive französisch elegant – so steigerten sich beide in einen Rausch. In der Mannschaft aber gab es Spannungen. Mittendrin die «Mighty Mouse». Im Management kriselte es auch. Am 26. Oktober 1977 gaben Gutendorf und Krohn gemeinsam auf.

Doch bevor ich an dieser Stelle über die Geschichte des HSV weitererzähle – über die Verpflichtung von Günter Netzer, den alkoholkranken Trainer Branko Zebec, die zeitweise zehn Millionen Verbindlichkeiten in der Bilanz, den 1,2-Millionen-Transfer von Franz Beckenbauer aus New York, die Ära Happel, die Jahre der Not und mein Engagement als Präsident –, muss ich noch einmal um Aufmerksamkeit für meine Jugendzeit bitten.

1949 hatte ein Mann namens Paul Hauenschild die Präsidentschaft beim HSV übernommen. Niemand, vor allen Dingen wir Jugendlichen nicht, sagten: «Guten Tag, Herr Hauenschild.» Auf diese Anrede legte der hanseatische Großkaufmann keinen Wert. Viel wichtiger war ihm ein «Guten Tag, Onkel Paul.» Möglichst im vielstimmigen Chor. Als er bei meiner Trauung redete und gratulierte, lief es mir heiß und kalt den Rücken runter. Der «gute Geist» umsorgte uns wie ein Vater. Plötzlich gab's nach dem Training heiße Bouillon, belegte Brote, Kakao und Kuchen – echte Kostbarkeiten zur damaligen Zeit. «Onkel Paul» sorgte dafür, dass der HSV das Gelände am Ochsenzoll erwarb und ausbauen konnte. Für mich fiel später hier ein Grundstück ab, wo Ilka und ich bauen durften. Das war 1959. Ilka hatte ihren Beruf aufgegeben, führte die Bauaufsicht.

Paul Hauenschilds Firma, die «Emil Hauenschild Formpolster Gesellschaft», besaß ein Fast-Monopol als Lieferant von aus Schweinehaaren und Gummi gegossenen Polstern an Autohersteller. Zudem produzierte die Firma Kunstseide. Not litt er also nicht. Aber er dachte immer an jene, die in Not waren. Sein ganzes Erbe in siebenstelliger Höhe vermachte er seinem Lebenswerk HSV.

Ende der achtziger Jahre wurde geschätzt, dass vier bis fünf Millionen Mark aus dem Nachlass in Aktien und Wertpapieren angelegt waren. In die «Paul Hauenschild Stiftung» wurden von privater Seite 2,1 Millionen Mark eingebracht. Jürgen Werner wachte als Vorsitzender der Stiftung im Sinne von «Onkel Paul» und richtete sein ganzes Augenmerk darauf, was heute so gern vernachlässigt wird: die Förderung des Nachwuchses, der Jugend.

21 Ein strenger Lehrherr namens Klüver – und eine kleine persönliche Zwischenbilanz

Ostern 1950 kam ich endlich aus der verhassten Schule. Die Knackwürste von Vaters Freund schmeckten zwar immer noch, doch Schlachter wollte ich nicht mehr werden. Ich dachte: Uwe, du bist doch ein Hamburger Jung. Hamburg hat einen Hafen, im Hafen liegen Schiffe, im Hafen ist es spannend, und «Vaddern» erzählt ja auch immer begeistert von der Atmosphäre. Von Schiffsmaklern, Herren in feinen Anzügen mit feinen Manieren hatte ich gehört. Also keimte in mir der Berufswunsch: Schiffsmakler. Doch es kam alles ganz anders.

Im HSV traf Vater einen alten Fußballkumpel namens Klüver. Dieser war Prokurist einer Speditionsfirma. Die Herren wurden sich einig, dass ich eine Lehre als Speditionskaufmann zu absolvieren hätte. Mir blieb keine andere Wahl. Die Büros befanden sich zunächst im Philipps-Haus auf der Mönckebergstraße, später in der Brandstwiete, in der Nähe des Hafens, einer schmalen Straße. Mutter putzte mich jeden Morgen fein heraus, und ich erschien pünktlich in der Registratur. Ablage – sicherlich im Zeitalter der Elektronik ein Fremdwort.

Lehrherr Klüver machte es mir nicht leicht. Meine Fußballkünste waren ihm wohl vollkommen wurscht – jedenfalls tat er so. Nach der Ablege-Etappe musste ich Versand- und Begleitpapiere für die Exportlieferungen ausfüllen. Die zahlreichen Kästchen für Schiffs-, Bahn- und LKW-Papiere verwirrten mich. Fragte ich Herrn Klüver um Rat, antwortete er lakonisch: «Sieh man zu, wie du das hinkriegst. Auf dem Fußballplatz kriegst du ja auch alles hin.»

Es gab keine «Extrawurst» für mich. Zum Training erschien ich stets mit hechelnder Zunge. In guter Kondition

Ein angehender Speditionskaufmann muss natürlich auch die Umgangs-
formen beherrschen. Tull Harder zu Besuch in meiner Lehrfirma.

war ich ja. Die war auch vonnöten, wenn ich «Außendienst» hatte: Formalitäten im Freihafen im Verteilungsschuppen 54/55. Da pfiff der Wind. Oder es regnete. Manchmal peitschten mir Schneeflocken ins Gesicht. Oder es brannte die Sonne. Kam ich durchgefroren oder durchweicht zurück ins Büro, grinste Herr Klüver: «Da musst du durch, Kleiner. Das Leben findet nicht nur bei Schönwetter statt.»

Später war ich ihm für seine seltsamen Ausbildungsmethoden sehr dankbar. Der Mann mit der rauen Schale und dem weichen Kern hat mich auf besondere Weise geprägt. Als ich ausgelernt hatte und er mich auf vielen Reisen mitnahm, lernte ich ihn noch besser kennen. Nun war er auch ein wenig stolz auf mich. Ich kickte in der Ersten, stand jeden Tag in der Zeitung, der DFB berief mich zum FIFA-Jugendturnier 1953, und ein Jahr später machte ich ja mein erstes Länderspiel.

Außerdem: Klaus Stürmer war vom Hamburger Vorortverein Glinde zu uns gewechselt. Ein Superfußballer und Superkerl. Wir waren unzertrennlich wie Zwillinge und erhielten auch bald den Spitznamen «die Zwillinge». Klaus und ich spielten zusammen, saßen im Kino nebeneinander, hörten gemeinsam Jazzplatten, und ich überzeugte ihn sehr schnell von meiner Wurst-Leidenschaft. Früher waren es Knackwürste, jetzt Bockwürste. Unsere Tagesration schwankte zwischen zwölf und fünfzehn Stück. Pro Mann, versteht sich.

Das Karussell des Lebens fängt an, sich zu drehen. Mit einer kaum kalkulierbaren Geschwindigkeit. Mal schnell, mal langsam, mal stoppte es. Ich durfte Siege und Titel feiern, musste aber auch Niederlagen einstecken. Dabei half mir eine Lebensweisheit von meinem Entdecker Günther Mahlmann. Der Pädagoge hatte immer gesagt: «Uwe, erst in der Niederlage zeigt sich der wahre Sportsmann.»

Das «Sport-Karussell» sah so aus: 1953 Teilnahme am FIFA-Jugendturnier. 1954: Erstes Länderspiel. Von 1955 bis 1963 Norddeutscher Meister mit dem HSV in Folge. 1956: Das erste Problem mit meiner Gesundheit. Der fünfte und der sechste Wirbel der Wirbelsäule sind chronisch ausgerenkt. Die Seitenränder der Beckengelenke sind abgenutzt. Professor Schulze in Radevormwald verhindert ein vorzeitiges Karriere-Ende. Ich werde gesund und bin so stark wie nie. 1957/58: zweimal hintereinander deutscher Vizemeister. Außerdem 1956: Vize im DFB-Pokal. 1958: erste WM-Teilnahme in Schweden. 4. Platz, erstes Länderspiel-Tor für Deutschland beim 3 : 1 gegen Argentinien. 4. Juni 1960: Jahrhundert-Tor per Fallrückzieher gegen Westfalia Herne im Volksparkstadion. Das Super-Ding!

Ich erinnere mich noch genau. Eine hohe Flanke segelt in den Strafraum. Hernes Torhüter Hans «Til» Tilkowski stürzt aus seinem Tor dem Ball entgegen. Ich stürze auch.

Lande aber auf dem Allerwertesten. Auf dem Hinterteil hopse ich dem Ball entgegen. Ich habe Glück. «Til» kommt nicht an das Leder heran. Aber ich schnelle hoch. In halber Höhe erwische ich das Ding mit dem rechten Fuß. Und irgendwie landet er oben links im Winkel. In jeder Tageszeitung ist die Tat zu besichtigen.

Ohne das berühmte Quäntchen Glück ist so ein Tor nicht zu erzielen. Und ich wurde Torschützenkönig mit 29 Treffern in Fußball-Deutschland.

In der «ewigen» HSV-Torschützenliste liege ich mit 59 Treffern einsam an der Spitze – in einer einzigen Spielzeit erzielt, wohlgemerkt! Davon allein 36 in den Ligaspielen jener Saison. Ob das jemals einer übertrifft?

25. Juni 1960: Endlich Deutscher Meister, durch einen 3 : 2-Sieg gegen Köln, zwei Tore von mir. Ehrung zum «Fußballer des Jahres». 1961: Ablehnung der Mailänder Mil-

Mein Lieblingstor: Fallrückzieher «im Sitzen» gegen Westfalia Herne, 4. Juni 1960. Torwart Hans Tilkowski schaut ungläubig zu ...

lionen-Offerte. 20. September 1961: Zum ersten Mal bin ich Kapitän der Nationalelf beim 5 : 1 gegen Dänemark. Mai/Juni 1962: Zweite WM-Teilnahme in Chile. Viertel-finale-Aus mit 0 : 1 gegen Jugoslawien. 1963: 3 : 0-Sieg gegen Dortmund im Pokalfinale. Dreimal ich. Berufung in die Weltelf im Londoner Wembley-Stadion gegen England. Trotz 1 : 2 eine verdammt große Ehre. Im gleichen Jahr: Start der Bundesliga, zum Ende der Saison bin ich erneut der beste «Ballermann»: Torschützenkönig mit 30 Toren. 23. Juni 1964: Berufung in die Europa-Auswahl zum Spiel gegen Jugoslawien. 7 : 2-Sieg, 2 Tore «Seeler Deutschland». Ich bin rundum zufrieden. Ahne zu diesem Zeitpunkt nicht, was knapp acht Monate später im Frankfurter Waldstadion passieren sollte. Ein Drama. Doch davon gleich mehr.

Zunächst die private Bilanz bis zu diesem Tag am 20. Februar 1965. 1955: Ich tuckere mit meinem ersten eigenen

Auto durch die Gegend, einem VW-Käfer. Ich bin richtig stolz. Noch stolzer aber werde ich am 18. Februar 1959, als mich Pastor Gerber in der Johannis-Kirche fragt: «Wollen Sie Ilka Buck zur Ehefrau?» Und ob ich will. Ende 1958: Baubeginn unseres Hauses in der Südwestecke auf dem Sportgelände in Ochsenzoll. Kühe und Pferde weiden gegenüber. Der Blick ist weit, das Land flach. Heute versperren Reihenhäuser diesen Blick. Unser gemeinsames Geld reicht nicht ganz. Der HSV gewährt ein Darlehen. Ich zahle von meinen Ligabezügen Mark für Mark zurück. Eigene Frau, eigenes Haus, das Glück wird am 29. März 1961 komplett: Tochter Kerstin wird geboren. Im gleichen Jahr: Stufe zwei des Glücks: Herberger vermittelt mir den Job als adidas-Generalvertreter. 7. Oktober 1963: Tochter Helle kommt zur Welt. Und am 3. Mai 1967 Tochter Frauke. Heute sind alle unsere Töchter selbst liebevolle Mütter und in guten Händen.

Doch zurück zum 20. Februar 1965. Ich bin 28 Jahre alt. Es läuft die zweite Saison in der höchsten deutschen Spielklasse. Es ist der 22. Spieltag mit der Begegnung Eintracht Frankfurt gegen den HSV. Der Winter ist hart, dementsprechend hart der Boden. Für jeden Fußballer pures Gift. 30 000 Zuschauer im Waldstadion sind trotz der Kälte gekommen. Nach 24 Minuten führen wir 1 : 0 durch ein Tor von Jürgen Kurbjuhn. Hartnäckig verteidigen wir das eine Tor: Die 55. Minute kommt heran. Aus unserer Läuferreihe im Mittelfeld wird mir der Ball zugespielt. Der Frankfurter Georg Lechner versucht mich bei der Ballannahme zu stören. Und nun geht alles blitzschnell ...

22 Das Drama von Frankfurt: Riss der Achillessehne

Ich springe mit einem Satz über Lechners Bein hinweg. Im selben Augenblick spüre ich an der rechten Ferse einen schmerzhaften Tritt. Noch zwei, drei Schritte kann ich weiterrennen, da sticht plötzlich ein zweiter, diesmal rasender Schmerz durch die rechte Wade. «Aua!», schreie ich unwillkürlich auf, dann stürze ich, als hätte ich überhaupt kein Gefühl mehr in den Beinen, längelang in den Schnee. Stöhnend bleibe ich liegen.

Im Moment weiß ich selber nicht, was eigentlich geschieht – oder geschehen ist. In der Hitze des Zweikampfes muss mich der Frankfurter unabsichtlich mit dem Fuß getroffen haben. Den Tritt habe ich deutlich verspürt. Aber von wem erhielt ich den zweiten «Tritt»? Es war niemand da. Lechner befand sich bereits einige Schritte hinter mir, als der zweite Schmerz kam. Neben mir war auch niemand. Also was sonst ...?

Während ich mich vor Schmerzen krümme, rasen diese Gedanken durch meinen Kopf. Ich wage nicht, den Fuß zu bewegen. Einige Mannschaftskameraden und ein paar Frankfurter Spieler kommen gelaufen und beugen sich ratlos über mich: «Mensch, Uwe – was ist los?»

Da sind auch schon Trainer Gawliczek und unser Vereinsarzt Dr. Kurt Fischer heran. «Streck das Bein aus», sagt Dr. Fischer und beginnt, den schmerzenden Fuß abzutasten. Dr. Fischer zieht die Augenbrauen zusammen. Er weiß, dass ich nicht wehleidig bin. «Nun mal ruhig, Uwe», redet er mir zu und winkt zwei Sanitäter heran, die mit einer Trage kommen. Als mich die Männer anheben, packt einer von ihnen das rechte Bein etwas zu hart. «Seien Sie doch ein bisschen vorsichtig!», fauche ich den Mann, der mir ja nur behilflich sein will, in meiner Verzweiflung an. Verdammt –

das Spiel ist bei weitem noch nicht gelaufen! Ich kann doch nicht weg …

Während ich, halb sitzend, halb liegend, auf der Trage zum Spielfeldrand gebracht werde, wird mir einmal schwarz vor den Augen vor Qual und Schmerzen. Dann versuche ich – halb im Unterbewusstsein – das Ganze zu verdrängen und lächle wildfremde Leute an. Die lächeln ganz lieb zurück.

Inzwischen geht das Spiel im Waldstadion weiter. Der HSV kämpft nur noch mit zehn Mann. Auswechseln ist nicht erlaubt.

Meine Strumpfhose wird aufgeschnitten, Stiefel und Schienbeinschützer entfernt – doch die erwartete Erleichterung bleibt aus. Der Schmerz wird sogar noch stechender. «Bringen Sie ihn bitte in die Kabine!», sagt Dr. Fischer zu den beiden Sanitätern und richtet sich aus der gebückten Haltung wieder auf.

Und dort untersucht der Arzt, den ich schon seit etlichen Jahren kenne, mit sorgenvollem Gesicht mein rechtes Bein. «Knöchelbruch?», frage ich kleinlaut und stöhnend. «Nein», antwortet Dr. Fischer. «Leider ist es eine ziemlich dumme Sache: Riss der Achillessehne. Wir müssen dich operieren. Dann werden wir weitersehen.»

Vor Schreck verschlägt es mir die Sprache. Ich mache die Augen zu. Als ich sie wieder öffne und noch immer keinen Ton herausbringe, tröstet Dr. Fischer: «Kopf hoch, Uwe!» «Kunststück», murmele ich heiser. Einstweilen fällt mein Kopf auf das harte Lager zurück.

Zu genau weiß ich, was die Diagnose bedeutet: Es ist fraglich, ob ich überhaupt jemals wieder Fußball spielen kann! Dieser Gedanke ist so ungeheuerlich, dass ich ihn lieber gleich beiseite schiebe. Bloß nicht resignieren. Bloß jetzt nicht den Mut verlieren!

Meine Frau Ilka ist mit mir nach Frankfurt gekommen.

Eigentlich wollten wir morgen die Messe besuchen. Auch das dürfte nun – jedenfalls für mich – ins Wasser fallen. «Bitte lass doch meiner Frau Nachricht geben», sage ich zu Dr. Fischer. Er kümmert sich sofort darum, ist aber gleich wieder zurück. Mein Fuß wird eingegipst. Inzwischen geht das Spiel zu Ende. Wir haben es verloren. 2 : 1 für die Frankfurter Eintracht lautet das Resultat. Auch das noch! Ich könnte heulen vor Wut über all die Missgeschicke des heutigen Tages.

Am Abend befindet sich Ilka mit im Flugzeug, das die ganze Mannschaft nach Hamburg zurückbringt. Mein Sitz ist so bequem wie möglich hergerichtet worden, aber die Schmerzen bleiben …

Ich zermartere mir den Kopf. Viel ist es nicht, was ich über die Achillessehne weiß, aber so viel ist mir doch bekannt: Sie verbindet das Fersenbein mit dem Wadenmuskel und soll einem Druck von 300 bis 400 Kilogramm standhalten können.

Einige hundert Kilogramm – wo kam die Last dieser vielen, vielen Pfunde nur her, als die Sehne heute riss? «Erklär mir doch um Himmels willen, wie die Sehne reißen konnte», bitte ich Dr. Fischer, der mich kaum aus den Augen lässt. «Tja», sagt er, «das ist in diesem Falle wohl – ganz einfach ausgedrückt – eine Überbelastung. Man könnte auch Überdehnung sagen.» Beim erwachsenen Menschen können durch intensives sportliches Training zwar die Wadenmuskeln immer kräftiger werden, also an Umfang zunehmen, nicht aber die Sehnen. Sie bleiben, wie sie sind, und können sich nicht stärker ausdehnen. Mit anderen Worten: Sie stehen bei wachsendem Wadenumfang unter immer stärkerem Dehnungsdruck, da die Entfernung zwischen den Ansatzpunkten größer geworden ist.

Man kann sich das wie ein Tau vorstellen, mit dem ein

Boot am Kai befestigt ist. Kommt die Ebbe, zieht das Wasser das Boot hinaus. Das Tau wird straffer und straffer gespannt und kann reißen. Es muss nicht reißen, solange es neu und geschmeidig ist. Ist es aber Jahre alt, jahrelang Woche für Woche bei Wind und Wetter beansprucht worden, kann doch einmal der Zeitpunkt kommen, an dem es reißt. Und vielleicht kommt zusätzlich noch ein Schlag auf das Tau dazu.

Das ist ein stark vereinfachter Vergleich, aber vielleicht erklärt er den Vorgang. Der Arzt versucht es mir in ähnlichen Worten zu sagen.

«Und was nun?», frage ich. «Wir werden die Sehne wieder zusammenflicken», sagt Dr. Fischer tröstend. «Das ist nicht so einfach, aber es ist möglich. Wie deine Chancen sind, kann ich dir erst nach der Operation sagen.»

Dr. Fischer verfolgt natürlich alle fachlichen Veröffentlichungen über Sportverletzungen in der ganzen Welt. Er erzählt mir, dass Achillessehnenrisse in den letzten Jahren häufiger geworden sind. «Das passiert nicht nur Fußballspielern», sagt er, «sondern auch anderen Sportlern. Die im Sport geforderten Leistungen werden immer größer. Entsprechend größer ist natürlich auch die Belastung der Muskulatur, der Sehnen und so weiter ...» Dr. Fischer erzählt mir von ihm bekannten Fällen: Skisportler sind ebenso häufig dabei wie Sprinter und Fußballspieler. Er versichert mir aber auch, dass es Sportler gab, die nach einer geglückten Operation ihre Karriere erfolgreich und mit Spitzenleistungen fortsetzen konnten ...

«An mir soll's nicht liegen!», sage ich. «Es wird wohl eine Geduldsprobe werden? Aber ich will wieder Fußball spielen!» – «Die Einstellung ist goldrichtig, Uwe!», sagt Dr. Fischer. Er ist richtig erleichtert, als er merkt, dass ich den allerersten Schreck überwunden habe.

Am Montag, 22. Februar 1965, Punkt 9.30 Uhr liege ich auf dem Operationstisch. Vollnarkose. Dr. Fischer, der ja Chirurg ist, nimmt die schwierige Operation selbst vor. *Wie* schwierig sie ist, erfahre ich erst hinterher. Und welche Mühe es den Narkosearzt kostet, stundenlang für die richtige Beatmung zu sorgen, wird mir ebenfalls erst später klar. Während der Operation liege ich auf dem Bauch, und der Brustkorb ist zusammengepresst.

Chirurg, Narkosearzt und alle Helfer arbeiten im Schweiße ihres Angesichts. Dr. Fischer flickt nicht nur die mit ausgefransten Rändern versehenen beiden Achillessehnenteile wieder zusammen, sondern er nimmt mir gleichzeitig aus dem linken und rechten Unterschenkel noch je eine dünnere «nicht benötigte» Sehne heraus, um sie zur Unterstützung der geflickten Achillessehne einzusetzen. Die beiden dünneren Stränge flankieren nun die Achillessehne und sollen für besseren Halt sorgen.

Über vier Stunden dauert die Operation! Über vier Stunden weiß ich nichts mehr von Gut und Böse und von Achillessehnen ... Dann wache ich endlich wieder auf, in einem blütenweißen Bett liegend. Mein Blick trifft auf Blumen – Blumen – Blumen ... Ganz Hamburg scheint an mich zu denken! Den Beweis halte ich am Abend in Form einiger Zeitungen in den Händen. Die Schlagzeilen sind groß. Es tut gut, zu wissen, dass ich auch für das Publikum noch «lebe» und nicht gleich abgeschrieben bin.

Ilka sitzt an meinem Bett und erzählt mir, was inzwischen alles los war. Am Rothenbaum, im HSV-Klubhaus, hat man den ganzen Vormittag um mich gebangt. Dort wie zu Hause bimmelte das Telefon pausenlos: «Wissen Sie schon, wie die Operation ausgegangen ist?»

Die Operation ist gut verlaufen. Das weiß ich längst von Dr. Fischer. «Nun wird es zum größten Teil an deiner Ver-

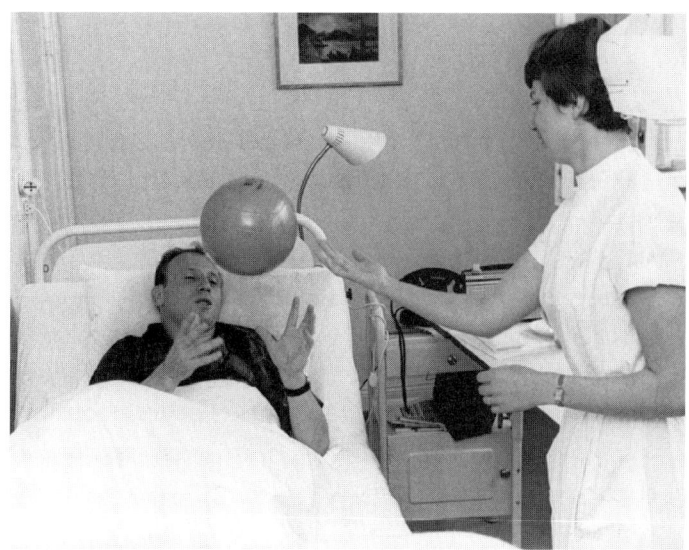

«Schwester, bitte, bitte einen Ball!» Ein Dokument meiner Leidenszeit im Frühjahr 1965.

nunft und an deinem Willen liegen, Uwe», hat er mir am Spätnachmittag gesagt. Es wird Abend, Nacht und wieder Morgen. Besuche über Besuche kommen, Reporter erscheinen, Blumen werden abgegeben, Unmengen von Briefen treffen ein. Und dann erhalte ich aus Lübeck ein Geschenk, das mir Freudentränen in die Augen treibt: eine riesengroße Torte aus Lübecker Marzipan, ein Konditorkunstwerk mit naturgetreu in Marzipan nachgebildeten Fußballschuhen in der Mitte.

Annähernd genauso sah die Lübecker Marzipantorte aus, die Ilka und ich zur Hochzeit geschenkt bekamen. Damals war ein Marzipanfußball in der Mitte.

Unwillkürlich wandern meine Gedanken zu diesem schönen Tag – und noch viel, viel weiter zurück bis in meine Kindheit… Glückliche Zeiten! Gesunde Beine…

Das Ereignis in Frankfurt hinterließ nicht nur äußerliche Spuren.

Ich wurde nachdenklicher. Bei mir nistete sich der Gedanke ein, an welch seidenem Faden unser Leben hängt und wie schnell dieser reißen kann. Zufall und Schicksal waren bis dahin für mich Fremdworte gewesen. Aber jetzt ... Gedanken sind wie Schiffe. Sie kommen und gehen. Früher lenkte ich mich mit Musik vor den Spielen ab. Das änderte sich nun.

Durften wir vor einem Heimspiel zu Hause übernachten, stand ich nach dem Frühstück auf und ging auf die Terrasse. Der Blick ins Grüne beruhigte mich. Ilka und die Kinder wussten das. Also sprach mich niemand an. Selbst der Hund verzog sich und schwieg respektvoll.

Ich spielte dann das Spiel, das in wenigen Stunden beginnen sollte, im Kopf durch. Überlegte mir die Stärken und Schwächen des Gegners, analysierte die Form meiner Kameraden und dachte darüber nach, mit welchen letzten Worten ich sie in der Kabine motivieren konnte.

Jetzt also kam die 55. Minute im Frankfurter Waldstadion hinzu. Ich brauchte schon eine gewisse Zeit, um diese Minute und die Folgen zu vergessen. Mein starker Wille half mir. Schließlich gewann die Zukunft und das Vertrauen, dass Dr. Fischer ganze Arbeit geleistet hatte.

Damals konnte ich nicht ahnen, dass ich in den kommenden zwölf Jahren, bis zu meinem letzten Spiel am 22. April 1972, noch sehr oft mit der berühmten «medizinischen Abteilung» in intensive Berührung kommen sollte.

Die Liste meiner Verletzungen ist lang. Drei Knöcheloperationen, immer wieder Probleme mit der Wirbelsäule und mit den Bändern. Einen Nasenbeinbruch und einen ausgerenkten Finger empfindet man da als Kleinigkeiten. Sport ist eben gesund – und Fußball ganz besonders. In den zehn Jahren von 1961 bis 1971 kämpfte ich gegen 65 Verletzungen. Musste acht Operationen über mich ergehen lassen.

Ich quälte mich nach der Achillessehnen-Operation wie ein Hund. Pardon, aber es war wirklich so. Jeden Tag vier bis fünf Stunden Aufbautraining unter ärztlicher Betreuung. Die Folterkammer mit diesen kalten Gewichten und ächzenden Maschinen wurde mein «Lieblingssport». Oft war ich kurz vor dem Aufgeben. Noch heute muss ich vielen Menschen für ihre Durchhalteparolen danken.

164 Tage dauerte die Tortur. Am 3. August 1965 stand ich endlich wieder dort, wohin mich der liebe Gott aufgestellt hat: auf dem Fußballplatz. Wir probten gegen unsere eigene Fohlen-Mannschaft. «Achilles» hielt durch.

Aus meinen Fotoalben

«Old Erwin» (links) als Fußballer, 1931 – hier noch im Dress des
SC Lorbeer Hamburg.

1939 besiegt der HSV die Gäste von Schwerin 03 mit 10 : 1. «Vadder»
(links) jubelt über das achte Tor.

en Blick immer zum Ball – auch wenn er hoch fliegt ...

Abschiedsspiel für meinen Vater, 1949. Ich war als «kleiner Salmi»
(3. v. l.) mächtig stolz auf ihn.

Mit dem Toreschießen fing ich früh an - und immer im
HSV-Trikot!

Rennen konnte ich ziemlich schnell, nicht nur bei der Alsterstaffel.

Elf Freunde müsst ihr sein - damals galt das noch uneingeschränkt.
Ich stehe in der hinteren Reihe, 3. v. r.

meinen Anfangsjahren als Fußballer war ich oft der Kleinste. Rechts neben mir
ochen Meinke, später Kapitän der HSV-Meisterelf von 1960.

Als es mit der Autogrammpost losging, half mir zum Glück meine
Schwester Gertrud.

In meiner Freizeit hörte ich damals
gern Musik, zum Beispiel von Benny
Goodman.

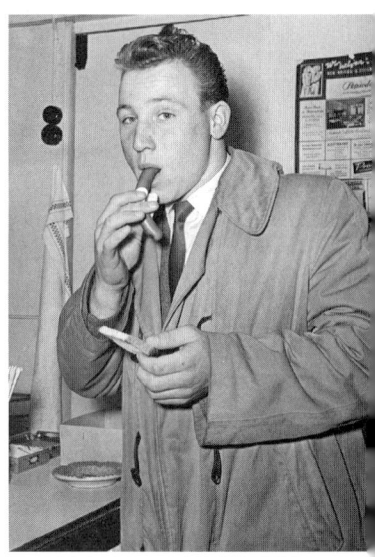

Und ich war (und bin) ein
bekennender Fan von Würstchen.

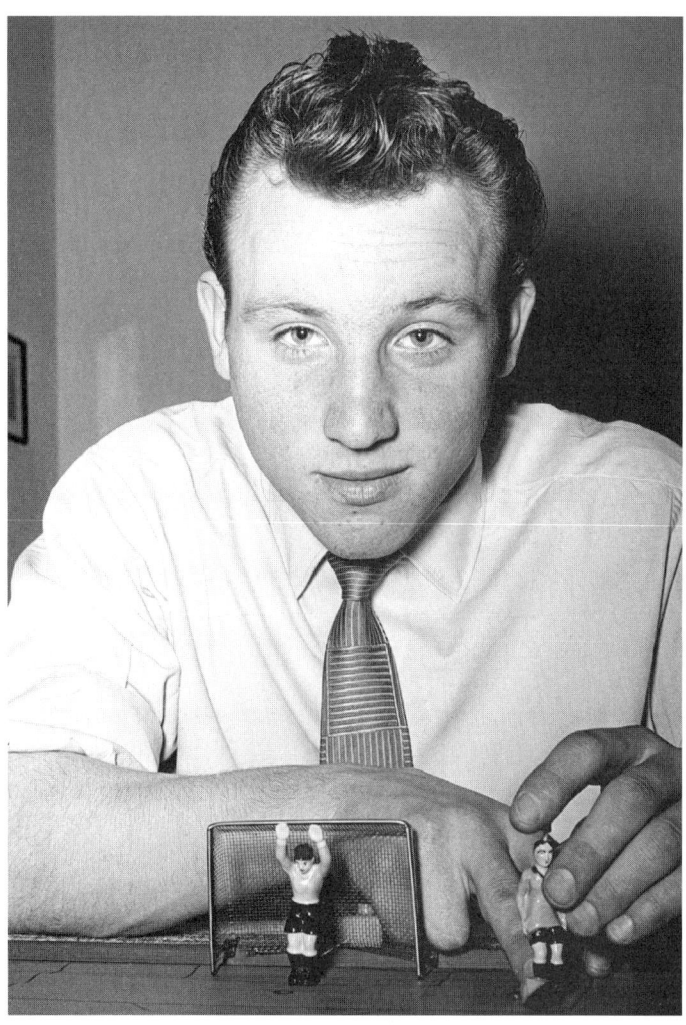

**Aber meine eigentliche Leidenschaft galt natürlich immer dem Fußball-
sport!**

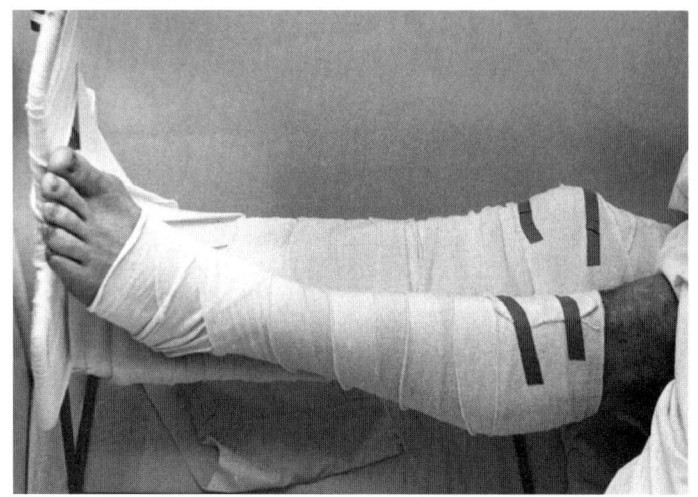

Zwei Fußballerbeine in Gips und Schutzverband! So war ich lahm gelegt nach meinem Achillessehnen-Riss vom 20. Februar 1965.

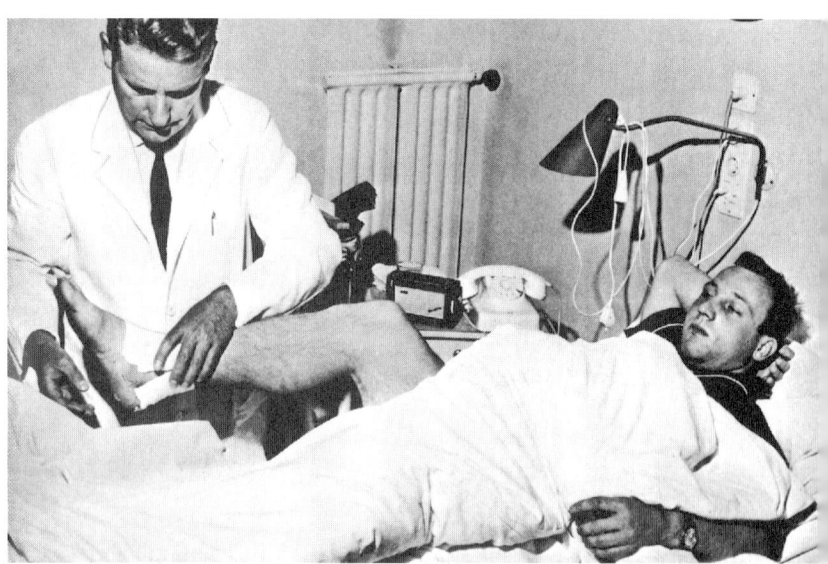

HSV-Arzt Dr. Fischer erwies sich zum Glück als eine echte Kapazität.

Und schon am 10. März wurde ich mit Gehgips aus der Klinik entlassen. Keine fünf Monate später stand ich wieder auf dem Platz!

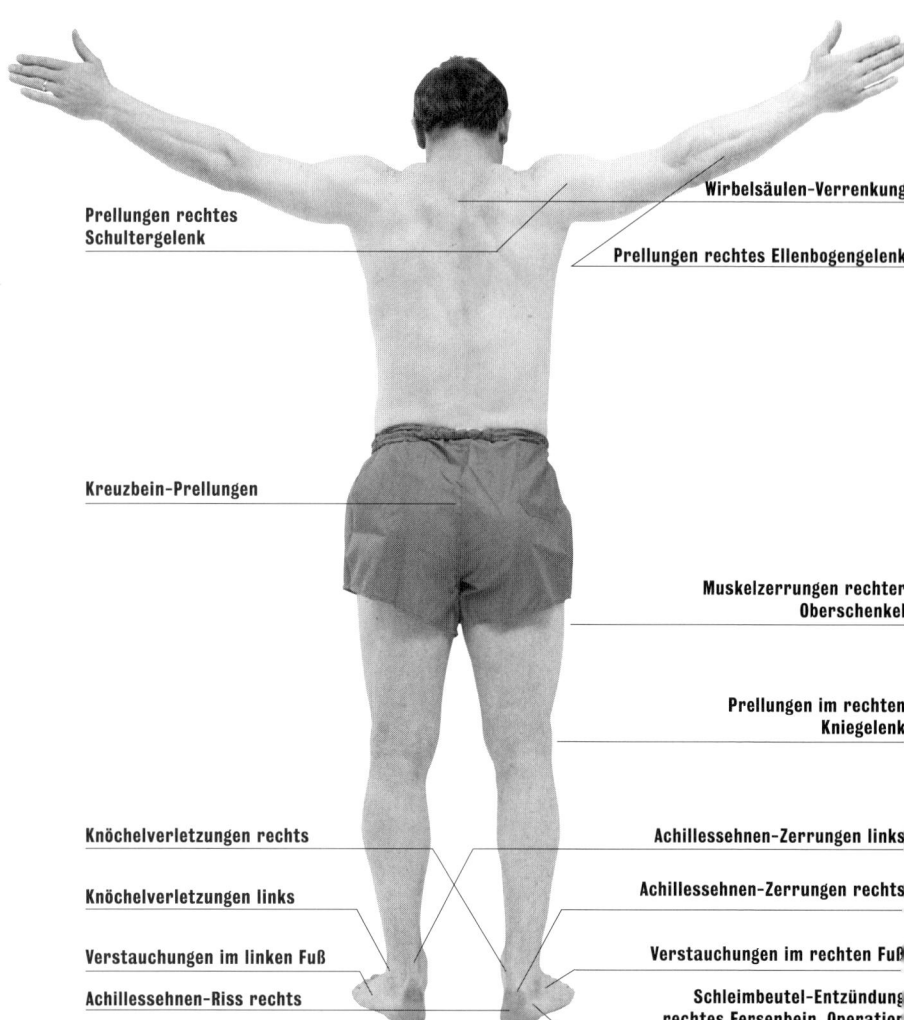

Prellungen rechtes
Schultergelenk

Wirbelsäulen-Verrenkung

Prellungen rechtes Ellenbogengelenk

Kreuzbein-Prellungen

Muskelzerrungen rechter
Oberschenkel

Prellungen im rechten
Kniegelenk

Knöchelverletzungen rechts

Achillessehnen-Zerrungen links

Knöchelverletzungen links

Achillessehnen-Zerrungen rechts

Verstauchungen im linken Fuß

Verstauchungen im rechten Fuß

Achillessehnen-Riss rechts

Schleimbeutel-Entzündung
rechtes Fersenbein, Operation

«Dieser Mann ist Voll-Invalide», vermutete mal ein Hamburger Arzt, der
Röntgenaufnahmen von mir zu Gesicht bekam. Auf jeden Fall ist die Liste meiner
Verletzungen im Verlaufe meines Sportlerlebens ziemlich lang.

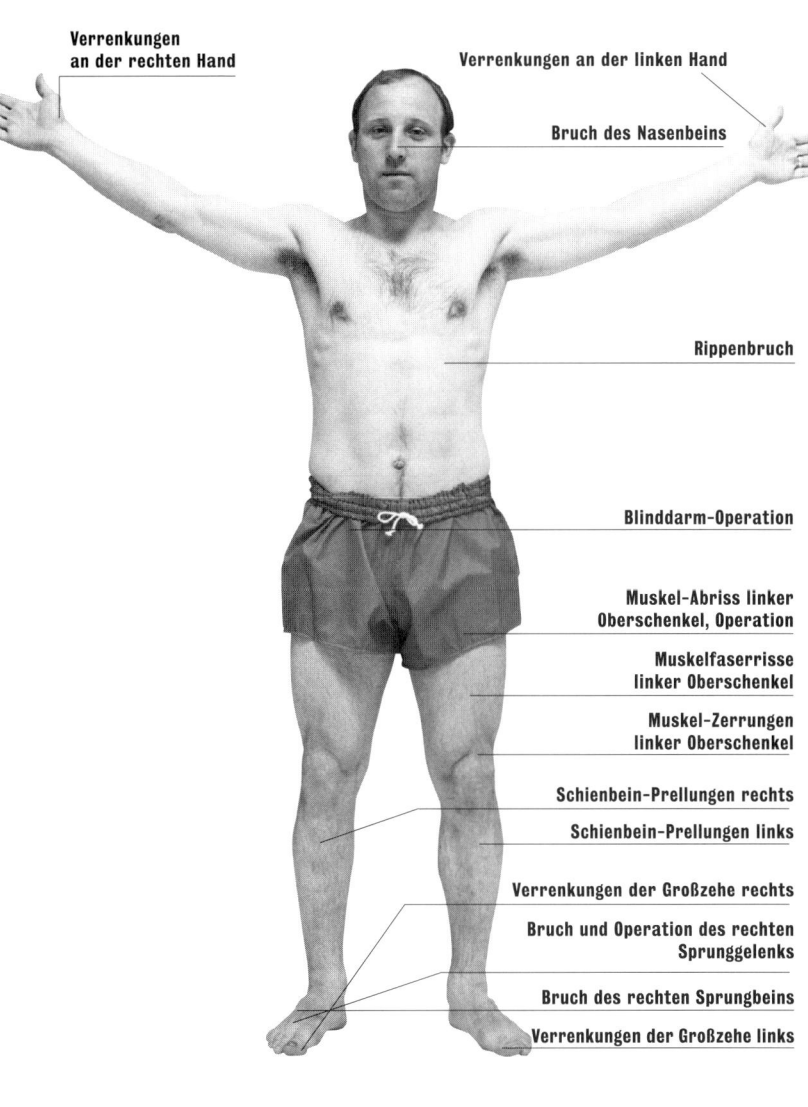

Verrenkungen
an der rechten Hand

Verrenkungen an der linken Hand

Bruch des Nasenbeins

Rippenbruch

Blinddarm-Operation

Muskel-Abriss linker
Oberschenkel, Operation

Muskelfaserrisse
linker Oberschenkel

Muskel-Zerrungen
linker Oberschenkel

Schienbein-Prellungen rechts

Schienbein-Prellungen links

Verrenkungen der Großzehe rechts

Bruch und Operation des rechten
Sprunggelenks

Bruch des rechten Sprungbeins

Verrenkungen der Großzehe links

IV. FUSSBALLGESCHICHTE(N)

23 Das Ende der Ära Herberger

In der Zwischenzeit hatte es im deutschen Fußball eine Wachablösung gegeben, die auch international für Aufsehen sorgte: Der «Kleine» ging, der «Lange» kam. Helmut Schön übernahm von Josef Herberger die Nationalmannschaft. Am 7. Juni 1964 verließ Sepp Herberger, dieser ungewöhnliche Mann, im Alter von 67 Jahren die große Bühne. Nach 28 Jahren, 162 Spielen, davon 26 Unentschieden und 44 Niederlagen – und dem Weltmeistertitel von 1954. Ein Pedant und Perfektionist, Diktator und Despot, väterlicher Freund und gestrenger Patron.

Seine taktischen Winkelzüge und Sprüche besitzen immer noch Gültigkeit. «Männer, laufe müsse Se», murmelte er. «Seeler, was Se schon könne, müsse Se am meisten übe», sprach er mit erhobenem Zeigefinger. Oder: «Uwe, denk dran, das Runde muss ins Eckige.» «Nach dem Spiel ist vor dem Spiel», ließ er jeden Spieler wissen, der zu schnell nach Spielschluss am Tresen auftauchte.

Ich kannte Helmut Schön als Verbandstrainer im separierten Saarland. Er verlor das Qualifikationsspiel zur WM 1954 mit 1 : 3 gegen seinen späteren Chef Herberger. Ausgerechnet gegen den einstigen Lehrmeister von der Sporthochschule in Köln.

Das Auftreten der Schön-Elf veranlasste Herberger allerdings, den «Langen» zu seinem Assi zu machen. Das war 1956. Am 4. November 1964 war Helmut Schön dann selber Chef.

Der «Lange» wirkte mit seinen 1,87 Meter immer ein wenig zerbrechlich. Bei unseren Von-Mann-zu-Mann-Gesprächen hätte ich mich gerne auf ein Fußbänkchen gestellt. Doch die Zerbrechlichkeit war nur rein optisch. Auf dem Platz entpuppte er sich als hoch begabter «Halbstürmer».

Sepp Herberger und sein Schüler Helmut Schön. Rechts Georg Gawliczek, der später zeitweilig den HSV trainierte.

Torgefährlich und schnell. In 16 Länderspielen traf er siebzehnmal. Das sind mehr als 100 Prozent.

Schön spielte an der Seite des legendären Richard Hofmann. Mit dem Dresdner SC wurde er zweimal Deutscher Meister. 1950 floh er in den Westen, verhandelte kurz mit Hertha BSC und schlug dann den Weg ein, den seine Eltern nicht wollten: Fußballtrainer. Die Eltern, sein Vater war Kunsthändler, hatten andere Pläne mit dem feinsinnigen, musisch hoch begabten und opernverliebten Sohn. Sie wünschten sich einen Mediziner, einen Dr. Helmut Schön. Er wurde «Dr. Fußball». Beim SV Wiesbaden startete die Karriere des Mannes mit der karierten Mütze. Später wurde er zum erfolgreichsten Nationaltrainer der Welt.

Der Beweis: Weltmeister 1974, WM-Zweiter 1966, WM-Dritter 1970, Europameister 1972, EM-Zweiter 1976.

Jeder Fußballfreund erinnert sich dabei an eine Szene mit dem heutigen Manager des FC Bayern München: Uli Hoeneß. 2 : 2 steht es am 20. Juni 1976 nach der regulären Spielzeit in Belgrad gegen die Tschechoslowakei im Finale der EM. Verlängerung. Elfmeterschießen. Bonhof, Flohe und «Spargeltarzan» Bongartz treffen. Dann läuft der blonde Wuschelkopf aus Ulm an. Der Ball verabschiedet sich in den Belgrader Nachthimmel. Aus. Helmut Schön ist sofort auf dem Platz und tröstet. Die CSSR wird mit einem 5 : 3 Europameister.

Ich war zu diesem Zeitpunkt schon vier Jahre im unruhigen Ruhestand. Ich durfte «Helmut» sagen, denn wir waren Freunde geworden. Saßen wir bei ihm zu Hause in Wiesbaden mit Blick auf die Taunushänge, einem Schwimmbad im Erdgeschoss und einer liebevollen Hausfrau namens Annelie, war dieser Fehlschuss von Uli Hoeneß immer ein Erinnerungsthema. Lächelnd sagte er dann: «Mir wollte man immer einen Psychologen zur Seite stellen. Ich war total dagegen. Denn ich halte den Ausgleich von Spannungen, das Aufbauen von geknickten Spielern, für eine der wichtigsten Aufgaben des Trainers. Ein gelernter Psychologe wird in das mannschaftliche Gefüge hineinreden. Das wird gefährlich, wenn er nichts vom Fußball versteht. Versteht er aber etwas, ist es noch gefährlicher, dann kann die Stellung des Trainers unterminiert werden.»

Sepp Herberger hegte unterschwellig ein Misstrauen gegen seinen Nachfolger. Es muss ihn auch mächtig geärgert haben, dass sein «Ziehsohn» Fritz Walter Nein gesagt hatte, den Job zu übernehmen.

Helmut Schöns Ära, sein Debüt, beginnt miserabel. Am 4. November 1964 heißt der Gegner im Qualifikationsspiel zur WM 1966 im Berliner Olympiastadion Schweden.

Und die vier Spieler im Sturm heißen: Haller, Seeler,

Overath, Gert Dörfel. Eigentlich ganz gute Spieler. Eigentlich ... Wir gurken uns ein mühsames 1 : 1 zusammen. Nun sieht es so aus, als sollte Deutschland erstmalig die Teilnahme an einer Weltmeisterschaft verpassen. Das Rückspiel findet ja in Stockholm statt ... Die Kritik in der Presse ist nicht von schlechten Eltern. Schön behauptet zwar, nichts zu lesen, doch in seiner Empfindsamkeit registriert er jeden Buchstaben. Vor allen Dingen die dicken Lettern vom Boulevard. Bis zum Schweden-Rückspiel am 26. September 1965 gibt es noch fünf Länderspiele. Alle ohne mich, denn ich laboriere ja an meinem Achillessehnen-Riss. Die Chronik: 1 : 1 in Hamburg am 13. März gegen Italien, 5 : 0 am 24. April in Karlsruhe gegen Zypern, 0 : 1 in Nürnberg gegen England am 12. Mai, 1 : 0 in Basel am 26. Mai gegen die Schweiz und ein 0 : 2 in Rio de Janeiro gegen Brasilien. Die Qualität: Hausmannskost.

Die Angst vor dem Versagen steckte tief. Beim DFB, den Funktionären, den Fans und den Vereinen des bezahlten Fußballs. Vor allen Dingen die Profis befürchteten einen Imageverlust ihres Handwerks Fußball.

Jeden dritten Tag ruft mich Helmut Schön an und erkundigt sich nach meinem Gesundheitszustand. Die Schilderungen aus der Folterkammer gefallen ihm. Und als ich ihm mitteile, dass ich am 3. August mein Comeback gegen unsere Fohlenelf geplant hätte, wurde seine Telefonstimme ganz anders. Sie klang weitaus fröhlicher. Die sächsische Sprache besitzt ja sowieso einen swingenden Sound.

«Ich hab' da einen Plan», erklärte er mir. «In München spielt ein junger Mann namens Franz Beckenbauer. Der ist zwar erst 20. Aber am Ball kann er schon alles. Soll ich ihn in Stockholm bringen? Mit Klaus Sieloff und Willi Schulz in der Läuferreihe? Dahinter Tilkowski im Tor, Höttges und

Schnellinger als Verteidiger, und Sie, Uwe, stürmen zusammen mit Brunnenmeier, Grosser, Szymaniak und ‹Eia› Krämer. Was meint der Kapitän?»

Ich, der Kapitän, musste nicht lange überlegen. Auch wenn ich selbst noch fußlahm war. Auch wenn ich dachte: ein Zwanzigjähriger im Hexenkessel von Stockholm, ob da die Nerven mitmachen? Ich erwiderte: «Sie, Herr Schön, sind der Boss. Wir packen das. Ich bin dabei. Bringen Sie den Beckenbauer.»

26. September 1965 in Stockholm: Zehn Monate nach dem 1 : 1 im ersten Qualifikationsspiel gegen die Schweden in Berlin. Die Jungs aus dem hohen Norden in ihren gelben Hemden und blauen Hosen fühlen sich siegessicher. Das Rückspiel – reine Formsache. Meinen sie und ihre schreibende Sportpresse.

Helmut Schön macht es sich nicht leicht. Er tüftelt lange an der Formation, die Deutschland zum WM-Turnier nach England bringen soll. Und er traut sich: Franz Beckenbauer ist in der Mannschaft, die für Deutschland aufläuft.

Fritz Walter schaute beim Frühstück im Hotel vorbei. Väterlich nahm er den jungen Franz, zwanzig Jahre und 15 Tage alt, in den Arm. Ich höre heute noch die Worte des «Großen Fritz»: «Als ich so alt war wie du, haben mich auch alle bemuttert. Ich konnte mich vor aufmunternden Worten nicht retten. Merke dir: Geht die Sache mit der Qualifikation schief, dann haste Pech gehabt. Aber die Welt geht davon auch nicht unter.» Franz schmunzelte nur. So wie er immer süffisant schmunzelt. «Die poack mer uns», bayerte er.

Und wir packten sie: Die Schweden führten 1 : 0. Dann gelang dem Duisburger Werner «Eia» Krämer der Ausgleich. In der 55. Spielminute geschah dann das Wunder: Peter Grosser, ein genialer Techniker vom TSV 1860 München, stürmte über rechts. Er zog den Ball flach in den Strafraum.

Mein vielleicht wichtigstes Länderspieltor: das 2:1 gegen Schweden in Stockholm am 26. September 1965. Ich war zurück, nach meinem Achillessehnen-Riss – und wir fuhren zur WM nach England!

Ich wollte ihn schon aufgeben, dachte, der landet im Aus. Aber irgendwie sprang ich hinterher, erwischte ihn mit der Fußspitze und drückte ihn über die Torlinie. Ins kurze Eck. Es stand 2:1 für Deutschland. Wir gingen als Sieger vom Platz.

Das Tor war mein Dankeschön an Helmut Schön und dessen Mut, mich nach der Verletzung für solch ein wichtiges Spiel aufzustellen. Er führte mich ganz behutsam. An der ganz langen Leine. Selbst beim Warmmachen der Spieler auf dem Platz durfte ich in der Kabine bleiben. «Uwe», sagte er, «Sie konzentrieren sich so, wie Sie es wollen. Vielleicht brauchen Sie diese Konzentration.»

Ja, ja. Das sind halt Trainer mit dem berühmten Näschen – und mit der nötigen Portion Glück. Nach diesem Sieg, der uns die Fahrkarte nach England sicherte, ging die Post ab. Eine unvergessliche Fete fand im Hotel statt. Zwiegespräch per Sie mit Helmut Schön. Ich: «Danke für Ihr Vertrauen.» Er: «Dann brauchen wir über die Zukunft nicht mehr zu reden. Sie spielen noch zwei Weltmeisterschaften mit. Jetzt trinken wir erst mal Whisky. Prost!» Ich, der «Dicke», war wieder da!

24 Meine drei «Superstars» und ein historisches Foto: Wembley 1966

Meine drei Enkelsöhne sind – allen Unkenrufen zum Trotz – Fußballer. Natürlich kicken sie so, wie Jungs im Alter von acht, neun Jahren spielen. Da, wo sich gerade der Ball befindet, tummeln sich die meisten herum. Bis auf den Torwart. Eine gewisse Neigung für eine ganz bestimmte Position zeichnet sich allerdings ab. Timon und Peer wollen Stürmer sein. Und sie haben auch den Drang zum Tor. Levin ist körperlich seinen Cousins leicht unterlegen. Diese Unterlegenheit gleicht er allerdings durch unbändigen Einsatz aus. Er rackert mit und ohne Ball wie sein Opa in den besten Tagen. Wir haben ihn «Blutgrätsche» getauft. Das klingt zwar etwas brutal, doch ist es nicht ganz so ernst gemeint.

Alle drei spielen bei uns vor der Haustür in dem relativ kleinen Verein TuRa Harksheide. Hier wird die Jugendarbeit viel intensiver gepflegt als beim HSV. Ob sie später mal in meinen Verein eintreten – darüber mache ich mir keine Gedanken. Das müssen sie gemeinsam mit ihren Eltern entscheiden, wenn die Zeit dafür reif ist.

Ilka und ich halten uns generell aus der Erziehung der sieben Enkel heraus. Wir spielen mit den vier Mädchen und drei Jungs auch nicht das beliebte Spielchen: «Mami, wenn du nicht ja sagst, dann geh' ich zur Omi.» Kinder nutzen ja gerne die Liebe und überschwängliche Zuneigung von Großeltern aus. Laufen meine drei Buben in Harksheide auf, dann marschiert der «Seeler-Clan» ein. Ich habe schon bis zu zwanzig Menschen registriert. Alle verwandt und verschwägert mit uns. Und ich bin sehr erstaunt, mit welchem Temperament Oma Ilka das Spielgeschehen verfolgt, wie laut Omas werden können, wie schwer es Schiedsrichter plötzlich haben, wenn den TuRa-Spielern Unrecht widerfährt. Dabei hat Ilka doch in meiner aktiven Zeit zur Genüge miterlebt, wie aufregend, schön, spannend, schicksalhaft Fußball sein kann. Was sagt der Fachmann des Lebens? «Je öller, je döller.»

Meine lütten «Superstars» wissen relativ wenig von meiner sportlichen Vergangenheit. Verirren wir uns ab und zu gemeinsam ins Untergeschoss unseres Hauses, werden sie neugierig. Hier, im ausgebauten Keller, bleiben sie staunend und fragend vor Bildern, Urkunden, Pokalen, Trikots und Medaillen stehen. Die vielen Kisten mit Alben und Zeitungsartikeln, gleich im Raum nebenan, haben sie noch nicht entdeckt.

Ich gebe es ja gerne zu: Heute, im Pensionärsalter, fasziniert mich dieser Ort. Auch wenn Ilka, typisch Hausfrau, ständig droht: «Dicker, der ganze Kram kommt weg. Alles fliegt raus. Ich brauche Platz.» Da zucke ich richtig zusammen und erwidere brav: «Klar, Mäuschen, klar. Wird gemacht.» Wenn ich den richtigen Platz gefunden habe, möchte ich ein kleines Museum eröffnen. Nicht, um meine Eitelkeit zu befriedigen und der Nachwelt anhand von Dokumenten zu beweisen, was für ein toller Hecht ich war

– nein, darum geht's mir nicht. Ich möchte den wahren Fußballfreund zu einer Reise in die Vergangenheit einladen. Ihn teilhaben lassen. Ohne Vergangenheit gibt es meines Erachtens keine Gegenwart, ohne Gegenwart keine Zukunft.

Ein Schwarzweißbild im Keller, es hängt gleich links neben der Treppe, hätte ich längst der Aschentonne übergeben müssen. Eine innere Stimme aber sagt nein. Dieses Bild ist ein Dokument, wie brutal Sport sein kann und wie gnadenlos der Sportler dieser Brutalität ausgeliefert ist. 30. Juli 1966: Ich verlasse mit hängendem Kopf den Rasen des Londoner Wembley-Stadions. Flankiert von einem freundlichen älteren Herrn in dunkler Uniform zu meiner Linken und einem jüngeren Mann zu meiner Rechten, auf dessen Jackett das Emblem des englischen Fußballverbandes zu erkennen ist. Der Funktionär hat den Kopf nach hinten gedreht und redet wohl mit Willi Schulz, der hinter mir geht. Hinter dem Funktionär steht eine Militärkapelle in Habacht-Stellung. Die Gesichter der Männer unter den hellen Tropenhelmen wirken irgendwie leblos. Schaut man genauer hin, sieht man nur zusammengepresste Lippen. Am rechten Bildrand marschiert Helmut Schön vom Platz. Auch bei ihm sind die Lippen ein Strich. Mit der linken Hand hat er gerade den rechten Ärmel seines Trainingsanzuges hochgekrempelt.

In dem Augenblick, den das Foto festhält, schieben mich meine Begleiter über den Rasen in Richtung einer Treppe, die in die Königsloge führt. Hier wartet Queen Elizabeth II. und die Fußball-Prominenz aus aller Welt. Ich kannte die Monarchin. Sie war mir auf einem Empfang in Hamburg einmal kurz vorgestellt worden. Da stellte ich fest: Die First Lady versteht etwas vom Fußball. Sie wusste über mich, den HSV und Herberger Bescheid.

Das historische Foto: Wembley, 30. Juli 1966.

Aber mich beschäftigte in diesem Augenblick nicht die Frage, was die Queen sagen könnte. Ich konnte überhaupt nichts denken. Mein Kopf schien endlos leer. Ich spürte jeden Muskel, alles tat plötzlich weh. Jeder Schritt, die Treppe hinauf, schien endlos lang und schwer.

Wir, die deutsche Fußballnationalmannschaft, hatten das Endspiel der achten Fußball-Weltmeisterschaft gegen England mit 2 : 4 verloren. Unsere Elf: Tilkowski, Höttges, Schnellinger, Beckenbauer, Schulz, Weber, Haller, Overath, Seeler, Held, Emmerich.

Noch ein Wort: Zu diesem Foto werde ich bis heute befragt. Nach 37 Jahren. Die Dauerfrage lautet: War's in der Halbzeitpause oder war's nach Spielende? Die «Bild am

Sonntag» behauptete zu wissen: Es war zur Pause, und titelte
«Das falsche Jahrhundert-Foto». Begründung: Nur zur Pause
habe eine Band gespielt. Schließlich habe ich es auch selbst
geglaubt, dass das Foto in der Halbzeit entstand. Heute, an
dieser Stelle, behaupte ich das Gegenteil und sage: Es war
nach dem Abpfiff! Warum hätte ich sonst wie ein begossener
Pudel vom Platz schleichen sollen? Es hatte ja nach 45 Minuten 1 : 1 gestanden, da hatten wir noch alle Chancen.

Ich bin mir sicher: Über dieses Finale vor 100 000 Live-
Zuschauern und 350 Millionen Fernseh-Zuschauern – zum
ersten Mal in der Geschichte wurde ein Endspiel direkt
übertragen – werden noch Generationen reden. Ein Hitchcock im Lande von Hitchcock, ein Nervenschocker.

Nach Toren von Helmut Haller auf der einen sowie
Hurst und Peters auf der anderen Seite grätschte Wolfgang
«Bulle» Weber vom 1. FC Köln 90 Sekunden vor Ablauf der
regulären Spielzeit den Ball ins englische Tor. Aus einem
1 : 2 wurde ein 2 : 2. Folge: Verlängerung. Wiederanpfiff.
101. Spielminute: Aus dem Lauf nimmt Geoffrey Hurst eine
Flanke an und donnert den Ball gegen die Querlatte. Von
dort spritzt er zu Boden, springt hoch und wird von Weber
per Kopf über den Torbalken ins Aus geköpft.

Und nun beginnt das Drama, die Brutalität. Jetzt bist du
der Entscheidung eines anderen Menschen ausgeliefert.
Schiedsrichter Dienst pfeift Eckstoß. Ich bin Zeuge, denn
ich stehe im Strafraum nur wenige Meter neben ihm. Doch
innerhalb von Sekunden will er von dem Eckstoß nichts
mehr wissen, läuft an die Seitenlinie. Dort steht ein Mann
namens Bachramow, schnauzbärtig, hoch gewachsen. Ein
Physiklehrer aus Baku. Die beiden reden miteinander. Dann
sehe ich ein kurzes Kopfnicken von Dienst und die Handbewegung Richtung Spielfeldmitte. Er entschied auf Tor! Es
stand 3 : 2 für England.

Das 4 : 2, das dann noch fiel, war uns schietegal, wie wir Hamburger zu sagen pflegen.

In der Kabine wurde geflucht. Einige schrien ihre Wut raus. Andere hockten konsterniert da. Bis Helmut Schön den legendären Satz sprach: «Männer, denkt dran: Ein guter Zweiter ist besser als ein schlechter Erster.» Beim anschließenden Bankett straften wir Herrn Dienst und Herrn Bachramow mit Missachtung. Ich behaupte heute immer noch: Der Dienst war feige. Der Ball konnte, aus rein physikalischen Gesetzen, nicht hinter der Torlinie gewesen sein. Denn dann hätte ihn Wolfgang Weber nicht zur Ecke köpfen können. Er wäre oben unter dem Querbalken im Tor gelandet. Deshalb ist es mir unverständlich, wie Wissenschaftler der Universität Oxford herausgefunden haben wollen, dass das Tor regulär war.

Diese Herren hätte ich gerne nach dem Bankett beim «Zug durch die Gemeinde» in London dabei gehabt. Da klopften uns wildfremde Engländer auf die Schultern und entschuldigten sich. Es war ein schwacher, aber schöner Trost. Die Bemerkung unseres damaligen Bundespräsidenten Heinrich Lübke «Der Ball war drin» kam uns dagegen wie ein verspäteter Aprilscherz vor.

Das Verhältnis zu den englischen Spielern war zu keiner Zeit vergiftet. Im Gegenteil. Bobby Charlton wurde ein guter Freund. Der englische Trainer Alf Ramsey, später zum Sir geadelt, und Helmut Schön verstanden sich prima. Der lange Geoffrey Hurst und sein «Sonderbewacher» Franz Beckenbauer spielen bei Gelegenheit Golf zusammen.

Die Leistungsstärke der Nationalelf war eine Folge der Einführung der Bundesliga zur Saison 1963/64. Die Bündelung der besten Kräfte in einer eingleisigen Liga und die Einführung des Profitums führten zu einer Steigerung an spielerischer Qualität und mentaler Stärke. Die drei Profis aus Italien, Haller, Brülls und Schnellinger, entpuppten sich als wunderbare Ergänzung zu uns Bundesliga-Jungs.

Wir reisten gut gerüstet ins so genannte Mutterland des Fußballs, wo ja schon im Jahr 1888 die Profiliga eingeführt wurde. Im Mittelalter bereits wurden auf der Insel volkstümliche Ballspiele durchgeführt. Handwerker, Angestellte, Bauern, aber auch Studenten rotteten sich zusammen. Man trieb einen Ball mit einem Durchmesser von 48 Zentimetern durch die Städte und Dörfer. Ohne feste Regeln. Die Kämpfe dauerten Stunden und Tage. Man kickte, raufte und trat. Sieger war dann jene Mannschaft, die den Ball auf der Stadtmauer oder im Kirchenportal niederlegen konnte.

Bis zum Beginn der WM im Juli 1966 hatten wir die Qualifikationsspiele gegen Zypern mit 5 : 0 und 6 : 0 gewonnen. Es folgten sechs Härtetests mit fünf Siegen und einer 0 : 1-Niederlage in London. 4 : 2 gegen Holland, 4 : 0 gegen Irland, 2 : 0 gegen Nordirland, 1 : 0 gegen Rumänien und 2 : 0 gegen Jugoslawien. Torverhältnis: 13 : 3.

Und der Auftakt zur WM in Sheffield fügte sich nahtlos an: Am 12. Juli im ersten Spiel 5 : 0 gegen die Schweiz. Im Mittelpunkt: Franz Beckenbauer. 21 Jahre alt. Franz war noch jung, aber schon Vater eines Sohnes und auf dem Rasen so abgeklärt, dass der nicht sehr deutschfreundliche «Daily Mirror» schrieb: «Zeigt mir einen besseren Mittelfeldspieler als diesen Beckenbauer. Deutschland hat den idealen Fußballer.»

Vorrundenspiel Nummer 2: Ein 0 : 0 gegen Argentinien. Willi Schulz kriegt noch immer eine Gänsehaut und gesteht: «Dat war 'ne Schlacht. Und der Franz hat zum ersten Mal in seinem Leben so richtig auf die Socken gekriegt. Wir mussten durch ein Stahlbad nach dem Motto: Nur die Harten komm' in'n Garten.»

Die Tage bis zum nächsten Spiel gegen Spanien: Die Ko-

Trainer Udo Lattek und Dettmar Cramer sind als Doktoren der Seelen gefragt. Helmut Schön klagt über immer stärker werdende Magenprobleme. Direkt nach der WM wurde er ja operiert. Auch Sepp Herberger taucht immer wieder, kutschiert von einem Bekannten in einem US-Cadillac, im Trainingslager auf. Keine Beruhigungspille für Helmut Schöns Nerven.

20. Juli in Birmingham gegen Spanien. Kein Tor gab's, wie schon erwähnt, gegen Argentinien. BILD forderte nun: «Lasst die Emma wieder ran!» Gemeint war der Dortmunder Lothar Emmerich. Ein bulliger Draufgänger. Helmut Haller fliegt raus. Es ist leichtes Feuer unterm Dach. Der 2 : 1-Sieg gegen Spanien, mit einem spektakulären Emmerich-Siegtreffer von der linken Strafraumgrenze in den rechten Winkel, löscht das Feuer.

23. Juli in Sheffield, Viertelfinale: 4 : 0 Sieg gegen Uruguay. Mittelläufer Troche, später in Diensten von Alemannia Aachen, versucht mich auf bisher unbekannte Weise auszuschalten. Zuerst setzt es eine Ohrfeige, dann spuckt er mir ins Gesicht und denkt sich wohl: der schlägt und spuckt zurück. Und fliegt dann vom Platz. Falsch gedacht. Ich verabschiede ihn bei seinem Platzverweis mit einem netten Grinsen.

Im Halbfinale, schon zwei Tage später in Liverpool, erzielen Beckenbauer und Haller die Tore zum 2 : 1-Sieg gegen die Sowjetunion.

Wir haben die Eintrittskarte ins «Heiligtum des Fußballs» Wembley-Stadion geschafft. Mit einer frohen Kunde aus Funktionärskreisen im Rucksack, denn die FIFA hatte Deutschland zum Ausrichter der WM 1974 bestimmt.

Das anschließende Drama habe ich ausführlich geschildert. Wird Willi Schulz darauf angesprochen, so sagt er in seiner bekannt trockenen Art: «Diese Tränen trocknen nie.»

Es ist vorbei. Aus Rivalen im Spiel wurden dennoch Freunde fürs Leben. Ich beglückwünsche Englands Torhüter Gordon Banks; rechts Karl-Heinz Schnellinger und Roger Hunt.

Dabei ist der Kerl alles andere als ein Lyriker oder Weichei. Meine Tränen trocknen allerdings auch nicht.

Es gibt wohl kein WM-Finale mit einem so verrückten, umstrittenen Ende. In der über hundertjährigen Historie des Fußball gibt es nichts Vergleichbares. Und die Geschichte ist wahrlich nicht arm an Turbulenzen. Die Beweisfindung «drin oder nicht drin» wird – Wissenschaftler hin, Wissenschaftler her – nie zum Ziel führen.

Wir waren also traurige Verlierer. Um so wohltuender dann die Rückkehr aus London nach Frankfurt. Vor dem Frankfurter Römer wimmelte es von Menschen, die uns mit Sprechchören feierten.

Nach so einer Demütigung braucht man jede Menge Charakterstärke, um nicht in ein tiefes Loch zu fallen. Sportlich und privat. Was hatte mein Lehrmeister Klüver

mir in der Speditionsfirma eingetrichtert, wenn ich durch-
nässt und frierend vom Hafen ins Büro zurückkam? «Das
Leben ist nicht nur Sonnenschein. Du musst auch lernen,
unangenehme Situationen zu meistern. Wenn's nicht so
nach Plan läuft, dann muss deine Devise sein: aufsteh'n und
weitermachen.»

Nicht alle Menschen, selbst die aus der nächsten Umgebung, verstehen, was sich tief im Innern verändert hat. Für
mich waren in der «Nach-Wembley-Zeit» zwei Dinge ganz
wichtig. Einmal meine kleine Groß-Familie. Ihre Unterstützung war ein sicheres Fundament zum «Aufsteh'n und
Weitermachen». Zum anderen mein Freundeskreis. Dazu
gehörten Ärzte, Kaufleute, Juristen, Handwerker. Alles
wunderbare Menschen, die vom Leben viel verstanden. Nur
von einer, meiner Sache, verstanden sie wenig: vom Fußball.
Und das war auch gut so.

Mein persönliches Fazit aus der Fehlleistung des Herrn
Dienst lautete: Jeder Tag und jede Stunde, jede Minute und
Sekunde sind einmalig. Sie sind unwiederholbar. Also häm-
merte ich mir ein: «Uwe, lebe bewusst. Denke positiv.» So
gesehen, war dieses Endspiel neben der sportlichen Niederlage ein persönlicher Sieg für meine zukünftige Lebensein-
stellung.

25 Helmut Rahns Kaninchenfutter oder Das Auf und Ab der ersten Liga

Die Gesamtbilanz unserer Nationalmannschaft 1966 konnte sich sehen lassen: vierzehn Spiele, elf Siege, ein Unentschieden und nur zwei Niederlagen.

Das Jahr 1967 war ein Jahr mit wenig Licht und viel
Schatten.

Die Lichtblicke: In acht Spielen der Nationalelf gab es fünf Siege, ein Unentschieden und zwei Niederlagen. Gerd Müller und Günter Netzer gehörten zum Stamm, ebenso wie Wolfgang Overath und Jupp Heynckes. Ich selbst musste neun Monate pausieren. Mein Rücken streikte. Ich quälte mich, spielte zeitweise mit einem Korsett. Doch im Hause holte ich am 3. Mai 1967 Champagner raus. Wir tranken nicht etwa auf die Nationalmannschaft, die in Belgrad das EM-Qualifikationsspiel gegen Jugoslawien mit 0 : 1 verlor, sondern auf die Geburt unserer dritten Tochter Frauke. Ab sofort war ich endgültig vom weiblichen Geschlecht umzingelt. Von vier Frauen: Ilka, Kerstin, Helle, Frauke.

Die Schattenseite, neben meinen gesundheitlichen Problemen: Erstmalig scheiterte eine deutsche Nationalmannschaft in der Qualifikation zu einer Europameisterschaft. Trotz eines 6 : 0-Sieges zum Start gegen Albanien mit vier Toren von «kleines dickes Müller», trotz eines 3 : 1 in Hamburg im Rückspiel gegen Jugoslawien am 7. Oktober – in Bukarest am 22. November gegen Rumänien kündigte sich das Unheil an. Mit einem 0 : 1. Dieses Unheil war vier Wochen später das Überraschungsgeschenk unter dem Christbaum eines jeden Fußballfans: ein 0 : 0 in Tirana. Das «Aus» auf einem Aschenplatz. Das Ende für die deutsche Fußball-Nationalmannschaft gegen einen «Fußball-Zwerg» wie Albanien? Ich konnte es nicht fassen. Die ganze Nation nicht!

Es hagelte Kritik. Massenweise. Für mich persönlich sah ich keine Zukunft mehr. Ich war körperlich ausgelaugt. Morgens schon taten mir alle Knochen weh. Aufgrund meines schnellen Wachstums hatte ich ja schon in der Jugend Probleme mit dem Rücken, vor allen Dingen mit der Wirbelsäule. Jetzt rebellierte der Körper aber richtig. Wer Mittelstürmer spielt, der steht an vorderster Front. Und zimperlich waren meine Herren Gegenspieler auch nicht. Mit ausgefahrenen Ellbogen, spitzen Knien oder dem Tackling «erst der Mann, dann der Ball» gingen sie zur Sache. Ich bekam immer mehr Probleme mit dem Lendenwirbel und meinen Beckengelenken. Im Halter-Institut in Bad Wildbach war ich Dauergast, wurde auf einem so genannten «Schlingentisch» behandelt. Eine Art Streckbank.

Die Schmerzen wurden weniger. Trotzdem: Die große Lust auf Fußball war nicht mehr da. Neben der angekratzten Psyche kam das schwache Auftreten meines HSV hinzu. Mehr schlecht als recht spielten wir Fußball.

Ein Mann, der für sich keine Perspektive mehr sieht, ist ein unzufriedener Mann. Was macht man in solch einer Situation? Man spricht mit Vertrauten. An erster Stelle mit seiner Frau. Das Gespräch mit Ilka dauerte nicht lange. Als ich sagte: «Ich glaube, es ist besser, wenn ich mich zurückziehe», erwiderte sie nur kurz: «Wenn's dein Wunsch ist, dann musst du es tun.»

Es war gut, dass ich es nicht getan habe. Denn es sollten noch tolle Jahre und spannende Ereignisse mein Leben bereichern.

Die «Firma» Bundesliga lief auf Hochtouren. Etwa 75 Prozent der Bundesbürger interessierten sich laut Umfragen für die höchste deutsche Fußball-Klasse. Im Vertragsspieler-Statut werden wichtige Änderungen eingeführt. Ein Verein darf zum Beispiel bis zu 25 Spieler unter Vertrag nehmen. Und die Akteure können die Berechtigung von Ablösesummen durch einen Schiedsgutachter-Ausschuss feststellen lassen, wenn eine gütliche Einigung nicht zustande kommt.

Wir Nordlichter schielten damals schon sehr intensiv Richtung Rhein nach Köln zum 1. FC, der war ja 1963/64 der erste Bundesliga-Meister. Mit sechs Punkten Vorsprung vor dem MSV Duisburg, der damals noch Meidericher SV hieß, von Rudi Gutendorf trainiert und von «Boss» Helmut Rahn durcheinander gewirbelt. Einmal war der «Goldjunge» von Bern drei Tage verschollen. BILD startete eine Suchaktion, ließ bei allen Essener Taxifahrern – Helmut wohnte in Essen – einen Rundruf starten. Als der «Boss» wieder auftauchte, lieferte er eine Begründung, über die die ganze Liga lachte: «Ich war in Enschede zum Futterholen für meine Kaninchen.» In Enschede hatte er vor seinem Wechsel nach Duisburg gespielt. Er war schon 34 Jahre alt. An der deutsch-holländischen Grenze in Gronau soll er den Zöllnern, die ihn mit holländischen Kaffeebohnen im Kofferraum stoppten, ganz locker grinsend erklärt haben: «Das ist Futter für meine Kaninchen.»

Typisch Helmut Rahn. Schade, dass wir heute keinen Kontakt mehr haben. Er lebt sehr zurückgezogen in Essen. Sein Schrebergarten ist sein Ein und Alles.

Der 1. FC Köln galt zu dieser Zeit als das Nonplusultra der Liga. Franz Kremer, der noble Herr, regierte rund um Hennes, ein zotteliges Ziegenbock-Maskottchen, den «Äffzeh» mit sehr klaren Zielvorstellungen. Sie lauteten:

1. Was soll erreicht werden?
2. Wie?
3. Wann?

Kremer verstand es meisterhaft, das Wesentliche vom Unwesentlichen zu trennen. Für ihn war sein Verein ein Unternehmen – eine Firma, die Fußball spielte, vermarktete und damit Geld verdienen wollte. Vom Umsatz natürlich nicht zu vergleichen mit den heutigen Top-Clubs Barcelona, Real Madrid, Manchester United, Juventus Turin, Borussia

Helmut Rahn, der «Boss» – Schütze des Goldenen Tores bei der WM 1954.
Mit ihm war ich seit der Schweden-WM freundschaftlich verbunden.
Er spielte noch bis 1965 in der Bundesliga. Heute lebt er völlig zurück-
gezogen in seiner Heimatstadt Essen.

Dortmund, Bayern München und so weiter, doch von der Struktur her galt Kremers Führung als wegweisend. Bei Köln wurde unter professionellen Bedingungen gearbeitet. «Weltmeister» Hans Schäfer stand noch mit 34 Jahren in der Meistermannschaft von 1964.

Mein Freund Wolfgang Overath zählte 1973 gerade mal 20 Lenze. Ein heißsporniger, technisch perfekter Linksfuß, dessen ganze Leidenschaft dem Fußball und dem Autofahren galt. Letzteres pflegte er auch noch, nachdem er seine Superkarriere mit 81 Länderspielen und der Teilnahme an drei Weltmeisterschaften beendet hatte. Egal, wo wir als «Pensionäre» für einen guten Zweck auch spielten – Wolfgang stieg sofort nach dem Schlusspfiff in sein Auto. Mich hat immer gewundert, dass er noch Zeit zum Duschen hatte.

Ich weiß nicht mehr ganz genau, ob es bei einem Turnier in Freiburg oder Stuttgart war – plötzlich war der Wolfgang weg. Am Sonntag zum Finale war er aber pünktlich wieder da. Verrückt? Nee, sagte er zur Begründung, ich kann in keinem fremden Bett schlafen. Ich muss meine Frau und meine Kinder um mich haben, wenn ich morgens wach werde.

Der Trainer beim 1. FC Köln im Meisterjahr 1963/64 hieß Georg Knöpfle. Auch «Schorsch» oder «Knopf» gerufen. Seine Markenzeichen: dicke Zigarre und spiegelblanke Glatze. Im Schwarzwald geboren, Spieler in Fürth und beim FSV Frankfurt, 23 Länderspiele, Trainer beim DFB, dann in Hamburg, bei Bayern München, Alemannia Aachen, Werder Bremen und wieder Hamburg. Also gleich zweimal durfte ich den «Knopf» genießen. Von 1949 bis 1954 als Trainer, dann von 1964 bis 1968 zuerst zwei Jahre als technischen Direktor, anschließend als Chefcoach.

Wie erstklassig die Führung der Kölner «Fußball-Firma»

war, sprach sich bis an die Isar herum. In München spitzten zwei wissbegierige Herren die Ohren und meldeten sich als «Azubis» an: Wilhelm Neudecker, ein millionenschwerer Bauunternehmer, Präsident des FC Bayern, und sein Manager Robert Schwan. Ein mit allen Wassern gewaschener ehemaliger Fruchthändler. Sprach man ihn später auf diese Zeit an, stieg ihm Zornesröte ins Gesicht. Er wurde sofort grantig.

Beide waren gute, ja sehr gute «Azubis». 1965 stieg der FC Bayern in die höchste deutsche Spielklasse auf. Unvergessen der Name des Trainers: Zlatko «Tschik» Cajkovski, 1962 mit Köln letzter Meister vor Einführung der Bundesliga. Nur 1,64 Meter groß, aber eine geballte Ladung an Fußballwissen, Fröhlichkeit und Lebensfreude. 57-mal spielte er für Jugoslawien. Immer wenn wir uns in München trafen, zum Beispiel auf der Sportartikel-Messe, der ISPO, flüsterte er mir ins Ohr: «Uwe, komm mit. Tschik wissen wo beste Schweinshaxe von Welt.» Der Mann mit dem Kugelbauch entdeckte «kleines dickes Müller», Sepp Maier, Franz Beckenbauer, Wolfgang Overath und viele andere. Er legte den Grundstein, schuf die Basis für den steilen Aufstieg des FC Bayern München.

Schon irre: Von 1968/69 bis 1976/77, neun lange Jahre, dominierten zwei Vereine den deutschen Fußball: Borussia Mönchengladbach und der FC Bayern. Fünfmal Meister Gladbach, viermal die Bayern. Vor dieser Durststrecke für alle anderen Vereine hatten wenigstens zwei norddeutsche Vereine unerwartet für Furore gesorgt: der SV Werder Bremen als Meister des Jahres 1965 und Eintracht Braunschweig zwei Jahre später. Beide Vereine waren Spezialisten im Toreverhindern.

Die Werderaner bezeichnete ich als «Beton-Facharbeiter». In Strafraumnähe rannte jeder gegen eine grün-weiße

Wand, bestehend aus Torhüter Günter Bernard, den Abwehrrecken Höttges, Schütz, Jagielski, Steinmann und meinem Spezial-Freund Max Lorenz. Ihr Trainer Willi «Fischken» Multhaup war ein Ästhet. «Fischken» hieß er, weil sein Vater einen Fischladen in Essen hatte. Ein Trainingsanzug war ihm fremd. Im Kamelhaarmantel und mit blütenweißem Hemd stand er auf dem Trainingsplatz. Seine Mannschaft schaffte es, in zwölf Spielen hintereinander ohne Gegentor zu bleiben. Irre!

26 Neue Spieler, neue Trainer, neue Zeiten

Eintracht Braunschweig unter Helmut Johannsen, einem groß gewachsenen Hamburger, «dem Kühlen aus dem hohen Norden», lebte auch vom Fußball-Verhindern. Nur 25 Gegentore standen in der Bilanz zum Schluss. Wenn ich Torhüter «Luffe» Wolter bei der Nationalmannschaft traf, war er ganz stolz über einen Satz, den der legendäre Dettmar Cramer ihm gesteckt hatte: «Der Geist der Truppe übertrifft bei weitem ihre Leistungsfähigkeit.»

Diese Weisheit passte auch zu meiner Truppe. Wir waren fröhlich erfolglos. Auch eine Kunst. In vier Worten: Wir krebsten so herum. Waren wir in der Bundesliga-Startsaison noch Sechster mit dem seltsamen Torverhältnis von 69 : 60, so landeten wir in der nächsten Saison auf Rang elf. Mit totaler Ladehemmung der Abteilung Attacke. Unser Torverhältnis lautete 46 : 56. Trainer Georg «Schorsch» Gawliczek, aus Gelsenkirchen kommend, hatte seine Bestform auf der Trabrennbahn und als Tenor am Mikrofon.

Als er nach einem neunten Rang in der Saison 1965/66 ging, kam Jupp Schneider als Trainer und der beim Thema 1. FC Köln erwähnte Georg Knöpfle als Manager. Jupp nannte Fußballspielen «Schubberchen». So rief er laut im Kabinengang: «Jungs, auf geht's. Schubberchen machen.» Wir schubberten uns in die Herzen der Hanseaten. Zuschauer-Durchschnitt: zwischen 18 000 und 25 000.

Zur Halbzeit der Saison 1966/67 waren wir auf Platz 1 der Tabelle! Am Ende – Braunschweig Meister, und wir auf Platz 14. Eine Saison später wurde «Schubber-Jupp» durch Kurt Koch abgelöst. Von da an ging's kräftig nach oben. Bis Platz 13. Wir spielten einfach sauschlecht. Platz 13 ist für einen HSV keine zufrieden stellende Platzierung.

Die Stimmung hellte sich etwas auf durch Spiele im DFB-Pokal. Am 10. Juni 1967 standen wir im Endspiel in Berlin gegen Bayern München. Wir fingen uns zwar eine deftige 0 : 4-Niederlage ein, waren aber trotzdem ein Gewinner. Da die Münchner den Europapokal der Pokalsieger gegen die Glasgow Rangers gewonnen hatten, waren sie automatisch als Titelverteidiger international qualifiziert. Unser Glück. Der HSV war plötzlich trotz der Schlappe von Berlin im internationalen Geschäft.

Ein warmer – vorher nicht kalkulierter – Regen für die Kasse. Außerdem: Unserer angekratzten Psyche tat's verdammt gut. Die Situation stärkte das Selbstvertrauen. Erst im Finale des Europacups der Pokalsieger am 23. Mai 1968 war Endstation. Wir verloren mit 0 : 2 gegen den AC Mailand in Rotterdam. Kurre Hamrin, ein wieselflinker Schwede, den ich von der WM 1958 kannte, schoss beide Tore.

Die Endspiel-Teilnahme, ohne Zweifel ein sportlicher Erfolg, schien nur ein Strohfeuer zu sein. Im HSV-Profilager rumorte es. Georg Knöpfle wurde zur Reizfigur. Vor allen Dingen meine Mitspieler Harry Bähre und Willi «Tille» Giesemann kamen mit dem kahlköpfigen «Schorsch» nicht klar. Harry und Willi sind zwei kernige norddeutsche Typen. Immer geradeaus. Immer das Herz auf der Zunge.

Harry erkannte schnell, wie Knöpfle hinter den Kulissen die Fäden zog. Der Schreibtisch schien ihm zu schmal. Die Arbeit als Manager zu langweilig. Also schaltete er sich immer wieder in die reine Trainerarbeit ein. Bei Schneider ebenso wie bei Koch. Wir hatten ja genug schlaue Köpfe im Team, die solche Spielchen durchschauten. Vor allen Dingen Harry, der Mann mit dem Bundesliga-Pass 001, ein giftiger, exzellenter Abwehrspieler. Ich fand's immer lustig, wenn Wolfgang Overath und Harry nach Spielschluss gemeinsam ihre blauen Flecken zählten.

Bähre, später ein höchst engagierter Funktionär im HSV und sehr erfolgreicher Geschäftsmann, war bei Knöpfle zusammen mit Giesemann schnell auf der Abschussliste. Dank eines Satzes. Dieser lautete: «Herr Knöpfle, Sie müssen sich mal eine Brille kaufen.» Als Knöpfle dann endlich – ob mit oder ohne Brille – sein Ziel der totalen Regentschaft erreicht hatte und alleiniger Chefcoach war, sprangen zwei sechste Plätze heraus.

Meine eigenen Leistungen und die meiner Mannschaft machten mich krank. Alle liefen mit langen Gesichtern herum. Unser Selbstvertrauen in die eigene Leistung schien angeknackst. Auch zweimal Sechster konnte nicht darüber hinwegtäuschen, dass die Jungmannen von einst in die Tage gekommen waren. Es bahnte sich eine so genannte Verjüngungskur an. Sie erfolgte dann vier Jahre später ...

Gottlob stand der HSV nicht im Mittelpunkt des öffentlichen Interesses. Dafür hatte Hertha BSC gesorgt – mit einem massiven Verstoß gegen die Statuten, überhöhten Handgeld- und Gehälterzahlungen. Die Folge: Abstieg in die Regionalliga, Aufstockung der Liga von 16 auf 18 Vereine. Tasmania Berlin wurde «politisch» hoch gehievt und war am Ende der Saison nur noch zu bedauern: 8 : 60 Punkte. 15 : 108 Tore.

Das Fernsehen, der Handel und die Industrie entdeckten die Liga und den Fußball als erstklassiges Werbeinstrument. Die Laune der Kassierer in den Klubs steigerte sich stetig. Die ARD zahlte 1966/67 für die Sportschau mit Bundesliga bereits 648 000 DM. Das ZDF 162 000 DM. Dafür gibt es heute nicht mal mehr ein einziges Live-Spiel.

Explosionsartig entwickelte sich das Geschäft mit der Werbung auf der Brust und an der Bande. Das «Zubrot» brachte 100 000 bis 200 000 Mark. Auch das eine Summe, über die heute die Herren an der Kasse nur schmunzeln würden. Aber damals? Viel Geld. Selbst die verschiedenen Ausrüster in den Vereinen mussten nun bezahlen. Nur die Schuhe, Hosen, Hemden und Trikots kostenlos zu liefern – das war vorbei.

27 Rücktrittsgedanken

Die Gesamt-Entwicklung im deutschen Fußball war also positiv. Die Liga boomte, und die WM 1970 in Mexiko warf ihre Schatten voraus. Helmut Schön bastelte an einer Truppe für die Qualifikationsspiele gegen Zypern, Österreich und Schottland. Freute ich mich? Ja und nein. Ja – als Freund des Fußballs. Nein – als angestellter Profi des Hamburger Sportvereins. Und nochmals nein als Mensch, denn ich bin nun mal kein Freund von Mittelmaß. Ich war knapp über 30 Jahre alt und merkte erneut, dass ich mich quälen musste.

In solch einer Situation bedarf es oft eines Zuspruchs. Von einem, der das Gefühl vermittelt: «Ich will dir helfen.» In einigen Fällen ist tatkräftige Hilfe vonnöten, in anderen genügt ein Gespräch oder das geschriebene Wort. Im Europacup der Pokalsieger 1967/68 spielten wir uns, wie ich erzählte, bis ins Finale. Einer unserer Vorrunden-Gegner hieß Wisla Krakau. Einer der begleitenden Journalisten war der unvergessene Rudi Michel. Zur Jahreswende hatte ich einen Brief von ihm auf dem Tisch. Rudi Michel schrieb mir unter anderem:

«Mein größtes Erlebnis bleibt die Reise mit Ihnen und dem HSV nach Krakau. Damit wir uns richtig verstehen: Es war das schlechteste Europapokalspiel, das ich je sah, und Ihre eigene Vorstellung war ebenfalls ohne Glanz – obwohl Sie mit Ihrem Tor dem HSV den Sieg retteten.

Die Atmosphäre in Krakau war geradezu familiär. Vielleicht konnten Sie sich deshalb jenen Schlachtenbummlern besonders ausgiebig widmen, die aus Gleiwitz, Kattowitz und sogar aus der DDR die zum Teil beschwerliche und umständliche Fahrt nach Krakau unternommen hatten, um Sie zu sehen und vor allem, um mit Ihnen zu sprechen. Mit einer Ausdauer, die wohl nur Ihnen eigen ist, standen Sie in der Hotel-Halle und in Ihrem Zimmer Rede und Antwort. Geduldig hörten Sie sich die vielen Probleme und Alltagssorgen gerade dieser Leute an. Fast rührend drückten die Besucher ihre Verbundenheit mit einer für sie gänzlich anderen Welt aus. ‹Alle›, berichtete einer, ‹alle haben sie zu Hause in Kattowitz gesagt, grüß Uwe von uns.› Und er meinte damit seinen sicher nicht allzu großen Bekanntenkreis.

‹Uwe, weißt du noch, damals 1962 in Warschau, damals hast du mir dieses Autogramm gegeben.› Mit Stolz präsentierte der Mann aus Gleiwitz eine zerlesene deutsche Sportzeitung aus jenen Tagen.

Und Sie, Uwe Seeler, konnten sich tatsächlich an die Warschauer Begegnung erinnern, wie Sie mir auf einem Spaziergang zur Burg Wawel erzählten. Ich selbst war er-

Rudi Michel – einer der besten Sportreporter, die Deutschland je hatte. Als ich im November 2001 meinen 65. Geburtstag feierte, war er natürlich dabei.

staunt, dabei Ihre Meinung zu den Problemen unseres Lebens zu erfahren – außerhalb des Fußballfeldes, wohlgemerkt. Manchem Mann in der Bundesrepublik würde Ihre Einstellung zur Ehre gereichen.»

Zum Schluss bemerkte er: «Wir kommen in die Jahre. Sie als Nationalspieler und ich als Reporter. Ich weiß nicht, ob Sie noch lange Zeit weitermachen wollen beim HSV und in der Nationalelf.»

Erstmalig hatte ich es schwarz auf weiß, wurde mit dem biologischen Prozess des Älterwerdens konfrontiert.

Nicht von einem höhnisch grinsenden Gegenspieler, der, wie das ab 30 so üblich ist, nach dem zweiten Sprint unkt: «Na, Opa, geht's denn noch?» Nein, ein Außenstehender, der sich dankenswerterweise in den Prozess mit einbezog, analysierte kühl: Wir kommen in die Jahre. Der Meister der Rhetorik, Rudi Michel. Und dann die schmerzende Frage mit der Zeit und dem Weitermachen. Ich zuckte zusammen. War ich schon dran? Nach vierzehn Jahren HSV, vierzehn Jahren Nationalmannschaft und 51 Länderspielen? Plötzlich wurde mir klar, dass ich das Kostbarste in unserem Leben, neben der Gesundheit, pausenlos vernachlässigen musste: die Zeit.

Ich war ein ewig Eilender. Diener dreier Herren: HSV, Nationalmannschaft, adidas. Der Rhythmus fraß mich auf. Auf Vertretertour durch Norddeutschland. Training auf einem Dorfplatz oder allein im Wald. Training und Spielbetrieb beim HSV. PR-Termine. Nationalmannschaft: Lehrgang, Länderspiel, Länderspiel, Lehrgang. Ein Rhythmus ohne Pausen!

Ich bat Ilka zum obligatorischen Beratungsgespräch: Sessel, Schnittchen, Rotwein, Tatsachen-Analyse, Entscheidung. Ilkas salomonisches Urteil half mir wenig und doch viel. «Ich kenne junge Alte und alte Junge», sagte sie, «du gehörst zu den jungen Alten. Du musst aber wissen, wo deine Grenzen sind. Es ist deine Entscheidung, wenn du nicht mehr für Deutschland spielen willst.»

Mein Plan für einen Abschied: am 27. April 1968 in Basel das Länderspiel gegen die Schweiz mitmachen. Die Bekanntgabe aber erst am 1. Juni, weil dazwischen das Finale im Europacup der Pokalsieger in Rotterdam stattfinden wird. Ich will keine Unruhe stiften. Ich ging sofort zum Telefon und wählte Wiesbaden, Helmut Schön.

Ganz ruhig teilte ich dem Bundestrainer meine Entscheidung mit.

Dann war es still. Endlos lange, so schien es mir. Ich hörte Helmut Schöns Atem. Dann sagte er: «Nehmen wir es mal so hin. Aber ich glaube nicht, dass diese Entscheidung endgültig ist. Mein Gefühl betrügt mich nicht.» «Doch, doch», erwiderte ich hastig.

Das Spiel gegen die Schweiz endete 0 : 0. Das Netzwerk um die Geheimhaltung meines Rücktritts hielt erstaunlich dicht. So gab es am 1. Juni nur eine kurze Pressemitteilung mit dem Inhalt, dass ich nach 52 Länderspielen, 31 Jahre alt, den Dienst in der Nationalmannschaft einstelle. Punkt, aus, Feierabend.

Die neu gewonnene Freiheit hatte keinen Einfluss auf die Leistungen des HSV in der Bundesliga. Wir blieben gutes Mittelmaß. Oberes Drittel.

Ich bin ganz entspannt. Irgendwie erleichtert. Natürlich verfolge ich neugierig die Qualifikationsspiele der National-mannschaft zur Teilnahme an der WM in Mexiko 1970.

Es gibt zwei glatte Siege gegen Österreich. Jeweils 2 : 0. Zypern ist zu Hause stark. Es springt nur ein 1 : 0-Sieg heraus. In Dortmund, beim Rückspiel, lautet das Ender-gebnis: 12 : 0.

Das erste Spiel gegen Schottland am 16. April 1969 geht 1 : 1 aus. Das Rückspiel ist für den 22. Oktober in meinem «Wohnzimmer», im Hamburger Volksparkstadion angesetzt.

Ein Länderspiel im eigenen Haus und ich nicht dabei? Ich auf der Tribüne im feinen Zwirn – und nicht im weißen Hemd mit dem Adler auf der Brust dort unten auf dem Rasen? Ein Unding, oder? Ich mache es kurz: Ich war auf dem Rasen dabei. Schon einen Monat vorher am 21. Sep-tember beim 1 : 1 im Freundschaftsspiel gegen Österreich war die mir selbst verordnete Abseitsstellung aufgehoben. Nach siebzehn Monaten kehrte ich zurück. Was war ge-schehen?

28 Die WM in Mexiko 1970

Erstaunlich oft hatte das Telefon geklingelt. Mal war es Helmut Schön, mal Sepp Herberger. Sie erkundigten sich nach meinem Wohlbefinden, dem Hund, nach Ilka und den Kindern. Ebenso erstaunt war ich, dass ich zu jedem Länderspiel als Ehrengast geladen war. Stutzig wurde ich allerdings nicht, wenn mich Willi Schulz, Franz Beckenbauer, Netzer oder Overath anlächelten, so als wollten sie sagen: «Na, Dicker, ist doch langweilig ohne Länderspiele, oder?»

Helmut Schön und Herberger, in der Vergangenheit nicht immer einer Meinung, zogen diesmal an einem Strang. In geschickter Kleinarbeit wurde versucht, mich für die WM in Mexiko zurückzuholen. Obwohl mit Gerd Müller der «Bomber der Nation» einen perfekten Mittelstürmer abgab. Helmut Schön hatte einen Schachzug geplant, den eigentlich niemand so recht kapierte: Gerd und ich gemeinsam. Er als echte Spitze, ich dahinter im offensiven Mittelfeld.

«Also gut», erklärte ich, «für die WM und die Vorbereitung bin ich wieder dabei. Aber danach ist definitiv Feierabend.»

Wir stürmten gemeinsam im letzten Qualifikationsspiel gegen Schottland, gewannen 3 : 2. Es folgten vier Testspiele. Gegen Spanien, 0 : 2, Rumänien, 1 : 1, Irland, 2 : 1, und Jugoslawien, 1 : 0. Immer hieß das Duo: der junge Müller und der alte Seeler. «Kleines dickes Müller», 24 Jahre alt, «uns Uwe», 33. Mich bezeichnete die Presse als rennenden Ackergaul, Müller als Mann der kleinen Tore, Franz Beckenbauer als General in kurzen Hosen. Wir fühlten uns unendlich stark.

Günter Netzer tat mir Leid. Er musste auf Grund einer Verletzung in letzter Minute absagen. Es war die große

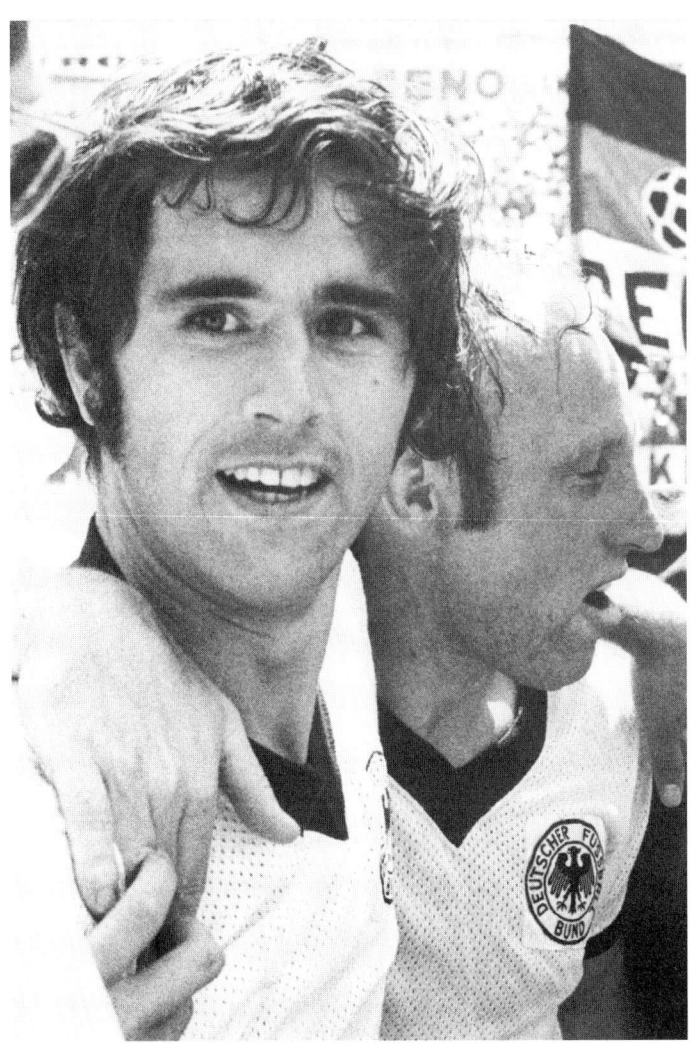

Gerd Müller oder ich? Die Presse machte vor der WM 1970 in Mexiko ein großes Thema daraus. Für Helmut Schön und uns zwei Spieler war es das nie.

Chance für Helmut Haller. Günter, schon damals ein cleverer Bursche, arbeitete als BILD-Kolumnist und Repräsentant meiner Konkurrenzfirma PUMA. Wir spielten in adidas. Eines Tages tauchte er im Trainingslager mit einem Koffer auf. Inhalt: Bargeld. Zehn dicke Riesen in kleinen Scheinen. «Handgeld» fürs Schuhewechseln. Natürlich war sein Unterfangen zwecklos.

Erstes Spiel: erster Sieg mit 2:1 gegen Marokko. Doppelte Freude und Bestätigung für Schöns Schachzug: ein Tor Gerd, ein Tor ich. Zweites Spiel, vier Tage später am 7. Juni: zweiter Sieg, mit 5:2 gegen Bulgarien. Erneute Schön-Bestätigung: drei Tore Gerd, ein Tor ich. Drittes Spiel: dritter Sieg, 3:1 gegen Peru. Dreimal Gerd.

Dann Viertelfinale – das vierte Spiel, und der vierte Sieg. Aber was für einer! Der Gegner am 14. Juni im Stadion von Leon heißt England. England – Erinnerungen werden wach. Erinnerungen an London, Wembley-Stadion, Schiedsrichter Dienst, das umstrittene Tor («Drin oder nicht drin?!») zum 3:2.

Wir wohnten 30 Autominuten vom Spielort entfernt. Die Quartiermacher des DFB galten schon früher als clevere Burschen. Doch diesmal hatten sie sich selbst übertroffen. Unsere Hazienda Comanchia war eine Oase der Ruhe in einem wunderschönen Park. Mit Swimming-Pool, Tennisplatz und kleiner Übungswiese. Die Zimmer strahlten Ruhe aus. Gerd Müller und ich lagen zwei Meter voneinander entfernt mit Blick ins Grüne.

Helmut Schön war wunderbar gut gelaunt. Ganz im Gegensatz zur WM 1966, wo ihn ständig Magenschmerzen plagten. Den ständig lauernden Journalisten machte er ein Angebot: «Ich lasse keinen Absperrzaun errichten», sagte er, «wir denken uns eine weiße Linie in Höhe des Pools. Diese Linie darf von euch nicht überschritten werden. Wir reden

Und wer dachte, wir würden nicht gut miteinander auskommen, wurde schon an der Zimmertür eines Besseren belehrt.

immer an der Linie. Meine Hand drauf.» Das Handschlag-Angebot wurde eingehalten.

Für seine positive Stimmung sorgte auch die in den ersten drei Spielen gefundene Formation der Mannschaft. Kleine Änderungen gehören zum Tagesgeschäft. Aber der Kern der Truppe stand. So gab es keine nörgelnden Reservisten. Dafür sorgte schon Max Lorenz aus Bremen. Er ließ sich sogar von den Ersatzspielern zum «Kapitän» der Reserve wählen.

Wegen der Zeitdifferenz von acht Stunden war das Spiel gegen unseren «Erzfeind» England um 12.00 Uhr mittags angesetzt. 20.00 Uhr in Deutschland.

12.00 Uhr mittags, am Himmel hatte einer einen Logenplatz: die liebe, gute Sonne. Sie knallte erbarmungslos auf den Kunstrasen, dessen Borsten kurz geschnitten waren. Die vorher eingesetzten Wasserwerfer machten den Rasen schnell. Ein Tackling bedeutete höchste Gefahr. Die messerscharfen Borsten ritzten das Fleisch auf.

Schon beim Auflaufen hatte ich eine schwere Zunge. Die Luft war zum Zerschneiden dünn, die Temperatur lag bei 55 Grad. Schatten gab es keinen.

Die Mannschaft, die vier Tage vorher gegen Peru an gleicher Stätte mit 3 : 1 siegte, lief auch jetzt auf: Maier, Vogts, Höttges, Beckenbauer, Schnellinger, Fichtel, Libuda, Seeler, Müller, Overath und Löhr.

Es gab nur zwei Auswechslungen: Jürgen Grabowski kam in der 55. Minute für «Stan» Libuda und Willi Schulz in der 46. für Horst-Dieter Höttges.

Im Kabinengang, kurz vor dem Anpfiff, flachste ich mit Bobby Charlton. Auf Deutsch. Denn Bobby, dieser geniale Spielmacher aus Manchester, verstand die deutsche Sprache. Zumindest ein paar Brocken. «No chance, today is our Wembley», unkte ich. Ihr habt keine Chance, heute ist unser Wembley, wir werden gewinnen. Geoff Hurst, der berühmte

«Torschütze» aus dem 66er Finale, lachte und rief: «No, no, Uwe.»

Er schien Recht zu behalten. Nach 31 Minuten führte seine Mannschaft durch ein Tor von Alan Mullery 1 : 0. Vier Minuten nach der Pause erhöhte Martin Peters auf 2 : 0. Mein Kopf war puterrot. Die Beine wurden immer schwerer. Doch ich rannte und schrie, schrie und rannte. Der Tenor meiner Rufe: «Kommt, weiter. Wir packen die noch!»

Dann die 68. Minute: Franz Beckenbauer gelingt mit einem Weitschuss das Anschlusstor. Nur noch 1 : 2. Dann, acht Minuten später: Die Engländer sind so siegessicher, dass sie Bobby Charlton gegen Collin Bell auswechseln. Sie wähnen sich schon im Halbfinale. Wir ackern weiter. Erzielen fünf Eckstöße in drei Minuten.

76. Minute: Schnellinger flankt von rechts in den Strafraum. Ich stehe an der Strafraumgrenze mit dem Rücken zum Tor. Schemenhaft erkenne ich, wie Torhüter Peter Bonetti im kurzen Eck seines Kastens verharrt. Ich springe dem anfliegenden Ball entgegen. Er landet dort, wo ich relativ wenig Haare habe. Auf meinem Hinterkopf. Ich lasse mich leicht ins Kreuz fallen und schiebe den Kopf unter den Ball, schnelle hoch. Und das Wunderbare passiert: Der Ball landet dort, wo er hingehört. Im oberen linken Tor-Eck.

2 : 2. Wieder Verlängerung. Wieder ein Drama? Diesmal nicht. Diesmal ist das Glück auf unserer Seite. Das «Niemals-Aufgeben» wird belohnt. Wolfgang Overath, der erneut ein Riesenspiel abliefert, spielt seinen Vereinskameraden Hennes Löhr an.

Der Kölner flankt von der linken Seite vors Tor. Und wer ist da? Natürlich der Mann für's Toremachen: Gerd Müller. 108. Spielminute: 3 : 2 für uns.

Die restlichen zwölf Minuten erinnere ich nicht mehr. Nur noch den Schlusspfiff.

Ich glaube, wir lagen mindestens eine halbe Stunde platt auf dem Rasen im Stadion. Aber, und das hat mir mächtig imponiert, die Engländer entpuppten sich als faire Verlierer. Genau wie wir vier Jahre vorher in London.

Wir hatten also das Unmögliche möglich gemacht. Wir ahnten nicht, dass sich das Drama fortsetzen würde. Der zweite Akt fand im Azteken-Stadion in Mexico City statt.

Der Gegner am 17. Juni, also drei Tage nach der England-Schlacht, hieß Italien. 102 000 Zuschauer sorgten für eine irre Atmosphäre. Jeder Schrei, jeder Gesang hallte dutzendfach zurück. Mit uns und Italien standen sich zwei europäische Spitzenmannschaften gegenüber. Die Italiener kamen als Europameister 1968. Wir als Vize-Weltmeister 1966.

Wer kannte nicht die Perfektion eines Facchetti, Mazzola, Riva oder Rivera?

Wieder knallte die Sonne. Diesmal allerdings kämpfte sie gegen eine gelbgraue Glocke, den Smog. Das Atmen in 2000 Meter Höhe fiel unheimlich schwer. Wie sollte man da mittags um 12.00 Uhr Fußball spielen? Wir verfluchten die Zeitdifferenz erneut.

Die Sympathien der Zuschauer lagen bei uns. Italien hatte in der Vorrunde nur Fußball zum Abgewöhnen gezeigt. Nur ein Tor gegen Schweden geschossen, zweimal 0 : 0 gegen Uruguay und Israel gespielt, und dann die Mexikaner im Viertelfinale besiegt.

Schon nach sieben Minuten war alle Unterstützung von den Rängen dahin. Italien führte durch Boninsegna 1 : 0. Viel schlimmer aber für uns: Wir merkten, dass der Schiedsrichter Yamakasi – ein Peruaner mit japanischem Pass – ganz auf Seiten der Italiener stand.

Die Gangart wurde immer härter, wir warfen nach der Pause alles nach vorn. Aber die italienische Abwehr stand wie eine Mauer. In der 67. Minute wurde Beckenbauer von Pierluigi Cera gefoult. Ein klarer Elfmeter, waren sich die Zuschauer einig! Aber Schiedsrichter Arturo Yamakasi hatte das Foul außerhalb des Strafraums gesehen. Wir umringten den Schiedsrichter und protestierten, während Beckenbauer am Boden liegen blieb: Er hatte sich die rechte Schulter ausgerenkt.

Da wir bereits zweimal gewechselt hatten, musste der «Kaiser» die Zähne zusammenbeißen und weiterspielen. Die Spannung stieg mit jeder Sekunde. Siegfried Held zirkelte einen Volley an Torhüter Albertosi vorbei aufs Tor, aber Roberto Rosato konnte auf der Linie in akrobatischer Manier klären. Müller und ich vergaben eine ganze Reihe guter Möglichkeiten.

Unerbittlich lief uns die Zeit davon. Nur noch wenige Minuten, und die Italiener hätten den Sieg in trockenen Tüchern. Aber wie schon gegen England im Viertelfinale gaben wir uns noch nicht geschlagen. In der Nachspielzeit brannte es im italienischen Strafraum lichterloh, und schließlich gab der unermüdliche Grabowski eine Flanke herein, in die Verteidiger Karl-Heinz Schnellinger wenige Meter vor dem Tor hineingrätschte – der Ball war im Netz. Sekunden vor dem Schluss war der heldenhafte Albertosi überwunden, und die Italiener konnten es nicht fassen. Ausgerechnet Schnellinger vom AC Mailand!

Und dann begann die wohl dramatischste Verlängerung der Fußballgeschichte. Beckenbauer musste wegen seiner Verletzung den Arm in einer Schlinge tragen. Aber dennoch entwickelte er stets einen direkten Drang zum Tor, wann immer er in Ballbesitz war. Müller konnte eine misslungene Rückgabe von Poletti abfangen und den Ball vor dem überraschten Albertosi ins Netz drücken. Die Zuschauer waren völlig aus dem Häuschen. 2 : 1!

Unsere Freude währte allerdings nicht lange. In der 9. Minute der Verlängerung spielte Gianni Rivera vom AC Mailand einen Freistoß in den Strafraum, den Held nur in Richtung des herannahenden Tarcisio Burgnich klären konnte. Dieser hatte keine Mühe, vom 5-Meter-Raum Torhüter Maier zu überwinden. Der amtierende Europameister hatte den Ausgleich geschafft. Kurz vor dem Seitenwechsel ging Italien wieder in Führung: Angelo Domenghini flankte von der linken Seite in den Lauf von Luigi Riva, der sich die Chance nicht entgehen ließ. Unglaublich, aber wahr: Dies war der 22. Treffer von «Gigi» in seinem 21. Länderspiel!

Die zweite Hälfte der Verlängerung brachte noch mehr Dramatik. Das Spiel blieb ungeheuer schnell, und beide Mannschaften hätten nahezu bei jedem ihrer Angriffe einen Treffer erzielen können. Deutschland gelang erneut der Ausgleich. Wieder kam ich zum Kopfball, und Müller war erneut zur Stelle, um den Ball in klassischer Abstauber-Manier im italienischen Gehäuse unterzubringen. Rivera am langen Pfosten hielt sich fassungslos den Kopf.

Aber die Italiener ließen sich selbst durch den neuerlichen Ausgleich nicht beirren. Unmittelbar nach dem Wiederanpfiff stieß Boninsegna auf der linken Seite bis zur Grundlinie durch und spielte den Ball dann klug auf Rivera zurück. Europas Fußballer des Jahres 1969 schickte Maier in die falsche Ecke und erzielte das fünfte und entscheidende Tor dieser Verlängerung. Der Stürmerstar, der erst in der 60. Minute eingewechselt worden war, hatte bewiesen, dass er mit Riva im Sturm ein überragendes Duo bilden konnte, wie die Tifosi es bereits von Beginn des Turniers an gefordert hatten.

Das Spiel war aber immer noch nicht zu Ende. Nach zwei Stunden Fußball unter der brütenden mexikanischen

Sonne waren beide Mannschaften körperlich am Ende, und die letzten Minuten wirkten nahezu wie in Zeitlupe. Die Italiener machten ihrem Ruf als Zeitschinder alle Ehre und blieben nach jedem Zweikampf am Boden liegen, schossen den Ball hoch auf die Tribüne und diskutierten lang und breit über jede Schiedsrichterentscheidung. Mit dem erlösenden Schlusspfiff fielen wir uns um den Hals, und einige brachen vor Erschöpfung regelrecht zusammen. Plötzlich schien es keine Rolle mehr zu spielen, wer Sieger und wer Besiegter war. Die Zuschauer waren völlig überwältigt und konnten sicher sein, ein wahrhaft unvergessenes Spiel gesehen zu haben.

Später brachte man vor dem Stadion in Mexico City eine Gedenktafel an, auf dass das Spiel Deutschland – Italien, dieses grandiose Kapitel der WM-Geschichte nie in Vergessenheit gerate.

60 000 Menschen empfingen uns Heimkehrer in Frankfurt, als wären wir und nicht die Brasilianer Weltmeister geworden. Politiker drängelten sich neben die Spieler aufs Foto und sagten, was sie bei solchen Anlässen immer sagen. Die Fußballer seien die «besten Botschafter unseres Landes» gewesen. So verkehrt war das freilich nicht.

Viel Lob, viel Ehr! Und ein Beweis dafür, dass nur derjenige Erfolg hat, der belastbar ist und der einen starken Willen zum Erfolg hat.

Einen Spieler möchte ich besonders erwähnen: Wolfgang Overath vom 1. FC Köln.

Sein Wille war besonders ausgeprägt. Seine Stimme klang schrill, wenn er losschrie. Sein Trikot-Hemd steckte selten in der Hose. Seine Pässe schlug er über 30 bis 40 Meter mit einer solchen Präzision, dass ihn viele schon mit Fritz Walter verglichen. Die WM 1966 in England ließ ihn vom Weltmeistertitel träumen, Mexiko auch – aber 1974 ging der

Wolfgang Overath und ich bei meinem 65. Geburtstag im November 2001.

Traum mit dem Titelgewinn endlich in Erfüllung. Für ihn, das jüngste von acht Kindern aus dem rheinischen Siegburg, hat mich dieser Erfolg besonders gefreut. Vielleicht signalisierte das Fußball-Schicksal 1970 schon so eine Art Zuneigung. Wolfgang schoss das «Goldene Tor» beim 1 : 0-Sieg im «kleinen Finale» gegen Uruguay.

Der dritte Rang hinter Sieger Brasilien und Finalist Italien war nicht nur für mich ein toller Erfolg, obwohl damit klar war: Ich würde in meiner Karriere niemals Weltmeister werden. Auch nicht Europameister. Ich würde in die Annalen des Fußballs als Teilnehmer an vier Weltmeisterschaften und einmaliger Deutscher Meister – 1960 – eingehen. Nackte Fakten. Tatsachen. Das will verdaut werden. Wie wohltuend, dass ich nach der Rückkehr am 28. August aus Mexiko erneut zum «Fußballer des Jahres» gekürt wurde. Zum dritten Mal.

Zwölf Tage später schlug dann jene Stunde, vor der jeder Leistungssportler Bammel hat.

Aus meinen Fotoalben

Die beste Mannschaft, in der ich je spielte: unser WM-Aufgebot von 1966. Obere Reihe, v. l. n. r.: Adi Dassler, Mannschaftsarzt Heinz Schoberth, Zeugwart Heinz Dahn, Masseur Erich Deuser, Jürgen Grabowski, Sepp Maier, Hans Tilkowski, Max Lorenz, Helmut Haller, Franz Beckenbauer, Wolfgang Weber, Wolfgang Overath, Karl-Heinz Schnellinger und ich.

tlere Reihe: Siegfried Held, Albert Brülls, Helmut Schön, Bernd Patzke, Willi
ulz, Horst-Dieter Höttges, Klaus Sieloff, Wolfgang Paul, Werner Krämer, Dettmar
mer. Vorn: Udo Lattek, Günter Bernard, Heinz Hornig, Lothar Emmerich und
del Lutz.

1. Der Ball fliegt von der runden Torlatte nach unten

2. Er prallt auf den Boden, Tilkowski kommt nicht ran

5. Hunt und Weber sind da. Hunt reißt die Hand hoch

6. Weber nimmt den Ball mit der Stirn. Hunt (Nr. 21) jubelt

Und das wohl umstrittenste Tor der Fußballgeschichte: Englands 3:2 in der Verlängerung. «Drin oder nicht drin?» Ich glaube bis heute fest daran, dass es kein reguläres Tor war.

Blitzschnell springt der Ball vor der
ie nach oben

4. Er steigt und steigt. Tilkowski schaut
dem Ball nach

Weber köpft den Ball aus der
Fahrenzone ins Aus

8. Der Spuk in acht Bildern dauert nur
1,1 Sekunden

Die WM in Mexiko 1970 war ein besonderes Erlebnis: Superstimmung im ganzen Land, guter Fußball trotz großer Hitze. Die Mexikaner liebten uns.

Wir suchten nach Schatten, wo immer es ging.

Zwei Bayern und ein Hanseat – wir verstanden uns prächtig: Franz
Beckenbauer, Gerd Müller und ich. Zwei Spiele des Turniers werden
allen Fußballfreunden unvergesslich bleiben: unser 3:2 gegen England
im Viertelfinale nach einer dramatischen Verlängerung und die
2:4-Niederlage gegen Italien, eine Hitzeschlacht in Mexico City. Zum
Schluss wurden wir WM-Dritter. Dank eines 1:0-Sieges gegen Uruguay,
mit einem Tor von Wolfgang Overath.

Diese Bilder zeigen mein vielleicht kuriosestes Tor: den 2:2-Ausgleich im Viertelfinale gegen England in Mexiko 1970.

Ich hatte den Ball mit dem Hinterkopf getroffen ...

... und zum Entsetzen von Torhüter Bonetti senkte sich das runde Leder ins Netz. In der Verlängerung gewannen wir dann mit 3:2.

V. WAS HEISST HIER EHRENSPIELFÜHRER?

29 Vom Mittelstürmer zum Ehrenspielführer – und: ein Skandal im deutschen Fußball

9. September 1970 im Nürnberger Stadion. Länderspiel gegen Ungarn, das wir 3 : 1 gewannen. Mir steckte, wie beim ersten Länderspiel 1954 in Hannover, ein Kloß im Hals. Musik, Blumen, mehrere Ansprachen. Abschied. Aus. Plötzlich baumelte das Große Bundesverdienstkreuz um meinen Hals. Ich hörte aus den Lautsprechern den Satz: «Der DFB ernennt Uwe Seeler zum Ehrenspielführer der deutschen Nationalmannschaft.» Der Beifall von den Rängen schien nicht enden zu wollen. Wie viele Hände ich an diesem Abend geschüttelt habe – ich weiß es wirklich nicht mehr. Wie viele auf meinen Schultern zwecks Anerkennung landeten – auch vergessen. Ich weiß nur, dass ich ganz tief geschluckt habe. Ja, es waren wohl auch ein paar Tränen dabei.

Die Kommerzialisierung des Fußballs schreitet voran. Die Nationalelf kommt ohne mich klar, macht im Hinblick zur Vorbereitung auf die Europameisterschaft 1972 einen immer besseren Eindruck. Bilanz 1971: neun Spiele, sieben Siege. Ein Unentschieden, eine Niederlage – gegen Schweden 0 : 1. Eine erfolgreiche Bilanz. Doch diese Bilanz wird durch einen schlimmen Skandal getrübt.

Am 6. Juni 1971, einem Sonntag, findet in Offenbach eine Gartenparty statt. Gastgeber: Horst Gregorio Canellas, ein Früchtegroßhändler und Präsident der gerade aus der Bundesliga abgestiegenen Offenbacher Kickers. Journalisten sind anwesend, Freunde, Funktionäre, Schickimicki vom Main und – Helmut Schön. Punkt zwölf Uhr mittags stellt Canellas ein Tonbandgerät auf den Tisch. Es waren aufgezeichnete Telefonate mit diversen Fußballspielern, darunter Bernd Patzke von Hertha BSC, Tasso

Bei meinem letzten Länderspiel am 9. September 1970 in Nürnberg bekam ich das Bundesverdienstkreuz verliehen. Da kann einem schon etwas mulmig werden ...

Wild, ebenfalls Hertha, und Manfred Manglitz, ein Torhüter vom 1. FC Köln. Die Partygäste wurden, so habe ich es mir erzählen lassen, von Sekunde zu Sekunde blasser. Helmut Schön soll sogar nach Luft geschnappt haben. Auch ich war nach Offenbach zum Geburtstagsfest eingeladen. Doch ich sagte ab. Glück? Zufall? Vorahnung? Denn was danach ans Tageslicht kam, musste jeden Fußballfreund bis ins Herz treffen. Man konnte es schwarz auf weiß lesen: Es hatte zahlreiche manipulierte Spiele in der Bundesliga gegeben! An den letzten acht Spieltagen der abgelaufenen Saison. Insgesamt wurden 18 Spiele nachweislich gekauft oder der versuchten Fälschung überführt.

Da ich kein Hans Kindermann bin, der als DFB-Chefankläger den Skandal bis ins kleinste Detail aufklärte, benutze ich zur genauen Schilderung die Fleißarbeit der Journalisten Tom Bender und Ulrich Kühne-Hellmessen. Beide kamen aus der Sportredaktion der BILD-Zeitung. Sie kannten sich im nationalen und internationalen Fußball bestens aus. In ihrem Buch mit dem Titel «Herrlich verrückte Bundesliga», präsentiert vom Pay-TV-Sender «Premiere», schildern sie die schwärzesten Stunden des deutschen Fußballs wie folgt:

«Am 3. April 1971 das Frankfurter 5 : 2 gegen Braunschweig. Torwart Wolter soll geholfen haben. Frankfurts Trainer Ribbeck empfahl ihn Oberhausen: ‹Mit dem ist was zu machen›.

Am 17. April 71 das Spiel Schalke gegen Bielefeld (0 : 1). Bielefeld zahlte 40 000 Mark an Schalkes Klaus Senger.

Am 5. Mai die Partie Köln gegen Essen (3 : 2). Manglitz kassiert von Offenbach 25 000 Mark Siegprämie. Willy Konrad, OFC-Geschäftsführer, fuhr nach Köln. Vor der Kabine übergab Manglitz ihm einen Briefumschlag mit der

Skizze, wo er den Peugeot 204 mit dem Kennzeichen DU –
AU 222 findet. Dort wartete seine Braut, Irmgard Walter,
die die 25 000 Mark sogar quittierte.

Am 8. Mai trifft Offenbach auf Oberhausen. Oberhausens Präsident Peter Maaßen bietet für ein Unentschieden
50 000 Mark. Canellas lehnt ab.

Am 22. Mai bekommt Manglitz von Oberhausen 20 000
Mark, RWO gewinnt in Köln 4 : 2.

Am 22. Mai versucht Bielefeld in Duisburg Punkte zu
kaufen. Die Bielefelder treffen sich in der Wohnung von
MSV-Trainer Rudi Fassnacht. Kontaktmann ist Gerd
Kentschke [Spieler beim 1. FC Kaiserslautern]. Piechaczek, in Lautern dessen Vorgesetzter, sollte 60 000 Mark
übergeben. Weil Kentschke vergaß, Stürmer Riedl einzuweihen, ging alles schief. Riedl schoss das 1 : 0, der MSV
siegte 4 : 1. Bielefeld forderte die 60 000 Mark zurück.
Kentschke zahlte – bis auf 2500 Mark. Die hatte er schon
ausgegeben.

Am 29. Mai zahlt Bielefeld den Stuttgarter Spielern
Arnold, Weiß und Eisele 45 000 Mark. Arminia siegt 1 : 0.

Am 29. Mai trifft Offenbach auf Frankfurt. Pro Spieler
der Offenbacher setzt Oberhausens Präsident Maaßen für
einen Sieg gegen Frankfurt 1000 Mark Prämie aus.

Und dann der letzte Spieltag: Braunschweig – Oberhausen 1 : 1. Offenbach schickte Ulsaß 20 000 Mark. Arminia bot 170 000 Mark für einen Sieg, zahlte 40 000 Mark
für das Unentschieden.

Hertha BSC – Bielefeld 0 : 1. Die Berliner Wild und
Patzke verlangen von Offenbach 140 000 Mark. Bielefeld
zahlt an die Spieler von Hertha 250 000 Mark.

Köln – Offenbach 4 : 2. Manglitz fordert von Offenbach
100 000 Mark. Als Canellas nicht zahlt, verzichtet Manglitz
auf seinen Einsatz. Offenbach verliert, steigt ab. Die einfache

Formel in dieser Saison: Wer das Geldspiel nicht mitspielt, bleibt auf der Strecke. Wie das Schlusslicht Rot-Weiß Essen, das als einziger Abstiegskandidat ohne Scheckbuch spielte. Der Bielefelder Kaufrausch begann nach dem 0 : 5 in Offenbach am 24. Spieltag. Präsident und Buchhändler Wilhelm Stute berief eine Krisensitzung ein, auf der Trainer Egon Piechaczek von den Gepflogenheiten erzählte. Von Frankfurts Torwart Dr. Kunter, der bei der Eintracht erzählt hatte, ‹dass wir gar nicht so viel siegen können, wie die anderen schmieren›. Er berichtete über Frankfurts Trainer Ribbeck, der Offenbachs Geschäftsführer Willi Konrad empfohlen haben soll, besonders in Berlin, Braunschweig, Stuttgart und Schalke seien Punkte gegen Bares zu bekommen – bei den Mannschaften, die weder Meister werden noch absteigen konnten. Also kaufte auch der Bundesliga-Neuling Arminia. In Stuttgart, in Berlin, in Schalke. Dort erwies sich Waldemar Slomiany, von Schalke nach Bielefeld gewechselt, als der richtige Geldbote. Er weihte acht Schalker Spieler ein. Präsident Günter Siebert und Schatzmeister Heinz Aldenhoven hörten zu. Siebert zog sich zurück (‹das macht mal lieber alleine›), Aldenhoven blieb. Slomiany übergab 40 000 Mark an Schalkes Ersatzmann Klaus Senger.

Diese Aktion war Auslöser dafür, dass sich die Skandal-Bewältigung bis Januar 1976 hinzog. Fünf Jahre lang ermittelten Staatsanwälte, Richter, Funktionäre, weil die Schalker per Eid geschworen hatten, nicht käuflich gewesen zu sein. Fünf Jahre lang litt der Ruf des Fußballs, hatte er seine Glaubwürdigkeit verloren.»

So weit die Chronologie.

Über fünfzig Spieler, zwei Trainer, sechs Funktionäre sowie die Vereine Arminia Bielefeld und Kickers Offenbach wurden hart bestraft. Den Kickers wurde für die Jahre 1971 bis 1973 die Lizenz entzogen. Ebenfalls den Bielefelder Arminen.

Außerdem mussten sie in die Regionalliga absteigen und wurden zu einer Geldbuße von 50 000 Mark verdonnert.

Der auf Lebenszeit gesperrte Trainer war der Coach aus Bielefeld: Egon Piechaczek. Nach drei Jahren wurde die Sperre aufgehoben. Günther Brocker von Rot-Weiß Oberhausen durfte sein Amt als Fußball-Lehrer zwei Jahre lang nicht ausüben. Die Liste der bestraften Spieler mit Sperren und Geldstrafen war gespickt mit klangvollen Namen: Manfred Manglitz vom 1. FC Köln, Tasso Wild, Hertha BSC, Bernd Patzke, Hertha. Lothar Ulsaß, Eintracht Braunschweig. Franz Brungs aus Berlin, Klaus Fischer, Reinhard Libuda, Klaus Fichtel, Dieter Burdenski, Rolf Rüssmann, Herbert Lütkebohmert, Heinz van Haaren, alle vom ruhmreichen FC Schalke 04, um nur einige zu nennen.

Die Geldbußen schwankten zwischen 15 000 Mark für Manglitz und 2300 Mark für van Haaren. Den «Ober-Funktionär» Canellas sperrte der DFB zuerst auf Lebenszeit, dann wurde er nach fünf Jahren begnadigt. Ein kleines Entgegenkommen von Hans Kindermann, weil Canellas bei der Aufklärung aktiv mitgeholfen hatte.

30 Tschüs, HSV!

Ein trauriges Kapitel ging zu Ende. Nur gut, dass die sportlichen Leistungen diese dunkle Zeit übertünchen. 1972 wird Deutschland Europameister, 1974 sogar Weltmeister, trotz eines frustrierten Helmut Schön, der über Nacht aus dem Trainingslager in Malente abreisen will. Der Grund: Beckenbauer & Co. fordern höhere Prämien.

Ich bin nur noch Diener zweier Herren: vom HSV und adidas. Ilka und meine Familie genießen das. Gemeinsames Frühstück, abends früher zu Hause, gemeinsames Fernsehen.

Am 13. Oktober 1971 schieße ich beim 2 : 2 gegen Bielefeld mein 500. Pflichtspiel-Tor für den HSV. Am 18. März 1972 den letzten Bundesliga-Treffer beim 1 : 0 gegen Borussia Mönchengladbach. Am 22. April 1972 wiederholt sich das Nürnberger Abschieds-Zeremoniell: letzter Bundesliga-Einsatz für den HSV.

Die 1 : 2-Niederlage im letzten Pflichtspiel stört mich zwar, doch sie tut nicht mehr so weh wie frühere Niederlagen. Der Umbruch mit jungen Spielern hat längst begonnen. Zeit für den 35-jährigen Oldie, diese Verjüngungskur nicht länger aufzuhalten.

Es ist schon seltsam, wir Menschen sind einfach nicht in der Lage, die Uhr des Lebens mal kurz zu stoppen oder zurückzudrehen. Sie tickt und tickt. Unaufhaltsam. Und wie oft hört man gerade bei älteren Menschen, dass die Zeit nur so dahinrasen würde und sie als Freizeitler ohne Beruf immer weniger Zeit hätten! Bei «Vaddern» habe ich das besonders intensiv erlebt. Der gute Mann war ständig unterwegs. Das Kiebitzen beim HSV-Training gehörte ebenso zum Pflichtprogramm wie der Gang ins Stadion. Oft kam es mir so vor, als würde ein HSV-Spiel nicht angepfiffen werden, wenn «Old-Erwin» noch nicht im Stadion war. Mir sagte er immer wieder, wenn ich eine ganze Woche unterwegs gewesen war: «Dicker, verdaddel nicht deine Zeit.»

1983 starb meine Mutter Anni. Sie schlief vor dem Fernseher ein. Für meinen Vater muss es ein schrecklicher Augenblick gewesen sein. Er sprach sie an – aber Anni gab keine Antwort. Das Herz hatte innerhalb von Sekunden aufgehört zu schlagen.

Mit meinen Eltern, bei «Vadderns» 70. Geburtstag.

Vater teilte sich nun seine Zeit anders ein. Er zog sich immer mehr zurück. Es war beängstigend still um ihn. Ein tragischer Unfall kam hinzu. Der Fahrer eines Linienbusses schloss die elektrische Tür, obwohl Vater noch dazwischenstand. Er wurde eingeklemmt und stürzte auf den Asphalt. Seine Schiffermütze, sein Markenzeichen, rettete ihn vor schwersten Kopfverletzungen. Doch ein Oberschenkelhalsbruch war nicht zu verhindern. Davon hat sich dieser tolle Kerl nie mehr erholt. In einem Altenheim, ganz in der Nähe unseres Hauses in Norderstedt, verlebte er in einer eigenen Wohnung noch drei Jahre, umsorgt von der ganzen Familie. Am 11. Juli 1997 sagte er uns tschüs! Ein Stück Hamburg ging für immer.

Ich bin dem lieben Gott sehr dankbar, dass meine Eltern Zeugen meiner sportlichen Laufbahn sein durften. Am späten Abend des 1. Mai 1972, wenige Stunden nach dem feierlichen Abschied auf dem Rasen des damaligen Volksparkstadions, bei der so genannten «Gala» im Atlantic Hotel, nahm mich Mutter ganz kurz zur Seite und drückte mich. Ein leichtes Schimmern in ihren Augen war nicht zu übersehen, als sie sagte: «Gut gemacht, min Jung.»

«Vaddern» schlüpfte sofort in die Rolle des «immer-noch-Erziehers»: «Nu geiht dat Leben erst richtig los», bemerkte er in seiner trockenen Art. Dabei stellte er noch nicht mal sein Bierglas zur Seite.

Die zehn Tage, die zwischen dem letzten Bundesliga-Spiel am 22. April und dem Abschiedsspiel gegen eine Europa-Auswahl am 1. Mai lagen, versuchte ich locker zu meistern. Äußerlich gelang es mir. Im Innern sah es anders aus. In ruhigen Minuten spürte ich doch eine gewisse Traurigkeit, fast Wehmut. Ich war heilfroh, dass ich von der Organisation des offiziellen Abschieds befreit war.

Mit einer bewundernswerten Gelassenheit meisterte mein Freund Günter Schiefelbein das Fest auf dem Rasen und die Fete im Atlantic. Günter war Geschäftsführer und Manager des HSV in Personalunion. Sein großer Vorteil: Als guter Fußballer – er kickte mit Jürgen Werner in der Studentennationalmannschaft – sprach er die Sprache der Fußballer. Er schuf einen Mix aus leichtem Pathos und getragener Fröhlichkeit.

72 000 Menschen sahen im Volkspark am 1. Mai 1972 zehn Tore. Sieben für die Europa-Auswahl, drei für den HSV. Es war ein Stelldichein der Superlative: mit Gordon Banks, Sepp Maier, Archibald Gemmill aus Schottland, Karl-Heinz Schnellinger, Bobby Moore, Geoff Hurst von West Ham United, diesem «Endspiel-Teufel» des Finales 1966. Gianni Rivera, der mit eigenem Pater erschien, Bobby Charlton, George Best, diesem trinkfreudigen Irrwisch aus Irland, dem Brasilianer Jairzinho aus Mailand, Franz Beckenbauer, Gerd

Müller, Horst-Dieter Höttges und der «schwarzen Perle» Eusebio, der in seiner Kindheit Schuhe putzte und Erdnüsse verkaufte und den sie «Ninquem» riefen: Niemand, keiner! Nicht ahnend, dass er einmal Portugals größter Fußballer aller Zeiten werden würde, dieser Afrikaner aus Mosambique. Auf der Bank der Mann mit der Mütze, der in sechs Wochen Europa- und zwei Jahre später Weltmeister werden sollte: Helmut Schön. Und abends «tanzte der Kongress» mit den Les Humphries-Singers, Roberto Blanco und Udo Jürgens plus 321 Gästen.

Geehrt mit dem Ehrenring des HSV erlebte ich die längste und kürzeste Nacht als «Fußball-Pensionär». Als ich im Morgengrauen endlich mal meine Ilka für mich alleine hatte, schoss mir ein Gedanke durch den Kopf: die April-Tage 1961. Die Verhandlungen mit Inter Mailand und die Millionenofferte. «Siehste, Mäuschen», stellte Ilka lapidar fest, «war damals doch die richtige Entscheidung. Oder?» In der Tat ...

Ich konnte wahrlich nicht ahnen, dass ich 23 Jahre später – was für eine Zeitspanne – noch einmal für meinen geliebten Verein «auflaufen» würde. Nicht als Torjäger in der Altherren-Mannschaft, auch nicht als Abwehrchef auf dem bequemen Liberoposten oder als Betreuer des Nachwuchses mit Vorbildfunktion. Nein. Als Vorsitzender des Vorstands, kurz Präsident genannt, vom 27. November 1995 bis 30. Juni 1998. Doch davon gleich mehr.

31 Die Uwe-Seeler-Traditionself

Zunächst stellte ich verwundert fest: der Leistungsdruck fehlte mir nicht. Ab und zu meldete ich mich beim damaligen Trainer Klaus Ochs zum «Spielchen» an, ich wollte

meinen Körper nicht radikal auf Null stellen. Eine «Uwe-Seeler-Traditionself» wird gegründet, die für meine Stiftung kickt. Und was kaum jemand bemerkte: Sechs Jahre später, am 23. April 1978, war ich für einen Tag irischer Profi. Adidas hatte mich gebeten, für Celtic Cork ein Spiel zu bestreiten. Obwohl ich zwei Tore erzielte, verloren wir 2 : 6 gegen Shamrock Rovers. Immerhin – mit 39 Jahren noch einmal Profi, ein lustiges Intermezzo.

Ich bekomme Kontakt zu einem Mann aus dem kleinen Moselstädtchen Altrich. Er heißt Werner Treimetten und ist Inhaber einer Künstleragentur. Sein Herz aber gehört den Fußballkünstlern. Besonders dem 1. FC Kaiserslautern. Der Ursprung der Liebe zum Lederball: Er war selbst in der Jugend aktiv. Ein braver Hobby-Kicker, mehr nicht. Kluge Leute setzen ihr Talent auch klug ein. Werner erkannte schnell, dass er besser Fußball managen als Fußball spielen konnte. Wir gründeten eine «Uwe-Seeler-Traditionself», die Not leidenden Familien und ehemaligen Sportlern finanziell half. Selbst Fritz Walter, Horst Eckel, Robert Schlienz, Helmut Rahn und Werner Liebrich machten mit. Die Bilanz heute: In 25 Jahren haben wir nur achtzehnmal verloren. Darunter ist eine 2 : 3-Niederlage gegen den weltberühmten Pelé-Klub FC Santos in Brasilien, bei der so genannten «Oldie-WM». Doch viel wichtiger ist der «Sieg» für die Hilfsbedürftigen: 750 000 Euro kamen in den 25 Jahren zusammen und wurden zielgerecht verteilt. Ab 1996 flossen die Gelder dann in meine Uwe-Seeler-Stiftung.

Und so, als habe es der liebe Gott gewollt, geschah es: Mein endgültiger Abschied vom Spiel Fußball fand in der Traditionself statt. Ein Spiel im Westerwald in Weroth – 26. Juli 1997, 4000 Zuschauer. 15 000 Euro Einnahme für ein Kinderkrankenhaus. Plötzlich macht es knack. Ein kurzes, lautes Geräusch. Ich bin in ein Loch getreten. Die Diagnose im Krankenhaus in Montabaur ist vernichtend: Glatter Knöchelbruch, beide Außenbänder sind gerissen. Ich verlasse das Krankenhaus eingegipst und mit Gehhilfen. Seeler auf Krücken! Nun bin ich im wahrsten Sinne des Wortes ein «alter Mann».

Das Altern bereitete mir keine Probleme. Viele beginnen ja schon, sich zu Anfang ihres vierten Jahrzehnts ernste Ge-

danken zu machen. Die meisten Menschen haben Angst vor körperlicher Behinderung und möchten auf keinen Fall anderen zur Last werden.

Berufserfahrungen veralten heute schneller als früher, in Wissenschaft und Industrie wird die Leistungsfähigkeit intensiver verbraucht als je zuvor. Unser technisches Zeitalter mag daran seinen Anteil haben. Beim Sport und auf einigen anderen Gebieten sind Höchstleistungen nur noch in der Jugend möglich. Doch man sollte sich hüten, solche Beobachtungen überzubewerten. Schließlich vermitteln gerade «die Alten» einen unschätzbaren Wert: die Lebenserfahrung! Ein Fußballprofi über 30 ist für mich kein alter Mann. Im Gegenteil. Eine gute Mannschaft braucht die Abgeklärten, die Abgebrühten. Oft sind es nur ein paar Worte, die hilfreich sind, um die Nerven der jüngeren Spieler zu beruhigen oder die Mitspieler anzufeuern.

32 Ha-Es-Vau-Geschichten

Was mir in der Anfangszeit allerdings schwer fiel, war das Zuschauen beim HSV – ohne die Chance, aktiv eingreifen zu können. Mein ehrenwerter Verein trieb mich meisterhaft durch ein Wechselbad der Gefühle. Es ging rauf und runter, es durfte gejubelt und gejammert werden. Erwähnen wir hier nur die Jubel-Ereignisse: in fünf Jahren von der Saison 1978/79 bis zur Saison 1982/83 wurde der HSV dreimal Meister und zweimal Zweiter. Man verlor 1980 im Europacup der Landesmeister erst im Finale, mit 0 : 1 gegen Nottingham Forrest. Drei Jahre später der Höhepunkt der Vereinsgeschichte: ein 1 : 0 in Athen gegen Juventus Turin im gleichen Wettbewerb. Torschütze: Felix Magath. Trainer war damals der geniale «Grantler» Ernst Happel.

Athen 1983, der größte Erfolg der HSV-Geschichte: Sieg im Europapokal der Landesmeister! Unser Team stehend von links: Magath, Bastrup, Rolff, Jakobs, Kaltz, Hrubesch; knieend von links: Wehmeyer, Hieronymus, Groh, Milewski, Stein.

Die Namen der Trainer, 50 sind seit 1919 im Amt gewesen, lesen sich wie ein «Who is Who» des Fußballs: von Gawliczek bis Jara, über Klötzer, Gutendorf, Zebec, Ristic, Skoblar, Reimann, Möhlmann, Magath, Pagelsdorf. Herausragende Spieler prägten den Klub: Kevin Keegan, Horst Hrubesch, Manfred Kaltz, Horst Heese oder Franz Beckenbauer, der 1980 für 1,2 Millionen DM Jahresgage von Cosmos New York kam, 36-jährig. Zwar war er von 1980 bis 1982 nur 28 Spiele im vollen Einsatz, doch für das Image leistete er unschätzbare Arbeit.

Auch die Präsidenten wie Horst Barrelet, Dr. Peter Krohn, Dr. Wolfgang Klein, Ernst Naumann, Jürgen Hun-

ke, Ronald Wulff und Rolf Mares gehören in die Geschichts-
bücher des HSV. Ebenso wie Günter Netzer und Erich
Ribbeck als Manager.

So eine Glanz-und-Gloria-Epoche, wie der HSV sie
unter Ernst Happel erlebte, kann natürlich nicht ewig
dauern. Viele, viele Nachfolger mühten sich seither redlich
– aber (bisher) vergeblich.

Beim Lesen der Bilanz 1988 kräuseln sich noch heute
meine Nackenhaare. Plötzlich ist die Lizenz in Gefahr! Über
17 Millionen DM Verbindlichkeiten belasten das HSV-
Konto. Für den Präsidenten Jürgen Hunke ein Alarm-
zeichen. Er erkämpft beim Hamburger Senat eine Bürg-
schaft von 3 Millionen DM. Doch er braucht sie nicht. Dem
cleveren Hunke gelingt ein Coup: für 18 Millionen DM verkauft er den ehemaligen DDR-Auswahlspieler Thomas Doll
zu Lazio Rom. Mein Verein ist mit einem Schlag schulden-
frei.

Jürgen Hunke, Markenzeichen rote Schirmmütze, fit bis
in die Haarspitzen dank einer täglichen Massage am frühen
Morgen, war Präsident von November 1990 bis Oktober
1993. Sein großer Traum, eine «HSV Sport-AG» zu instal-
lieren, platzte allerdings. Nach seinem Präsidenten-Rück-
tritt saß er im Aufsichtsrat und entpuppte sich dort als
kritischer Geist. Da sind dann Freunde rar. Für Hunke ein
Grund, erst recht die Schlagzahl zu erhöhen ...

Ein Transfer wie der von Thomas Doll zum HSV beginnt
oft mit einem Zufall. Bei einem Hallenturnier in der Werner-
Seelenbinder-Halle im damaligen Ostberlin kamen meine
ehemaligen Mannschaftskameraden Peter «Eiche» Nogly
und Harry Bähre auf mich zu und sagten: «Da spielt einer,
der kann's.» In der Tat: Doll, ein junger, drahtiger Mann aus
Malchin in Mecklenburg, von Rostock zum FC Dynamo
Berlin gewechselt, fiel auch mir sofort auf. Schnell, perfekte

Ballbehandlung, torgefährlich. Kurz nach der Wende war er HSVer. Nach 29 DDR-Länderspielen spielte er noch achtzehnmal für Deutschland, bevor er zu Lazio Rom wechselte. Später kehrte er über Eintracht Frankfurt und Bari zum HSV zurück, und heute bekleidet er dort eine wichtige Position: er ist Trainer der «Abteilung Hoffnung», der Jugend des HSV.

Längst haben die Profivereine den Wert der eigenen Nachwuchsförderung erkannt. Die angespannte Finanzlage, vor allem bedingt durch die verminderten TV-Gelder, erlaubt eben nicht mehr die Transfers im zweistelligen Millionenbereich.

Schnäppchen sind selten. Auch wenn die Vereine durch die so genannten «Scouts» ein engmaschiges Netzwerk besitzen. Diese «Scouts» beobachten den Fußball-Alltag mit Argusaugen. Sie sind unterwegs in Europa, Afrika, Südamerika und Asien.

Unser Erfolgs-«Scout» beim HSV hieß Gerhard Heid. Ein gelernter Kaufmann aus der Pfalz. Er war Jugendleiter beim TuS Altrip, dem Stammverein von Rudi Kargus und Manfred Kaltz. Der klein gewachsene Heid galt als «Fußball-Verrückter» und war bei den kleineren Vereinen kein gern gesehener Gast. Sogar sein Auto hatte er mit schussicheren Scheiben ausgestattet. Ich glaube, seine Fußball-Leidenschaft bezahlte er mit seinem Leben. Gerhard Heid starb nach einem Herzinfarkt.

Jürgen Hunke räumte also den Stuhl des Präsidenten im Oktober 1993. Für zwei Jahre nahm der Unternehmer Ronald «Ronny» Wulff, Besitzer eines Dental-Labors und einer Gebäudereinigungsfirma, die Geschicke als Nr. 1 des Vereins in die Hände. Seine Bilanz 1994 konnte sich sehen lassen: 27 Millionen DM Umsatz, 5,45 Millionen DM Gewinn. Sein Pech: die Bilanz in Ordnung, die Abteilung

Bundesliga nicht. Trotz des erfahrenen Ex-Spielers Benno Möhlmann, 255 Bundesliga-Einsätze, fünf Jahre Jugend- und Co-Trainer, als Trainer. Auch die Rückkehr des Tor- hüter-«Denkmals» Uli Stein, die Verpflichtung von «Zauber- maus» Sergio Zarate aus Nürnberg und das Engagement des bulgarischen Regisseurs Yordan Letchkov änderten nichts am Mittelmaß. Man dümpelte dahin. Platz 12, Platz 13 – erschreckend schwach.

Es rumorte also gewaltig. Und plötzlich war ich mitten- drin ...

33 Und plötzlich war ich Präsident

1994 wurde die Weltmeisterschaft 1994 in den USA aus- getragen. Für uns Deutsche war sie relativ schnell vorbei. Im Viertelfinale, nach einer 1 : 2-Niederlage gegen Bulgarien. Den Siegtreffer für die Bulgaren erzielte – ausgerechnet Yor- dan Letchkov vom HSV!

Während der WM-Tage schlich sich auffallend oft Franz Beckenbauer an meine Seite. Mal beim Frühstück, mal an der Hotelbar. Ohne größere diplomatische Kunststücke kam er zur Sache. «Pass mal auf, Dicker», sagte er zu mir, «du machst in Hamburg den Präsidenten. Ich werd's im Süden beim FC Bayern. Dann bilden wir eine kampfstarke Achse. Gegen die Schalker, die Dortmunder, Hertha BSC Berlin und den wortgewaltigen Calmund in Leverkusen.»

Worte, Treffer – in meinem Kopf kreisten die Gedanken. Ja oder Nein? Ich ein Präsident, ein Funktionär? Ich mit einem Aktenkoffer voller Papierkram unterwegs? Oder in einem Büro mit ständig klingelndem Telefon, genervten Sekretärinnen, marternden Anfragen besorgter Abteilungs- leiter? Ich als diplomatischer Taktiker zwischen Vorstand und

Aufsichtsrat? Und wieder, wie zur aktiven Zeit: Hetze, Termine, Stress? Viel schlimmer jedoch: Ich war als Funktionär von der Meinung anderer Menschen abhängig. Zu meiner aktiven Zeit konnte ich die Resultate meiner Leistungen selbst beeinflussen. Ich lief schneller, ich schoss genauer, ich trieb die Truppe zum Erfolg. Ja oder Nein? Nervig.

Ich machte mich erst einmal schlau und las im Lexikon: «Ein Funktionär ist der ehrenamtliche oder hauptberufliche Amtsträger wirtschaftlicher, sozialer und politischer Organisationen, zum Beispiel Parteien, Gewerkschaften und Verbände. Funktionäre haben die Aufgabe, Erfolge für ihre Organisationen zu erzielen. Unter Organisationen sind auch Sportvereine einzureihen. Der ehrenamtliche Funktionär ist meist Wettkampfhelfer, Schiedsrichter, Übungsleiter, Betreuer oder sogar Präsident.» Und dann stand da noch, dass der Deutsche Sportbund 2,7 Millionen Männer und Frauen habe, die ehrenamtlich eine «soziale Streitmacht der Superlative» als Funktionäre bilden würden. Von 26,7 Millionen Gesamtmitgliedern des DSB rund zehn Prozent. Zum DFB mit 6,2 Millionen Mitgliedern, wo in 26 000 Vereinen ca. 140 000 Mannschaften organisiert Fußball spielen, gehörten 600 000 Funktionäre. Sie würden eine freiwillige Tätigkeit für eine idealistische Gemeinschaft ausüben. Auch sei der Vereinsfunktionär keineswegs ein Mensch, der Erfolgsmängel und Enttäuschungen aus dem privaten Leben zu kompensieren versuche.

Das traf auf mich ja überhaupt nicht zu. Mich beschäftigte die Krise meines Vereins, dem ich so unendlich viel zu verdanken hatte. Diesen Tatbestand würde ich eingestehen. Also redete ich weiter mit Franz. «Das geht doch alles ganz einfach», sagte er, «du suchst dir die richtigen Leute an deiner Seite aus, steckst die Aufgabenverteilung ab und spielst den Ober-Schiedsrichter.»

Aha, so simpel ist das also – in München mit einem Top-Manager namens Uli Hoeneß und anderen Experten im Hintergrund. Etwas oberschiedsrichtern und dann ab zum Golfen. Franz, der Tausendsassa, mein beneidenswerter Freund – «sorglos», aber immer mit dabei.

Nun darf man «Kaiser» Franz nicht unterschätzen. Als Kolumnist der BILD-Zeitung hatte er längst seinen Meinungs-Arbeitgeber, Sportchef Alfred Draxler, eingeweiht. Klar. Ein Mittelmaß-HSV würde für die Auflage der Boulevard-Zeitung in Hamburg nicht gerade förderlich sein. So kurbelte Draxler am Rad der öffentlichen Meinung. Jeden Tag durfte ich die Stimmen wichtiger Persönlichkeiten der Freien und Hansestadt lesen. Da stand in fetten Lettern gedruckt: Uwe Seeler muss Präsident werden, weil … Heidi Kabel, Freddy Quinn, Jo Brauner, Wirtschaftsbosse, Senatoren, Pastoren und Künstler – sie alle redeten erstaunlicherweise mit einer Stimme nach dem Motto: Der Seeler muss ran – wenn er's nicht tut, ist er kein echter Seeler.

Meine geliebte Ilka kommentierte die Situation, wie ich es erwartet hatte: «Du liebst deinen Verein. Und wenn deine Liebe in Not ist, solltest du helfen. Aber mache das, was du in deinem Innern verantworten kannst. Das wird schon das Richtige sein.»

Am 27. November 1995 wählten mich 954 von 956 stimmberechtigten Mitgliedern auf der Jahreshauptversammlung des Hamburger Sportvereins zu ihrem Präsidenten. Der Abend im Curio-Haus auf der Rothenbaumchaussee ging mir unter die Haut. Es regnete Konfetti, es erklangen Sprechchöre wie zu meiner aktiven Zeit im Stadion: «Uwe, Uwe!!!»

In einer solchen Atmosphäre und mit einem Wahlergebnis von über 99 % zu sprechen, ist sicherlich leicht und angenehm. Doch den Inhalt der zu verkündenden Botschaft

«Mein» Vorstand: Volker Lange, Jürgen Engel und Harry Bähre (v. l. n. r.).

darf das nicht beeinflussen. Also ging ich gleich nach dem Dankeschön zur Realität über und sagte: «Es ist doch klar, liebe Freunde – ich werde und will kein Frühstücksdirektor sein. Wir wollen mit unserem HSV etwas bewegen. Dazu bedarf es harter Arbeit. Ideen und Wissen entwickeln sich am besten im Dialog. Man muss sich zusammenraufen, wenn es Meinungsverschiedenheiten gibt. Und Meinungsverschiedenheiten werden nicht in der Öffentlichkeit ausgetragen. Das will ich so regeln wie früher mit der Mannschaft: hinter verschlossenen Türen. In der Kabine. Wir wollen auf unsere Weise wieder Erfolg haben. Der Starke ist nicht am mächtigsten allein.»

Der Vorstand setzte sich zusammen aus Jürgen Engel, einem erfolgreichen Kaufmann, Volker Lange, dem ehemaligen Bau-, Wirtschafts- und Innensenator Hamburgs, Harry Bähre, meinem alten Kumpel aus gemeinsamen Kickertagen, und mir. Harry ist ein mit allen Wassern gewaschener Fußball-Fuchs. Ich kenne niemanden, der seinem Verein an so vielen Fronten gedient hat. Als Spieler, Rechnungsprüfer, Trainer der A-Jugend, Co-Trainer der Bundesliga-Mannschaft, als Helfer von Jürgen Werner beim Aufbau des Jugend-Internats, als Chef der Alt-Liga-Mannschaft und nun mit mir im Vorstand.

Jürgen Engel durfte sich Schatzmeister nennen – obwohl es keine großen Schätze gab und er fieberhaft nach neuen Geldquellen suchte. Das Aufgabengebiet von Volker Lange umfasste das Marketing und die Pressearbeit. Bähre dirigierte den Amateurbereich, den Nachwuchs, Ochsenzoll, war zuständig für die berühmten «Feuerwehr-Aufgaben» und mein Stellvertreter.

Begeisterung und Idealismus setzen immer neue Kräfte frei. Unserem frisch gewählten Quartett mangelte es daran nicht. Es war auch kein Mangel an Arbeit vorhanden. Die zwei Hauptaufgaben hießen: Überleben in der Gegenwart, planen für eine bessere Zukunft.

Die grausame Gegenwart: schlechte Leistungen von zu vielen und überbezahlten Spielern. Über 30 Lohnempfänger, aber nur knapp 40 Punkte in der Bundesliga. Freundschaftlich trennten wir uns von Benno Möhlmann und setzten auf Felix Magath. Felix kletterte zwar auf Rang 5, einen UEFA-Cup-Platz, doch es war nur ein Strohfeuer.

Natürlich wurden auch wir Opfer des Bosmann-Urteils vom 15. Dezember 1995, wo der Europäische Gerichtshof entschied, dass Spieler nach Beendigung ihres Vertrages ablösefrei wechseln können. Wir konnten einen Transfer nicht verweigern: die Glasgow Rangers boten für Jörg «Ali» Albertz 1996 über neun Millionen Mark. Der gebürtige Gladbacher war 1993 vom Zweitliga-Absteiger Fortuna Düsseldorf zu uns gekommen, spielte dreimal für Deutschland, und ich hatte ihm mein Wort gegeben: «Du kannst gehen, wenn die Offerte stimmt.» Ein Wort ist ein Wort.

Albertz ging. Felix war sauer. Was ich durchaus verstehen konnte, schließlich hatte Albertz sich zu einem echten Leistungsträger entwickelt. Die Saison darauf, 1995/96, konnten wir schnell abhaken.

Der Fahrstuhl des HSV kannte nur eine Richtung – abwärts. Aber wo war der Knopf zum Stoppen?

Felix Magath war zur aktiven Zeit bei den Trainern Klötzer, Happel und Zebec ein genialer Denker und Lenker gewesen. 306 Spiele bestritt er für den HSV in der Bundesliga, 43 Länderspiele für Deutschland, bei zwei Weltmeisterschaften (1982 und 1986) gehörte er zum Aufgebot.

Der Schachspieler aus Aschaffenburg – sein Vater stammte von den Virgin Islands, die Mutter aus Ostpreußen – setzte für sich die Figuren immer richtig. Beim HSV galt er als «Abfindungs-Spitzenreiter», wie es im HSV-Lexikon steht: 660 000 Mark erhielt er im Jahr 1988, als Schmerzensgeld bei der Ablösung als Manager. Eine Million Vorauszahlung durfte er laut HSV-Chronik auch behalten plus 520 000 Mark im Jahr 1997 bei der Auflösung des Trainervertrages. Nach einem 0 : 4 gegen den 1. FC Köln waren wir zum Handeln gezwungen. Danke, Felix! Amateur-Trainer Ralf Schehr bewahrte den HSV als Interimstrainer vor dem Abstieg. Am 1. Juli 1997 stieg dann Frank Pagelsdorf ein.

34 Ein schwieriges Kapitel – und meine Antwort auf die Frage, warum ich niemals Trainer wurde

Ich lernte den schönen Osten unserer Heimat sehr gut kennen. Vor allen Dingen die Autobahn nach Rostock. Dort arbeitete der bullige Typ, dessen Fußballkünste als Abwehrspieler in Dortmund und Bielefeld zur Kategorie robust gehörten.

Pagelsdorf hatte Hansa Rostock von der Zweiten Liga in die höchste Spielklasse geführt. Das imponierte mir.

Auch seine Forderung an das Präsidium bei den Vertragsverhandlungen: Neuaufbau ohne Zeitdruck – er wollte ausmisten und neue Spieler holen. Pagelsdorf verpflichtete gleich neun neue Profis. Privilegien hatte niemand mehr. Selbst einen Stephane Henchoz, Schweizer Nationalspieler, katapultierte der Trainer kurzerhand aus dem Kader.

«Du identifizierst dich nicht mit dem Klub, du kannst gehen», ließ er ihn wissen. Henchoz wechselte nach England zu den Blackburn Rovers. Torhüter Richard Golz musste trotz 272 Bundesliga-Einsätzen seinen Platz für Nobody Jörg Butt räumen.

Sven Kmetsch wechselte zu Schalke 04, Hasan Salihamidzic zum FC Bayern. Plötzlich stand mein HSV auf Platz 18. Ganz unten. Bei der Endabrechnung sah das Bild dann etwas besser aus: Rang Nummer 9. Dem Himmel sei Dank!

Diese unruhige, prekäre Situation beeinflusste natürlich die Vorstandsarbeit und auch die zweite Aufgabe: Planung für eine bessere Zukunft.

Jürgen Hunke hatte sich schon während seiner Präsidentschaft für ein neues Stadion, den Umbau des Rothenbaums und die Verlegung der Geschäftsstelle eingesetzt. Sofort suchten wir Gesprächspartner im Rathaus. Volker Lange, der ehemalige Innensenator, kannte sich da bestens aus. Der damalige Bürgermeister Dr. Henning Voscherau und Wirtschaftssenator Mirow machten uns in vielen Gesprächen Mut. Ich hatte eine Trumpfkarte im Ärmel. Der DFB signalisierte mir, dass Hamburg gute Chancen als WM-Spielort 2006 habe. Da bekamen die Regierenden und die Parteien spitze Ohren. Der ehemalige Innensenator Werner Hackmann tauchte auf. Als HSV-Geschäftsführer. Wir alle wollten in Ruhe zum Wohle des Vereins arbeiten.

Doch diese Ruhe kehrte nicht ein. Im Gegenteil. An meine Worte bei meiner Wahl – Meinungsverschiedenheiten klären wir intern, «in der Kabine» –, an diese Worte fühlten sich einige wohl nicht gebunden.

Meine Wut und meine Enttäuschung wuchsen von Tag zu Tag. Gab es Maulwürfe im Aufsichtsrat? Gab es Abhör-Wanzen auf der Geschäftsstelle? Plauderten Sachbearbeiter in Kneipen an der Theke über unsere Pläne, und «rein zufällig» stand ein Journalist mit Block und Bleistift daneben? Jedenfalls fiel uns auf, dass der Name des neuen Geschäftsführers sehr oft in den Hamburger Tageszeitungen auftauchte. Positiv bestrahlt, na klar.

Von Skandalen und Skandälchen war die Rede. Von einer Immobilien-Aktion im Osten. Der Verein hätte dadurch Steuern sparen wollen. Laut Gerichtsbeschluss weiß man heute, dass der HSV keinen Verlust erlitt, keine Steuertricks anwandte. 985 000 DM landeten rückwirkend in der Vereinskasse.

Trotz dieser giftigen Atmosphäre packten wir die Themen Stadionneubau, Nachwuchs-Zentrum und Bundesliga-Trakt in Ochsenzoll an. Ergebnis: Alles ist heute zu besichtigen, die Pläne wurden in die Tat umgesetzt.

Unsere Erfolgsformel war eine sehr einfache. Sie lautete: Denken, Fühlen und Handeln. Wir liefen ja nicht als dumme Jungs durch die Gegend: Jürgen Engel war als Manager im Öl-Geschäft erfolgreich. Volker Lange kannte sich als ehemaliger Senator, der sich vom Schulleiter bis auf die Positionen im Rathaus hochgedient hatte, im Leben bestens aus. Harry Bähre hatte neben seinem Hobby Fußball nie die berufliche Karriere aus den Augen gelassen. Seine Repro-Firma lief so erfolgreich, dass er sie zum Schluss seinen Angestellten schenkte.

Es kam auch niemals einer auf die Idee und flüsterte dem

Ein Stadion mit Zukunft: die AOL-Arena in Hamburg-Bahrenfeld.

Kellner nach einem Arbeitsessen den Satz ins Ohr: «Schreiben Sie bitte auf die Rechnung: Hamburger Sportverein.» Unser ehernes Gesetz «Keine Mark zu Lasten des Vereins» besaß stets Gültigkeit. Selbst die Reisen wurden meistens aus eigener Tasche bezahlt.

Das Herunterreden und Verächtlichmachen von Erfolgen, die andere erzielt haben, ist offensichtlich eine unausrottbare Verhaltensweise von gewissen Menschen. Diese Verhaltensweise bekamen wir zu spüren. Und zwar knüppeldick. Umso mehr freue ich mich heute, wenn ich nach Heimspielen in der AOL-Arena die lange Treppe hinter der Haupttribüne heruntergehe und mir wildfremde Menschen sagen: «Mensch Uwe, ist das schön in deinem Stadion.» Andere – aber nur wenige – sprechen mich als «Herr Seeler» an und murmeln ein «Dankeschön». Mir ist nicht nur die Anrede «Herr Seeler» peinlich. Auch das Lob. Ich erwidere dann: «Das ist euer Stadion, nicht meins.»

Um es hier mal klarzustellen: Auch die Diskussion um den Namen der Arena fand ich unnütz. Wenn jemand rund sechs Millionen Mark offeriert, dann muss man aus rein kaufmännischem Kalkül diese Offerte annehmen.

Doch zurück auf den Rasen und zu den Grabenkämpfen. Trainer Pagelsdorf bastelte mit neuen Spielern und neuem Spielsystem. Er sprach vom Rautensystem mit drei Spielern in der Abwehr, vier im Mittelfeld und drei Angreifern. Wir wollten ihm Rückendeckung geben. Doch wir stellten sehr schnell fest: Es gab keine Ruhe hinter den Kulissen. Die öffentlichen Attacken steigerten sich von Tag zu Tag.

An einem Abend im Mai 1997 knallte es. Jürgen Engel und Volker Lange formulierten ihre Seelenlage in einem Satz: «Wir haben die Schnauze voll. Wir treten zurück.» Sie wirkten sehr entschlossen. Veto? Zwecklos. Einige Strippenzieher nahmen den Rücktritt der beiden wohlwollend zur Kenntnis. Geschäftsführer Hackmann saß mittlerweile im Aufsichtsrat. Nun waren nur noch zwei Leute die Zielscheibe für eine gewisse Zermürbungs-Taktik, die ja enorm «hilfreich» sein kann, einen Verein wieder flottzumachen.

Udo Bandow, den Vorsitzenden des Aufsichtsrates seit 1996, bewunderte ich ob seiner Nervenstärke. Er, Vorstandsvorsitzender der Vereins- und Westbank, durch und durch Sportler (Tennis, Fußball, Leichtathletik), konnte gar nicht genug Wasser heranschaffen, um die täglichen Feuer zu löschen. Störfeuer von Neidern oder jenen, die nur ihre eigene Karriere im Auge haben. Heute sind sie längst in anderer Funktion im Fußball tätig. Einmal bot auch Bandow seinen Rücktritt an. Auch er litt wie ein Hund. Sein Fehler: Bandow griff nicht hart genug durch, sah immer nur das Gute im Menschen und für seinen HSV.

Im März 1998 warf Harry Bähre das Handtuch. Und wenn ein so ausgebuffter harter Hund vor dem Abpfiff vom

Platz geht – dann spricht diese Handlung ihre eigene Sprache. Am 23. März gab ich meine Entscheidung bekannt: Rücktritt zum Ende der Saison! Aus, Schluss, Feierabend. Meine Erklärung war kurz:»Ich bin aus Liebe zum HSV Präsident geworden. Ich habe es nicht nötig, mich anfeinden und meinen Namen beschmutzen zu lassen. Dafür müsst ihr euch einen anderen suchen.«

Der Aufsichtsrat suchte. Nicht lange. Die bequeme Lösung: Werner Hackmann wurde kommissarisch zum Vorsitzenden berufen. An seiner Seite: der ehemalige Spieler Holger Hieronymus als Sport- und Marketingchef.

Im November 1998 kandidierte dann der große Theatermann Rolf Mares für die Führungsposition und wurde sofort inthronisiert. Ein Krebsleiden und der Kampf hinter den Kulissen zwangen ihn aber schon nach neun Monaten zur Aufgabe. Hackmann, 52 Jahre alt, wurde erneut Vereinsboss – aber dieses Mal hauptamtlich. Eine Satzungsänderung verhalf ihm zu einem stattlichen Salär. Was wir ehrenamtlich geleistet hatten, wurde nun aus der Vereinskasse mit harter Mark vergütet. Ich empfand keinen Neid. Vielleicht stimmt die Lebensweisheit: Ab einem gewissen Grad muss man Egoist sein.

Mittlerweile ist das Duo Hackmann und Hieronymus auch nicht mehr in Diensten des HSV. Holger, dreifacher Nationalspieler, seit 1985 nach einer Knieverletzung Sportinvalide, konzentriert sich wieder auf die Leitung von zwei Rehazentren. Hackmann führt den Vorsitz der Deutschen Fußball Liga, DFL, einer Vereinigung aller 18 Bundesligisten.

Kein Zweifel: Fußball besitzt eine weltweit integrierende Kraft. Natürlich ist er längst ein knallhartes, globales Geschäft geworden, die Verantwortlichen tragen hohe Verantwortung und sollen gut entlohnt werden. Den Kassierer mit der Zigarrenkiste unterm Arm gibt es nur noch in der dritten Kreisliga. Ein wichtiger Mann, ohne Zweifel.

Der größte Teil der deutschen Bundesliga-Vereine spielt heute in Stadien, deren Eigentümer und Betreiber die jeweiligen Kommunen sind. Nehmen wir den Schmuckkasten, das Stadion der «Arena Auf Schalke» in Gelsenkirchen. Kostenpunkt: 125 Millionen Euro. Bei der Fremdfinanzierung wurde eine Ausfallbürgschaft des Landes Nordrhein-Westfalen in Höhe von 80 % zur Verfügung gestellt. Sie war die Basis für die Kreditgewährung. Von Schalke 04 und seinem cleveren Manager Rudi Assauer sind jährlich 14 Millionen Euro an Tilgung aufzubringen. Viel Holz! Verdammt viel!

Auch bei den Um- und Neubauten des Olympiastadions in Berlin, dem WM-Stadion in München, wo die ortsansässigen Klubs Bayern und 1860 ein «Team» bilden, und in Köln wird sich die öffentliche Hand kräftig engagieren. Von einem ausschließlich privatwirtschaftlichen Investment kann also nicht gesprochen werden.

Dieses fand bei uns in Hamburg statt. Der Senat meiner Heimatstadt stellte das Volksparkstadion sowie 75 000 qm Land für den symbolischen Preis von 1 DM zur Verfügung. Eine Bietergemeinschaft Deuteron/Holzmann hatte die Ausschreibung für den Bau gewonnen. Preis: 159 Millionen DM. Eigentümerin des Objekts wurde eine Gesellschaft, an der der HSV mit 79 Prozent, der Unternehmer Andreas Wankum mit 20 Prozent und eine UFA-Tochter mit 1 % beteiligt sind.

Nach Abzug eines Baukostenzuschusses durch die Hansestadt von 21,3 Millionen ergab sich ein Fremdfinanzierungsvolumen von 137,7 Millionen DM. Dieser Kredit wurde zu gleichen Teilen im Rahmen eines offenen Konsortiums von der Hamburgischen Landesbank, der Hamburger Sparkasse und der Vereins- und Westbank bis zum 30. Juni 2023 zur Verfügung gestellt.

Jetzt fehlt in unserer AOL-Arena nur noch ein Kindergarten auf der Tribüne – so wie in Wolfsburg. Dort werden die Besucher von morgen umsorgt.

Ein Kompliment an dieser Stelle für Udo Bandow, den HSV-Aufsichtsratsvorsitzenden und zur damaligen Zeit Chef der Vereins- und Westbank Hamburg. Behutsam, wie der Kapitän eines Luxusdampfers auf Kreuzfahrt im Eismeer, umschiffte er die Gefahren: Die Auflagen des DFB, die Sensibilisierung der Mitglieder, die Schaffung einer modernen Unternehmensstruktur. Satzungen aus dem HSV-Gründungsjahr 1887 sind ja irgendwann einmal reformbedürftig. Wer dachte damals schon an einen Aufsichtsrat, der dann wiederum den Vorstand bestellt? Niemand. War ja auch nicht vonnöten. Und wenn man dann so ein bisschen populär ist wie ich, sind die notwendigen Schritte leichter und schneller zu beeinflussen.

Ich reiste und redete viel auf meinen Stadtfahrten. Mit Erfolg. Hamburger Persönlichkeiten scherten in den Aufsichtsrat ein. Dagmar Berghoff, damals Sprecherin der Tagesschau, Dr. Harald Erichsen, ehemals Vorstandsvorsitzender des BAT/BATIG-Konzerns, Dieter Horchler, Präsident der Handwerkskammer, Jürgen Hunke, Dr. Manfred Schmidt, Vorstandsvorsitzender der Deutschen Philips GmbH, Jürgen Werner, Dr. Martin Willich, Geschäftsführer Studio Hamburg, der Banker und Ex-Präsident Horst Becker, Walter Koninski vom Aldi-Konzern und Jan Wendt als Vertreter des HSV-Ochsenzoll. Die drei Letztgenannten hatten vor allen Dingen eine wichtige Aufgabe: den Mitgliedern das Gefühl zu geben, dass sie in diesem Gremium gut vertreten sind.

Ich habe immer gepredigt: vergesst mir nicht den Fan!

Erfolg entsteht nur aus Sympathiewerten – Herz und Begeisterung.

Die wichtigste Voraussetzung für den Bau dieses Stadions aber ist die Ertragsseite. Die Bruttoerträge in meiner Präsidentschaft lagen bei 52,155 Millionen, steigerten sich dann auf 55,511 Millionen DM in der Saison 1998/99. Das Jahr nach meinem Ausscheiden wurde mit 75,630 Millionen bilanziert. Zur Jahrhundertwende lautete die Zahl 160 Millionen DM.

Um so seltsamer und traurig empfinde ich die aktuelle Situation. Wer ein Erbe von fast 14 Millionen Euro Schulden hinterlässt, dazu die demütigende Auflage einer monatlichen Meldung beim DFB über die Liquidität – der kann nicht gut gewirtschaftet haben.

Ich habe in meinem Leben viele Menschen beobachtet, die Erfolg hatten. Aber: danach sind nicht wenige von ihnen gescheitert. Sie verloren die Bodenhaftung und dachten, dass sie den ehernen Gesetzen des Erfolgs nicht mehr unterworfen seien. Es ist aber gerade im Erfolg wichtig, sich seiner Anfänge bewusst zu bleiben.

Tödlich, wer Mut mit Wagemut und Risikobereitschaft mit Glücksspiel verwechselt. Manche Manager denken ja, was soll's. Ist ja nicht mein Geld, das ich für mittelklassige Spieler investiere … Agenten und Vermittler, vor allen Dingen von der südlichen Halbkugel, kassieren kräftig mit, wenn sie ihre Exporte aus Uruguay, Argentinien oder Brasilien offerieren. Und auch Afrikaner sind gefragte und sehr begehrte Akteure. Die Bundesliga – ein Sammelbecken der Völkerverständigung. Nix dagegen. Nur: unseren eigenen Nachwuchs sollten wir dabei nicht vergessen. Gut, dass der DFB das inzwischen zur Auflage gemacht hat.

Schließen wir das Kapitel «Seeler, der Funktionär». Klappen wir das Buch zu, wickeln ein rosarotes Bändchen herum und stellen es ins Bücherregal in die zweite Reihe. Besser noch in die dritte. Nie mehr werde ich in diesem Leben noch einmal in solch eine Rolle schlüpfen. Diese Welt ist nicht die meine.

Tausendmal und mehr ist mir die Frage gestellt worden, warum ich eigentlich nicht Trainer oder Teamchef geworden bin.

Für viele ehemalige Spieler ist es ja die automatische Fortsetzung ihrer Karriere. Beispiele gibt es genug. Meine Antwort war immer mit einem kurzen Kopfschütteln verbunden. Kein Job für mich, erwiderte ich. Die Begründung ist ganz einfach: Ich wäre kein guter Trainer oder Teamchef. Ich wäre zu fordernd, zu ungeduldig, nicht diplomatisch genug. Mir ging und geht es darum, mein Leben mit Freude auszufüllen. Und diese Freude hätte ich garantiert nicht. Fazit: Mein sechster Sinn sagte immer «Nein». Auf den kann ich mich verlassen.

35 Eine ehrenwerte Gesellschaft: die Schneeforscher Obertauern e. V.

Apropos Freude! Was die wenigsten wissen – ich bin doch noch ein Präsident. Seit 23 Jahren schon. Ein ordentlich gewählter sogar, ohne eine Gegenstimme. Mein Verein heißt: Schneeforscher Obertauern e. V. Die Gründerväter waren der Tourismus-Direktor von Obertauern Dieter Kindl und der ehemalige Eisschnellläufer Herbert Höfl. Sie hatten eine simple, aber wunderbare Idee, wollten sportliche und im Beruf erfolgreiche Menschen zusammenführen. Ganz privat. Zum Abschalten. Zum Auftanken. Zum Spaß an der Freud. Freude und Spaß sind ja in dieser hektischen Welt eine Seltenheit.

Die fünfzehn Mitglieder waren schnell gefunden; ihre Aufgabengebiete ihren Fähigkeiten entsprechend ohne langes Nachfragen verteilt: Herbert Höfl, Ehrenpräsident; Dieter Kindl als Vize. Fußball-Nationalspieler Ludwig «Luggi» Müller als Finanzminister, Franz Beckenbauer als Botschafter, der Zehnkampf-Olympiasieger von 1964, Willi Holdorf, als Sportwart, Senior Sepp Folger, ein Ski-As aus vergangenen Tagen, fungiert als Technischer Leiter, Max Lorenz, Bremer Fußball-Urgestein, dient als Vergnügungs-wart, Ex-Bundestrainer Erich Ribbeck als Zeremonien-meister. Ski- und Golfexperte Rudi Märkl sorgt sich um unseren Rennservice, Hermann Brüns, erfolgreicher Gas-tronom aus Aarbergen bei Bremen, um Speis und Trank als Gourmet-Wart, Ex-Moderator Werner Zimmer um die Koordination, und Roman Köster muss sich als Presse- und Werbechef ums Image kümmern. Den Titel «Ehren-schneeforscher» trägt Rudi Houdek, 90 Jahre jung, Freund von Sepp Herberger, Helmut Schön, Beckenbauer und eingefleischter Fan des FC Bayern. Vor zwei Jahren starb Hans Rumpf. Wir weinten an seinem Grab. Sein Platz bleibt unbesetzt.

Es gibt zwei Pflichttreffen im Jahr: den Männertreff Anfang Dezember in 2000 Meter Höhe in Obertauern, den zweiten Treff inklusive Damen, den «Schneeflockerln», unseren Frauen, im Golfparadies Bad Griesbach. Schade, dass Jupp Derwall aus gesundheitlichen Gründen aus-scheiden musste. Immerhin stellten wir Schneeforscher drei Bundestrainer: Beckenbauer, Derwall, Ribbeck. Das spricht für unseren Sachverstand, oder? Oder anders ausgedrückt: Kleine Fußball-Politik in großer Höhe.

Die Jahreshauptversammlung ist ein wunderbares Ri-tual. Sie findet in der Berghütte von Lizzy und Manfred Krings statt. Da kämpfen Wolken und Wind um die nächtliche Vorherrschaft. Das Thermometer hat sich auf minus sechs bis acht Grad eingependelt. Schneeflocken klatschen gegen das massive Holz der Hütte. Drinnen ist es eng. Zwei runde Tische, zehn Stühle. Es mischen sich die Düfte von kubanischen Zigarren – Genießer Nr. 1 der «Kaiser» –, dampfenden Nudeln und österreichischem Edelzwicker. Eine Musi drängt in den Raum, drei Freunde aus Radstatt. Stammgäste. Mit Trompete und Akkordeon. Lizzy schenkt pausenlos nach. Ribbeck dirigiert rheinische Lieder, deren Texte er live dichtet. Beckenbauer pafft und versucht sich im Sprechgesang. Ich muss schon auf die Ofenbank steigen, um mir Gehör zu verschaffen. Beim Hans-Albers-Lied «Auf der Reeperbahn nachts um halb eins» dulde ich keine bayerischen Zwischenrufe. Ein Kurzvortrag über die Beschaffenheit der Schneekristalle eröffnet den «ernsthaften» Teil der Versammlung. Es folgen die Berichte der einzelnen «Abteilungsleiter». Die Stimmung steigt – bis «Luggi» Müller die säumigen Beitragszahler namentlich erwähnt. 500 Euro Jahresbeitrag fehlen noch von … Hier wollen wir lieber keine Namen nennen. Kein Geld zu besitzen macht auch nicht glücklich. Geld zu erwirtschaften und es nach eigenem Gutdünken wieder auszugeben, kann Spaß machen. Vor allen Dingen für fröhliche Stunden und Freundschaft. Weit nach Mitternacht quietscht die Holztür der Hütte. Kalte, eisige Luft strömt herein. Sie tut gut. Schneescooter transportieren uns Freunde ins Tal. Glückliche Menschen! Glücklichsein, reich an Lebensfreude – wer darf das von sich schon so behaupten wie ich?

Wir wissen, wenn wir in den Himmel schauen, wenn wir Sterne sehen: In diesen unvorstellbaren Weiten gibt es kein Leben. Der Mond ist tot. Unser blauer Planet Erde leuchtet in einem Universum, das schweigt. Wir aber – wir leben! Dafür bin ich dankbar.

Schneeforscher in Aktion: Max Lorenz, Willi Holdorf, Roman Köster und ich bei einem südländischen Folkloretanz.

Aus diesem Grund habe ich vor acht Jahren die Uwe-Seeler-Stiftung gegründet. Ich sage mir: Wer dem Sport so viel zu verdanken hat und auf der Sonnenseite des Lebens steht, der sollte jenen etwas abgeben, die niemals die Möglichkeit haben, ein solches Glück zu empfinden. Die auf der Schattenseite des Lebens stehen.

Ausschließlicher und unmittelbarer Zweck der Stiftung ist die selbstlose Unterstützung von Personen, die in Folge ihres körperlichen, geistigen oder seelischen Zustandes auf die Hilfe anderer angewiesen sind.

Sollten Sie, liebe Leserinnen und Leser dieses Buches, helfen wollen, dann sage ich schon jetzt: Herzlichen Dank! Am Ende des Buches finden Sie nähere Informationen über meine Stiftung.

Herzlichen Dank auch Dir, mein geliebter Fußballsport: Danke, Fußball!

Du warst, bist und bleibst mein bester Freund.

36 Ein Brief an meine Enkel

Meine lieben Jungs!

Lieber Timur, lieber Levin, lieber Peer!

Diese Zeilen werdet ihr jetzt noch nicht lesen. In eurem wunderbaren Alter von 8, 9 und 10 Jahren stürzt man sich auf Bilder, findet Fotos viel spannender als gedruckte Worte. So könnt ihr nun in aller Ruhe euren Opa betrachten. In der Luft. Beim Kopfball. Im Zweikampf. Jubelnd und trauernd. Springend und am Boden liegend. Mal ist er allein. Mal von vielen Menschen umgeben.

Wenn ihr in späteren Jahren so richtige Fußballer geworden seid, was ich mir sehr wünsche, werdet ihr dann auch die gedruckten Worte verstehen.

Fußball, meine lieben Jungs, war mein Leben. Er hat mich begleitet und erzogen. Genau so wie euren Urgroßvater Erwin und euren Großonkel Dieter. Euer Urgroßvater hat uns Jungs immer eingetrichtert: Fußball ist ein Mannschaftssport.

In einer Mannschaft muss sich jeder ein- und unterordnen. Ist dein Mitspieler nicht so gut drauf, dann musst du ihm helfen. Für ihn mitrennen und kämpfen, damit ihr ein Tor mehr schießt als die gegnerische Mannschaft. Ist dein Mitspieler besser platziert, dann schieb ihm den Ball zu, damit er das Tor schießen kann. Egoisten haben in einer Mannschaft nur kurzfristig Erfolg.

Hat dein Mannschaftskamerad sein Handtuch vergessen, dann gib ihm einen Zipfel von deinem eigenen ab – aber den trockenen.

Gibt's nur ein Stück Seife unter der Dusche, dann teilt.

Gibt's nur eine Flasche Wasser, macht keine zu großen Schlucke. Der Kumpel hat auch Durst. Und liegen beim Mannschaftsessen 15 Stücke Fleisch auf dem großen Teller in der Tischmitte, dann greift nicht gierig zu und schnappt euch zwei.

Eine Mannschaft siegt und verliert gemeinsam. Es ist schon was dran an dem Satz: «Erst in der Niederlage zeigt sich der wahre Sportsmann.»

Glaubt mir, Jungs: Das klare Erkennen von Niederlagen verwandelt sich in eine unwiderstehliche Kraft, sobald man den festen Entschluss fasst, sie zu überwinden.

Deshalb müsst ihr euch sagen: Ich will Erfolg haben, ich werde Erfolg haben. Und zwar den ehrlichen Erfolg. Ihr müsst auf dem Platz und in eurem Leben immer weiter kämpfen, auch wenn die Situation noch so ungünstig aussieht.

Aber nun schaut euch erst mal die Bilder von Opa an. Und dann reden wir.

Ihr wisst ja: Opa ist immer für euch da.

Aus meinen Fotoalben

1972 gab es im ausverkauften Volksparkstadion mein Abschiedsspiel:
der HSV gegen eine internationale Auswahl. Franz Beckenbauer war
gekommen ...

...und Eusebio, die «schwarze Perle» aus Portugal.

... und ich durfte gegen Gordon Banks einen Elfmeter verwandeln.

Am Ende bekam ich symbolisch von Schiedsrichter Rolf Herden die rote Karte gezeigt. Tschüs, Leistungssport Fußball!

Nun hatte ich endlich mehr Zeit für meine Familie. Für Ilka ...

... und für unsere drei Töchter!

Außerdem bleibt mir mehr Zeit für andere Sportarten. Zum Beispiel ein Trabrennen auf der Rennbahn in Hamburg-Bahrenfeld ...

... oder eine rasante Abfahrt auf der Skipiste in Obertauern.

... oder ein Tennismatch mit Boris Becker.

Und genug zu tun gibt es immer, auch wenn man nicht gerade Präsident eines Vereins ist. Der Nachwuchs braucht tatkräftige Unterstützung ...

Die Medien fordern ihr Recht auf freie Information und Meinung –
besonders wenn es mal nicht so gut läuft beim HSV oder bei der
Nationalelf.

.. und 2006 findet die WM in Deutschland statt! Darauf freuen sich –
so wie Ulla Kock am Brink und Reinhold Beckmann – alle Fußballfans.

IV. ANHANG ODER
ZUM SCHLUSS, ABER NICHT ZULETZT

Andere über mich: Stimmen von Zeitgenossen und Freunden

Franz Beckenbauer

Helmut Schön hatte gerade Sepp Herberger abgelöst und zum 1. Lehrgang nach Duisburg eingeladen. Das war im Herbst 1964 – und es begann die Vorbereitung für die WM 1966.

Zwei Spieler aus der Regionalliga durften dabei sein: Günter Netzer und ich. Es war für mich ein großes Erlebnis. Und es war das erste Mal, dass ich Uwe Seeler persönlich kennen lernte. Er war schon damals ein perfekter Kapitän, kam auf mich zu und begrüßte mich wie einen alten Bekannten.

Auch mein 1. Länderspiel, das entscheidende WM-Qualifikationsspiel in Schweden ein Jahr später, ist untrennbar mit dem Namen Uwe Seeler verbunden. Wir spielten in Stockholm, mussten gewinnen, um uns das Ticket für die WM zu sichern. Ich war erst 19 Jahre jung.

Uwe Seeler hatte gerade seine Achillessehnen-Operation auskuriert. Was heißt hier auskuriert: Die Ferse war noch offen, total vereitert. Mit so einer Wunde muss man normal ins Krankenhaus. Nicht ein Uwe Seeler. Er ließ sich von Adi Dassler ein Loch in das Leder an der Ferse schneiden und spielte. Dass er unser 2:1-Siegtor schoss, ist längst Legende.

Diese Härte zu sich selbst – einfach unfassbar. Dass und wie Uwe diese Schmerzen ertragen konnte ohne zu klagen, das war wirklich bewundernswert. Ein Typ mit Charakter.

Wie vor der WM 1970, als es hieß: Müller oder Seeler. Helmut Schön setzte auf Müller und Seeler. Aber das funktionierte nur deshalb, weil Uwe bereit war, seine Position aufzugeben, ins Mittelfeld zu rücken und für die Mann-

Franz Beckenbauer und Uwe Seeler mit Boxidol Max Schmeling, 1982

schaft zu arbeiten. Für mich war das die größte Leistung, die ich je gesehen habe.

Als Uwe Seeler nach dieser WM zurücktrat, wurde ich ein Jahr später sein Nachfolger als Kapitän. Uwe Seeler hat mir gezeigt, was es heißt, dieses Amt richtig auszufüllen.

Wir haben uns nie aus den Augen verloren. Zusammen in der «Uwe-Seeler-Traditionself» gespielt. Wir haben uns mit den Schneeforschern getroffen, einer lustigen Männer-Truppe. Der Vorsitzende seit 23 Jahren heißt Uwe Seeler.

Ja, der «Dicke» ist schon ein echter Typ. In seinem ganzen Leben ist er stets richtig platziert gewesen. Früher, auf dem Platz, war er immer da, wohin der Ball flog. Bei Festivitäten weiß er genau, wo der Wirt das Bier auf die Theke stellt. Beruflich steht er mit beiden Beinen richtig. Im Team von adidas.

Nur einmal stand er gefährlich falsch. Am Skihang in

Obertauern. Ich schoss um eine Kurve den Zielhang hinunter. Wer plauderte dort in der Mittagssonne? Uwe und unser Freund Max Lorenz. Einen Zusammenprall konnte ich gerade noch vermeiden. Wir waren alle drei ziemlich blass. Doch großzügig verzieh er mir meine Schussfahrt. Diese Großzügigkeit zeichnet ihn ganz besonders aus. Nie habe ich von ihm ein verletzendes, beleidigendes Wort gehört. Kritische Worte zur Sache – ja. Mehr darf ich ihn jetzt aber nicht loben. Sonst meckert er wieder rum.

Er ist eben ein Typ, der Uwe. Schade eigentlich, dass er kein Bayer ist.

Franz Beckenbauer, geb. 1945, bestritt 103 Länderspiele für Deutschland, wurde als Spieler (1974) und als Trainer (1990) Weltmeister und ist – wie Uwe Seeler – Ehrenspielführer der deutschen Fußball-Nationalmannschaft. Seit 1994 war er Präsident des FC Bayern München, jetzt Aufsichtsratsvorsitzender.

Dettmar Cramer

Mit dem Freund Uwe und dem Weltklasse-Fußballspieler Seeler verbinden mich seit Jahren viele unvergessliche Erlebnisse.

1952 haben wir uns zum ersten Mal getroffen. Uwe war 16 Jahre alt, und unter Leitung von Sepp Herberger bereiteten Jakl Streitle, Hans Rohde, Jak Oden und ich die Deutsche Jugendmannschaft in Duisburg auf das FIFA-Turnier 1953 in Belgien vor. Uwe war unser jüngster und bester Spieler, ein kraftstrotzender und lachender Bursche, den seine Freunde «Dicker» nannten.

Drei Monate später haben wir in Lüttich gegen Argentinien 3:2 gewonnen. Es war ein harter Strauß. Unsere Jungen haben sich förmlich ausgeblutet, und Uwe war ihr mit-

Bei der WM 1966: Wolfgang Overath, Karl-Heinz Schnellinger, Uwe Seeler, vorn Werner Krämer und Dettmar Cramer

reißendes Vorbild. 2:0 waren wir in Führung gegangen. Bis zur Halbzeit glichen die schockierten Argentinier aus. Nach dem Wechsel gelang uns das 3:2, und dann musste auf Biegen und Brechen gekämpft werden. Die heißblütigen Südamerikaner berannten pausenlos unser Tor und schnürten uns ein. Jetzt bewährte sich der Mensch und Spieler Uwe Seeler.

Er gab keinen Ball auf, verschenkte keinen Meter Boden, rannte, kämpfte und spielte unverdrossen. Wo ein Kamerad Hilfe brauchte, war Uwe zur Stelle – im eigenen Strafraum, im Mittelfeld oder ganz vorne in der argentinischen Hälfte. Er feuerte an, sprach gut zu und hielt noch Kontakt mit mir an der Torlinie. Ein Allerweltskerl war «uns Uwe».

1966 haben wir in Wembley beim Weltmeisterschafts-Endspiel zum letzten Mal zusammengearbeitet. Uwe war zur Gütemarke und zum Begriff geworden, weil er sich immer treu geblieben ist. Ein vorbildlicher Kapitän.

In der ganzen Welt kennt, schätzt und verehrt man ihn. Japaner, Brasilianer und Afrikaner fragen mich nach ihm. Uwe Seeler gehört zu den wenigen großen Vorbildern der Fußball-Jugend in aller Welt.

Dettmar Cramer ist einer der international renommiertesten deutschen Fußballlehrer. Sein Text erschien zuerst in dem Buch «Uwe, Uwe» von Werner Pietsch und Sven Simon, Ullstein-Verlag, Frankfurt–Berlin–Wien 1969.

Eduardo Galeano

Ein freundliches, vergnügtes Gesicht. Man kann ihn sich kaum ohne ein Glas schäumendes Bier in der Hand vorstellen. Auf den Fußballplätzen Deutschlands war er immer der Kleinste und Dickste: ein untersetzter, rundlicher Hamburger, der krumm lief und einen Fuß hatte, der größer war als der andere. Doch wurde Uwe Seeler zum Floh, wenn er sprang, zum Hasen, wenn er lief, und zum Stier, wenn er köpfte.

Im Jahre 1964 wurde dieser Mittelstürmer des Hamburger Sportvereins zum besten deutschen Fußballer gewählt. Er gehörte mit Leib und Seele zu Hamburg:

Eduardo Galeano

«Ich bin nur ein weiterer Fan meines Vereins. Der HSV ist meine Heimat», so sagte er.

Uwe Seeler lehnte alle Angebote ab, in den besten Mannschaften Europas zu spielen, so zahlreich und so lukrativ sie auch waren.

Er spielte in vier Weltmeisterschaften. «Uwe, Uwe!» zu rufen war die beste Art, «Deutschland, Deutschland!» zu rufen.

Der uruguayische Schriftsteller **Eduardo Galeano** ist bekennender Fußball-Fan. Sein Text über Uwe Seeler stammt aus seinem Buch «Der Ball ist rund und Tore lauern überall», erschienen im Peter Hammer Verlag, Wuppertal 1997. Abdruck mit freundlicher Genehmigung des Peter Hammer Verlags.

Sepp Herberger

Im Fußball zählen die Tore. Sie entscheiden über den Aus-
gang unserer Spiele, sie erbringen die so begehrten und heiß
umkämpften Punkte und sie bestimmen schließlich auch den
Platz in der Tabelle. Und weil der Torgewinn das Trumpf-As
unserer Spiele ist, waren und sind die Torjäger unter unseren
Aktiven allerorts und immer bevorzugt gefragt und gesucht.
Angeborener Instinkt für sich bietende Torchancen, blitz-
schnelle Reaktionsfähigkeit und ein Höchstmaß an körperlichen Fertigkeiten sind die hervorstechendsten Merkmale
dieses Spielertyps.

Uwe Seeler war von der Natur in geradezu begnadetem
Maße mit diesen Fähigkeiten ausgestattet worden, die er
dann durch Fleiß und beharrliche Strebsamkeit zu höchsten
Fertigkeiten entwickelt hat. Uwe ist für diese besondere Art
erfolgreichen Spiels geradezu zu einem Maßstab für alle

**Sepp Herberger (2. v. r.) zusammen mit Uwe Seeler und Fritz Walter
(l.), 1972. Gegenüber von Herberger: Rudi Houdek vom FC Bayern
München.**

Zeiten, zu einem festen Begriff, ist zum Prototyp des erfolgreichen Torjägers geworden.

Trotz schärfster Bewachung durch seine Gegenspieler, die seinen Spielraum einengten, ihn bedrängten und bekämpften, wusste er sich immer wieder in erstaunlicher Meisterschaft zu behaupten und durchzusetzen. Seine Tore und seine Torschüsse – aus allen Lagen, mit Kopf und Füßen abgefeuert –, schenkten uns unvergessliche und unvergleichliche Kampfbilder. Durch sie und mit ihnen erlebten wir immer wieder einen der Größten des deutschen und des Welt-Fußballs – «uns Uwe»!

Sepp Herberger (1897–1977) war viele Jahre Trainer der deutschen Fußball-Nationalelf. 1954 gewann er mit der deutschen Mannschaft den Weltmeistertitel. Sein hier abgedruckter Text erschien zuerst in dem Buch «Uwe, Uwe» von Werner Pietsch und Sven Simon, Ullstein-Verlag, Frankfurt–Berlin Wien 1969.

Walter Jens

Uwe, der Einzige. Ausgezeichnet vor allen anderen Fußballspielern, weil man ihn, und niemanden sonst, mit einem Possessiv-Pronomen ehrt, das für umfassende Gültigkeit steht. «Uns Uwe», das heißt, dieser gemütliche, ein wenig ins Breite geratene Mann ist, jenseits aller Parteien, ein verbindliches Vorbild: souverän und bescheiden, makellos und überaus herzlich, meisterlich und dennoch immer lernbereit. Der Beste seiner Zeit (neben Fritz Walter, der freilich immer mehr auf Abstand hielt) kehrte in keinem Augenblick den großen Boss heraus, sondern war ein Mannschaftsspieler, wie es bis heute keinen zweiten gibt. Einer, der das Ruder auch in ausweglosen Lagen herumreißen konnte und niemals aufgab. Geradeaus und schlicht, aber keineswegs unbedarft, sondern sachkundig und intelligent. Pastor Gerber wird ihm, als er konfirmiert wurde, schon die richtigen Worte auf den Weg gegeben haben, in St. Johannis an der Alster. Undenkbar, mag der Prediger gesagt haben, dass man die großen Kaiser je von Herzen «uns» nennen kann. «Uns» ist, bei aller Vorbildlichkeit, immer nur einer, der auch Kumpel sein kann. «Uns» ist – hörte Klein-Uwe, festlich gekleidet, solche Worte? – der «lieve God», der unter den Sternen, aber auch gleich nebenan wohnt: «Uns Vadder in Himmeln» (also überall, nicht nur da oben) heißt es zu Beginn der Bergpredigt.

Uwe, eine Legende, von der man nicht nur lesen, sondern die man auch anfassen konnte – manchmal sogar sehr nah. Ich erlebte es wie einen Ritterschlag, als ich 1975 meine Rede zum Jubiläum des Deutschen Fußballbundes hielt und «uns Uwe» anschließend zu mir kam. Immerhin hatte ich einst noch Carl-Heinz Mahlmann spielen sehen, den Bruder von Seelers großem Lehrmeister Günther Mahlmann – Seit' an Seit' mit «Assi» Halvorsen und, dank seiner Scherenschläge unerreichbar, Walter Risse senior. In meiner Rede vor dem DFB nun hatte ich die enge Verbindung von Sport und Politik thematisiert, hatte manches Provozierende gesagt, und die Funktionäre – Männer von Mayer-Vorfelders Schlag – reagierten wütend. Uwe aber kam auf mich zu und erklärte kurz und knapp: «Endlich, Herr Professor. Das musste mal gesagt werden.»

«Uns Uwe», die große, nicht nur Achtung, sondern Zuneigung gebietende Ausnahme. Kein Star, kein Mann der Sensationen, sondern ein *homme de sport*, dessen Ehrbarkeit über allem Klatsch und Tratsch steht. Wer über ihn spricht, tut gut daran, altertümliche Worte zu wählen: Noblesse, Bescheidenheit und – Demut, die mit dankbarer Verpflichtung zu tun hat. Wo andere, noch in gesetzten Jahren, den tollen Hecht herauskehren, hält es «uns Uwe» lieber mit

Walter Jens in Aktion beim Fußballspiel, 1960.

dem Bekenntnis zu Großvätern, die rechtzeitig aufhören können. Da schwimmt ein friedlicher Mann gelassen gegen den Strom, bekennt sich, statt Affären zur Schau zu stellen, zum geliebten Seeler-Clan, seiner Familie, zum handwerklich makellos durchgeführten adidas-Geschäft, zu den Großen und Kleinen, die wohlbegründet neben ihm stehen, und zu den Maximen des «Chefs», Seppl Herberger, der seinen Stars, sobald sie ein wenig nachlässig wurden, in strenger Rede die Leviten las.

Der Meister ist bescheiden geblieben; er kennt die Grenzen, vergisst den Tod nicht, wenn er von Triumphen spricht – aber er tut es beiläufig und unfeierlich, nach Art jener Hanseaten, die große Worte am liebsten ins Missingsch oder halb Plattdeutsche kehren: «Hest recht mokt, mien Söhn.»

Walter Jens, geboren 1923 in Hamburg, emeritierter Professor für Klassische Philologie und Allgemeine Rhetorik. 1975 hielt er eine viel beachtete Rede zum 75jährigen Jubiläum des Deutschen Fußballbundes. Lebt gemeinsam mit seiner Frau Inge in Tübingen.

Rosi Mittermaier

Einmal im Jahr, beim adidas-Golfturnier in Herzogenau-rach, erlebe ich Uwe Seeler ohne Lederball. Er zieht eine Golfkarre, flachst, hantiert mit seinen Schlägern herum und freut sich, wenn er meinen Mann Christian um Rat fragen kann. Christian hat ein einstelliges Handicap. Uwe wohl über 20. Das ist schon ein kleiner Klassenunterschied. Aber, und das finde ich erstaunlich, Uwe hört sehr aufmerksam zu und versucht sofort, die Ratschläge in die Tat umzusetzen. Ich glaube, so war er auch im Fußball. War er irgendwo nicht perfekt und dementsprechend unzufrieden, dann hat er die Schwächen bearbeitet, hat sie wegtrainiert.

Bei diesem Turnier wimmelt es immer von Schaulustigen und Medienleuten. Und da bewundere ich ihn. Mit ungeheurer Geduld schreibt er Autogramme. Mit freund-licher Gelassenheit steht er Rede und Antwort. Heute ist ja Erfolg oft eine kurzfristige Sache. Uwe Seeler aber, scheint mir, kennt diese Kurzfristigkeit nicht. Es muss ja Gründe geben, die ihn so «unsterblich» machen. Vielleicht ist der Hauptgrund ein ganz einfacher: Uwe ist trotz aller Aus-zeichnungen Mensch geblieben. Und: Er kann dankbar sein und zuhören. Ich kenne berühmte Leute, die niemals um Rat fragen. Das würde Uwe nicht passieren. Deshalb macht es mir großen Spaß, wenn mein Christian ihm die Schulter verdreht und die Schläger in Position bringt mit den Worten: «Uwe, so wird's gemacht.» Und der große Uwe wie ein gelehriger Schulbub nickt. Der deutsche Fußball hätte die-sen Mann gerade jetzt so dringend nötig. Ein Mann, der es allen gezeigt hat ... Auf dem Rasen. Und im Leben.

Rosi Mittermaier, geb. 1950, gewann als Skiläuferin 1976 bei den Olympischen Spielen in Innsbruck zwei Goldmedaillen und eine Silbermedaille. Sie ist verheiratet mit Christian Neureuther.

Uwe Seeler und Rosi Mittermaier

Pelé

Als man mich bat, ein paar Worte über meinen Freund Uwe Seeler zu äußern, bewegten mich zwei Dinge. Erstens: Es ist mir eine große Ehre. Zweitens: Ich habe an die Vergangenheit gedacht und musste feststellen, dass wir in die Jahre gekommen sind. Uwe wird 67, ich werde am 21. Oktober 63 Jahre alt.

Wie dankbar müssen wir zwei dem lieben Gott sein, dass er uns ein so wunderbares Leben geschenkt hat und wir noch immer einigermaßen fit sind.

Okay, es zwickt mal hier, es zwickt mal da. Über 21 Jahre Leistungssport Fußball – 1956 fing ich an, 1977 hörte ich in den USA auf – hinterlassen Spuren. Spuren von über 1300 Spielen.

Auch wenn ich nicht wie Uwe den klassischen Mittelstürmer spielte, so waren meine Gegenspieler in der Behandlung meiner Person nicht gerade zimperlich. Als ich Uwe 1994 bei der WM in den USA traf, zielte die erste Frage ganz auf das körperliche Wohlbefinden. Das gehört wohl an die erste Stelle, wenn sich ältere Herren wiedersehen. Es hat mich sehr gefreut, von ihm persöhnlich zu hören, dass es ihm privat und beruflich sehr gut geht. Und wie wichtig es ihm sei, Freundschaften zu pflegen. Mit Franz Beckenbauer, Bobby Charlton. Und mit Willi Schulz, der mir immer noch in sehr guter Erinnerung ist. Der gab ja keinen Zentimeter Boden freiwillig preis.

In drei Spielen, zweimal mit unseren Nationalmannschaften und einmal mit seinem HSV, habe ich Uwe hautnah als Fußballer erleben dürfen. Ich spreche zwar kein Deutsch, aber für seine Worte war auch kein Dolmetscher nötig. Er ist pausenlos gerannt und hat dabei pausenlos geredet. Mann oh Mann, habe ich gedacht, was ist das für ein Kapitän, was für ein harter Bursche. In dessen Mann-

Uwe Seeler und Pelé, 1974

schaft darfst du ja keine Sekunde verschnaufen und keine
Pause einlegen.

Uwes Wille ist weltberühmt. Ebenso sein Torinstinkt.
Besonders imponiert hat mir sein Kopfballspiel. Gerade wir
Brasilianer sind ja ein wenig anders. Wir erzielen unsere Tore
lieber mit den Füßen. Toll, wenn jemand beides beherrscht:
per Fuß und per Kopf. Wie Uwe Seeler.

Im Fußball von heute geht es nicht nur um Spielsysteme
oder um das rein sportliche Kräftemessen. Das Entstehen
einer «Fußball-Welt» mit Ländern aus allen Kontinenten
dieser Erde ist unverkennbar. Und: Fußball ist ein knallhartes, globales Geschäft geworden. Mit vielen Gewinnern
und vielen Verlierern.

Gerade deshalb ist es wichtig, die Vorbild-Funktion nicht
außer Acht zu lassen. Vorbilder mit Symbolcharakter wie
Uwe Seeler. Ich wünsche, dass sein Buch «Danke, Fußball»
vielen Menschen Freude bereitet und dass sie nach der

Lektüre zu dem Urteil kommen, dass dieses wunderbare, faszinierende, einfache Spiel eben nicht nur das knallharte Geschäft ist.

Mein Buch mit dem Titel «Ich bin Pelé» hat diese Wirkung erzielt. Und Uwe schafft das auch, weil er immer alles geschafft hat, was er wollte. Der Mann mit dem eisernen Willen – auch im Seniorenalter.

Pelé, eigentlich Edson Arantes do Nascimento, gilt als der beste Spieler der Fußballgeschichte. Er wurde mit der Nationalelf Brasiliens dreimal Weltmeister. Sein Beitrag wurde aus dem Portugiesischen übersetzt von Johanna Schwering.

Jürgen Roland

Mensch, Uwe – das hätte ich mir nun wirklich nicht träumen lassen (und ich habe schon von Berufs wegen eine Menge verrückter Träume gehabt), dass ich eines Tages aufgefordert würde, über meinen Freund Uwe Seeler zu schreiben.

Was habe ich denn zu erzählen außer ein paar «Döntjes», wie man bei uns in Hamburg sagt? Kleine Geschichten und Impressionen fallen mir ein. Aber vielleicht steckt doch in manchen solcher Döntjes viel Aufschlussreiches ...

Besonders beeindruckt haben mich zum Beispiel immer Deine Zuverlässigkeit und Disziplin. Du warst ja lange Zeit an vorderster Front des größten deutschen Sportschuhherstellers tätig. Und ich vergesse nie, wie Du korrekt und hanseatisch zuverlässig auch nach durchgefeierten Nächten im Anschluss an manches Prominentenspiel in Deinen Wagen stiegst und auf die Walz gingst: «Ich muss auf Tour, Kinder – tschüss!»

Klasse fand ich auch, dass Du Dich nie an der Farbe meiner Hosen gestört hast. Denn ich bin ja eigentlich ein

Uwe Seeler und Jürgen Roland

Mann vom FC St. Pauli – mit dunkelbraunen Hosen, und schon als Junge fühlte ich mich manchmal unwohl, wenn ich von einem «Meer von roten Hosen» umgeben war. Du warst Dein Leben lang HSVer, aber Du hast Dir immer viel Sympathie für die «Braunweißen» bewahrt. Typisch Uwe!

Einmal, als wir wieder mal zusammen für einen wohltätigen Zweck gespielt hatten – ich glaube, zugunsten «unserer» Muskelschwundhilfe –, trafen wir uns nach dem Spiel in der Umkleidekabine am Rothenbaum. Der Veranstalter teilte uns mit Trauermiene mit, dass die Einnahmen für den guten Zweck gering bis peinlich ausgefallen waren. Du und Deine Mitspieler, fast ausnahmslos Profikicker mit teilweise großen Namen, schauten betreten. Schließlich nahmst Du das Ruder entschlossen in die Hand und sagtest: «Dann hilft das nix, ich stell' hier mal 'ne Schachtel hin, und Ihr werdet da nun richtiges Geld reintun! Die Leute, für die wir hier aufgelaufen sind – was sollen die von uns denken? Ich jedenfalls möchte mit dem Gefühl nach Hause gehen, ein bisschen was bewirkt zu haben!» Und es kam ordentlich was zusammen.

Zu meinem letzten «runden» Geburtstag, den ich im Atelier des Studio Hamburg feierte, kamst Du natürlich, obwohl es immerhin der erste Weihnachtstag war. Und dass Du ein ausgesprochener Familienmensch bist, wissen selbst die, die sonst nur von Deinen Fallrückziehern träumen. Du kamst also zu diesem Empfang, schenktest mir ein Trikot, das Du bei jener legendären Weltmeisterschaft in England getragen hattest, und sagtest ein paar Worte – kurz, aber ich habe sie bis heute nicht vergessen.

Was soll ich Dir sagen, Uwe! – Vor vielen Jahren, als es darum ging, meinem Sohn im Alter von acht Jahren ein Vorbild zu benennen, von dem ich mit Überzeugung der Annahme war, dass seine Vorbildfunktion bis ans Ende unserer Tage hält, da warst Du es, der mir sofort einfiel. Dein Bild hängt noch heute im Zimmer meines Sohnes – obwohl er eigentlich ein Fan des SV Werder Bremen ist.

Die Aufrichtigkeit, von seinem «Vadder» gelernt; die beispielhafte Art, sich ganz bewusst von seiner klugen Frau leiten zu lassen; die Treue zu seinen Freunden – das alles und noch viel mehr macht eine Person, eine Persönlichkeit aus, die mir zu den bleibenden Eindrücken meines Lebens verholfen hat. Von wegen «Döntjes» . . .

Der Regisseur **Jürgen Roland**, geb. 1925 in Hamburg, inszenierte zahlreiche Kinofilme und Fernsehserien, darunter «Stahlnetz», «Großstadtrevier» und «St. Pauli Report».

Dieter Seeler

Uwe und ich – die ungleichen Seeler-Brüder des HSV. Mann, was ist über uns schon alles gesagt und geschrieben worden. Und nicht immer war alles haargenau richtig ...

Es gibt Brüder, die geben sich wie Zwillinge. Trotzdem mögen sie sich nicht. Bei Uwe und mir war und ist das anders: Wir sind zwar ganz unterschiedliche Typen – leiden aber konnten wir uns immer verdammt gut. Wir hielten zusammen wie Pech und Schwefel – als Straßenfußballer, später beim HSV und heute.

Es hat mich und das Verhältnis zu meinem Bruder nie belastet, dass ich, der Ältere, sportlich im Schatten von Uwe stand. Im Gegenteil. Uwes Erfolge stachelten einmal meinen sportlichen Ehrgeiz immer wieder neu an, zum anderen machten sie mich schon bannig stolz auf den «kleinen Bruder».

Allerdings – stolz war ich natürlich auch, dass ich in einer Mannschaft spielen konnte, die Uwes steile Karriere ja erst ermöglichte. So wurde ich durch den HSV an Uwes Werdegang beteiligt.

Ich weiß noch, wie Uwe als Steppke von acht, neun Jahren beim Straßenfußball oder in der Schulhaus-Mannschaft Martinistraße immer bei uns, den älteren Jungs, aufkreuzte, um mitzubolzen.

Schon damals verriet er etwas von seinem typischen Fußball-Stil, der ihn später zum Weltklassemann machte: Dynamischer Kraftfußball, gepaart mit unheimlichem Torinstinkt und den vom «Vadder» geerbten Fighterqualitäten. Er hieß damals der «kleine Brecher». Und Tore konnte er schon machen ...

Da passierte mal eine hübsche Geschichte. Es war 1948. Uwe spielte in der HSV-Knaben in Ochsenzoll. Ein Freund

Dieter und Uwe Seeler

von Vater, angetan von Uwes Spiel, sagte: «Erwin, für jedes Tor von deinem Jungen zahle ich zwei Mark.» Ein Angebot, das der Mann nie mehr wiederholte. Denn Uwe, ohne von dieser Prämie zu wissen, schoss zwölf Tore. Und 24 Mark klimperten danach in seiner Sparbüchse.

Als ich nach meinem dreijährigen Altonaer Gastspiel 1955 wieder zum HSV zurückkehrte, hatte Uwe, den sie jetzt den «Dicken» nannten, schon seinen Stammposten als Mittelstürmer. Ich wurde auf Rechtsaußen gestellt. Klappte zuerst nicht besonders gut. Bis sich alles eingespielt hatte, sagten sich Uwe und ich öfter mal während des Spiels 'n paar brüderliche Wahrheiten. Nach dem Spiel aber war alles vergessen.

Jungs, was hatten wir vor den Oberligaspielen bei uns zu Hause immer für 'n Spaß. Uwe und ich hörten seinerzeit besonders gern die Nummer «New Orleans Function» von Louis Armstrong. Um also gute Laune für das Spiel zu bekommen, legten wir am Sonntagvormittag immer die große Schellackplatte auf und marschierten singend zu diesem Begräbnismarsch durch die Wohnung.

Durch alle Zimmer, immer wieder um den Esszimmertisch herum. Und manchmal marschierte summend auch unser Vater mit. Mutter, die ja das Essen nicht auftragen konnte, stand dann in der Tür, schüttelte den Kopf – und lächelte. Sie fand ihre Männer prima. Ja, Uwe und ich hatten ein einmaliges Elternhaus.

Später, als ich Seitenläufer spielte, hat man oft behauptet, dass ich «Uwes Rächer» gewesen sei. Dass ich immer überaus hart eingestiegen bin gegen eine Mannschaft, die meinen Bruder besonders unsanft behandelt hat. Ich glaube nicht, dass das stimmt. Bewusst jedenfalls habe ich Uwe nie «gerächt».

Der konnte sich auch selbst wehren, der brauchte keinen Beschützer. Und hart war er von Natur aus. Da fällt mir ein – besonders am Kopf und schon als Kind.

Unmittelbar nach dem Krieg war es, als sich Uwe nahe bei unserem Haus auf einem Trümmergrundstück eine Höhle gebaut hatte. Dabei fiel ihm eines Tages mal ein Ziegelstein auf den Kopf. Uwe, er war noch nicht mal neun Jahre alt, kam aber nicht nach Hause: Er zog sich bloß seine Schirmmütze tiefer in die Stirn und spielte weiter.

Erst am Abend sahen die Eltern die Bescherung. Als Uwe die Mütze abnahm, war sie ganz voll Blut: Er hatte ein tiefes Loch im Kopf. Und er musste ins Krankenhaus.

Wir Seeler-Brüder drehten auf dem Fußballplatz manch nettes Ding. Das schönste aber gelang uns im Endspiel um die Deutsche Meisterschaft 1960 beim 3:2 gegen Köln.

Wir hatten gerade das 0:1 geschluckt, und die Kölner lagen sich selig in den Armen. Auf dem Weg zum Anstoßkreis knurrte ich Uwe an: «Geh sofort steil, du kriegst einen langen Ball.» Uwe nickte, stieß den Ball an und fegte wie die Feuerwehr gegen das Kölner Tor. Er erwischte mein Zuspiel – es stand 1:1.

Ich wünsche dem HSV, dass bald wieder so ein Uwe für ihn stürmt!

Dieter Seeler, Uwes fünf Jahre älterer Bruder, spielte mit ihm gemeinsam viele Jahre in der ersten Mannschaft des HSV. Er starb 1979 an Herzversagen. Sein Text entstand anlässlich von Uwe Seelers Abschied vom aktiven Fußball und wurde zuerst in der BILD-Zeitung am 11. März 1972 veröffentlicht.

Jürgen Werner

«Dasselbe wollen und dasselbe nicht wollen, das erst ist feste Freundschaft» – vor 2000 Jahren hat dies ein weiser Mann gesagt. Es soll auch die Überschrift sein über die persönlichen Worte, die ich heute Abend an Dich, lieber Uwe, richten möchte.

Menschen, die Deinen Lebensweg begleitet und Dich geprägt haben, haben dies – bewusst oder unbewusst – stets als Maxime beachtet: deine Eltern, Kurt Klüver, Günther Mahlmann, Sepp Herberger sollen stellvertretend oder auch beispielgebend dafür stehen: Dasselbe wollen und nicht wollen. *Für* Dich, aber auch *von* Dir gewollt.

Dahinter steht ein gemeinsames Prinzip: *gefordert* und *gefördert* werden. Diese pädagogische Einsicht gilt für die Erziehung wie auch für den Sport gleichermaßen: Förderung bedeutet auch immer Forderung – bei Kindern, bei Jugendlichen, bei Erwachsenen. Deine Schulausbildung, die harte Lehre, Deine sportliche Laufbahn, Deine berufliche Karriere sind Belege dafür: ob Eltern, Lehrherr, Trainer oder Chef – sie forderten Leistung und förderten damit Deine

Uwe Seeler (hintere Reihe, 4. v. l.) und Jürgen Werner (mittlere Reihe, 2. v. l.) in einer Jugendmannschaft des HSV

Entwicklung. So entstehen Normen und eigene Wertvorstellungen, die Du ja auch weitergegeben hast: Deine Töchter sind erfolgreiche, lebende Beweise meiner Aussagen.

Ohne Rückbesinnung auf Ochsenzoll 1946/47 wäre mein persönliches Porträt von Dir nicht denkbar: gemeinsame Fahrten per Fahrrad 12 Kilometer hin, 12 Kilometer zurück – Brühe und Brause als Anerkennung für gute Spiele – gemeinsame Feiern in selbst hergerichteten, kargen Räumen sind mehr als Nostalgie: Sie zeigen, wie Heimat und Herkunft Dich persönlich und sportlich geprägt haben. HSVer und Hamburger zu sein war für Dich Bewusstsein und Bekenntnis zugleich: Hier bin ich zu Hause, hier fühle ich mich wohl. Dies galt übrigens auch für Deinen Bruder Dieter, den nicht nur wir beide sehr geliebt haben.

Viele Menschen haben diese Haltung nicht nur akzeptiert, sondern gefühlt und empfunden: Der denkt und fühlt wie wir, trotz seiner herausgehobenen Stellung. Das Verhältnis unserer Gesellschaft zum Sport, insbesondere dem Fußball, ist gekennzeichnet auf der einen Seite durch die maßlose Überbewertung und Heroisierung seiner Akteure, andererseits durch eine indifferente, fast ablehnende Haltung. Sie reicht etwa vom Idol bis zum Klischee vom doofen Fußballer oder der gescheiterten Existenz. (Das Beispiel bei der Meisterschaftsehrung 1960 im Rathaus erinnern wir beide gut: «Ach, das sind die, die später immer eine Tankstelle kriegen!» – Der Mann tut uns noch heute Leid, der dies damals von sich gab.) Es gibt genauso gut gescheiterte Ärzte, Anwälte, Kaufleute, Journalisten, Politiker und Lehrer, denen das Erlebnis, die Erfahrung, die Prägung durch den Sport, besonders aber den Fußballsport gut getan hätte. Denn die Prägung durch die Gemeinsamkeit im Sport, das Erlebnis sportlicher Höchstleistung bis hin zur totalen Erschöpfung, die frühe Erfahrung von Sieg und Niederlagen sind nirgendwo unmittelbarer, körperlich und seelisch erfahrbarer als im Sport – und damit prägend für den Charakter.

Damit bin ich wieder bei Dir direkt, lieber Uwe: Du hast den Kult um Deine Person durch Deine persönliche Haltung – Hamburger sagen: englisches Understatement – erträglich gemacht und auf's Fußballspiel gelenkt. Das Spiel, dem Du *auch* Deine gesellschaftliche Stellung verdankst, verdankt Dir gesellschaftliche Anerkennung. Der Empfang im Rathaus heute, das Große Bundesverdienstkreuz sind dafür nur zwei Beweise.

Natürlich gibt es keine Laudatio ohne Einschränkung. Auch hierzu meine ganz persönlichen Anmerkungen: Deine Besessenheit ließ Dich oft Deine Umwelt vergessen. Deine Leistung galt, an ihr hast Du uns gemessen und dabei vergessen: der Individualist Uwe mit seinen vielen natürlichen Anlagen übersah, dass *wir* uns vieles erst erarbeiten mussten. Aber noch heute gilt auch diese meine Überzeugung: Ohne Dich wären wir nie Deutscher Meister geworden, wären wir nie so erfolgreich im Europapokal gewesen (es ist allerdings bis heute nie ganz geklärt, ob Charly Dörfel oder Du gegen Barcelona den Ball vertändelt hast). Dein leidenschaftliches Engagement war Stärke und Schwäche zugleich: «Ihr habt Euch wieder was zusammengespielt» schloss nur in Gedanken Selbstkritik mit ein. In frühen Jahren waren Deine Urteile gelegentlich mehr durch Gefühl als durch Gerechtigkeit geprägt. Dagegen half oft ein kurzes Wort: «Mensch, Dicker!»

Jürgen Werner, 1935–2002, spielte schon als Jugendlicher zusammen mit Uwe Seeler beim HSV. Die hier gedruckte Rede hielt er anlässlich von Uwe Seelers 50. Geburtstag am 5. November 1986 im Hamburger Rathaus.

Daten und Fakten –
eine kleine Uwe-Seeler-Chronik

5. November 1936	Als drittes Kind von Anni und Erwin Seeler in Hamburg geboren
1. April 1942	Einschulung in Eppendorf (in die heutige Wolfgang-Borchert-Schule)
1. April 1946	Eintritt in den HSV
1. Januar 1952	Beginn einer Lehre bei der Speditionsfirma Schier, Otten & Co.
März/April 1953	Teilnahme am FIFA-Jugendturnier in Belgien
15. August 1953	Erstes Spiel in der Liga-Mannschaft des HSV im Freundschaftsspiel gegen den 1. SC Göttingen 05 (1 : 0)
April 1954	Teilnahme am FIFA-Jugendturnier in Westdeutschland, Torschützenkönig mit 13 Treffern
Juli 1954	Spielberechtigung als HSV-Ligaspieler durch eine DFB-Sonderregelung für den erst 17-Jährigen
29. August 1954	Erstes Oberliga-Spiel und -Tor für den HSV gegen den VfB Oldenburg (3 : 0)
16. Oktober 1954	Erstes Länderspiel für Deutschland gegen Frankreich (1 : 3)
4. April 1955	Das erste Auto: ein VW-Käfer
1955–1963	Norddeutscher Meister mit dem HSV – neun Jahre hintereinander
5. August 1956	1 : 3-Niederlage gegen den Karlsruher SC im Finale des DFB-Pokal in Karlsruhe
23. Juni 1957	1 : 4-Niederlage gegen Borussia Dortmund im Finale um die Deutsche Meisterschaft in Hannover
1. Dezember 1957	Erster und einziger Platzverweis wegen Nachtretens im Oberligaspiel gegen den TuS Bremerhaven 93

18. Mai 1958	0 : 3-Niederlage gegen den FC Schalke 04 im Finale um die Deutsche Meisterschaft in Hannover
Juni 1958	Erste WM-Teilnahme bei der Endrunde in Schweden, 4. Platz
8. Juni 1958	Erstes Länderspiel-Tor beim 3 : 1 gegen Argentinien in Malmö
18. Februar 1959	Trauung mit Ilka Buck in St. Johannis, Hamburg-Eppendorf durch Pastor Gerber
4. Juni 1960	«Jahrhundert-Tor» per Fallrückzieher im Endrundenspiel zur Deutschen Meisterschaft gegen Westfalia Herne
25. Juni 1960	3 : 2-Sieg gegen den 1. FC Köln im Finale um die Deutsche Meisterschaft in Frankfurt, zwei Treffer
5. August 1960	«Deutschlands Fußballer des Jahres» bei der erstmaligen Vergabe dieses Titels
29. März 1961	Geburt der ersten Tochter Kerstin
1. April 1961	Auf Vermittlung Sepp Herbergers norddeutscher General-Vertreter für die Sportartikelfirma adidas
26. April 1961	Ablehnung eines 1-Million-Mark-Angebots von Inter Mailand
20. September 1961	Zum ersten Mal Kapitän der Nationalmannschaft beim 5 : 1-Sieg gegen Dänemark in Düsseldorf
Mai/Juni 1962	Zweite WM-Teilnahme bei der Endrunde in Chile, Viertelfinale-Aus gegen Jugoslawien (0 : 1)
14. August 1963	3 : 0-Sieg gegen Borussia Dortmund im Finale des DFB-Pokals in Hannover, Schütze aller Tore
24. August 1963	Erstes Bundesliga-Spiel bei Preußen Münster (1 : 1)
31. August 1963	Erstes Bundesliga-Tor beim 3 : 2 gegen den 1. FC Saarbrücken
7. Oktober 1963	Geburt der zweiten Tochter Helle

23. Oktober 1963	Berufung in die Weltelf zum Spiel gegen England in London (1 : 2)
11. Mai 1964	Erster Torschützenkönig der neuen Bundesliga mit 30 Toren
7. September 1964	Zum zweiten Mal «Deutschlands Fußballer des Jahres»
23. Juni 1964	Berufung in die Europa-Auswahl zum Spiel gegen Jugoslawien in Belgrad (7 : 2, 2 Tore)
20. Februar 1965	Drohendes Karriere-Ende nach Achillessehnen-Riss im Bundesligaspiel bei Eintracht Frankfurt
3. August 1965	Comeback nach der Achillessehnen-Operation im Spiel des HSV gegen die HSV-«Fohlen»
26. September 1965	Entscheidendes Tor zum 2 : 1-Sieg im WM-Qualifikationsspiel gegen Schweden in Stockholm
Juli 1966	Dritte WM-Teilnahme bei der Endrunde in England, Vizeweltmeister
3. Mai 1967	Geburt der dritten Tochter Frauke
10. Juni 1967	0 : 4-Niederlage gegen den FC Bayern München im Finale des DFB-Pokal in Stuttgart
23. Mai 1968	0 : 2-Niederlage gegen den AC Mailand im Finale des Europapokals der Pokalsieger in Rotterdam
1. Juni 1968	Rücktritt aus der Nationalmannschaft
31. Mai 1969	100. Bundesliga-Tor beim 1 : 4 gegen Eintracht Frankfurt
21. September 1969	Comeback in der Nationalmannschaft beim 1 : 1 gegen Österreich in Wien
Juni 1970	Vierte WM-Teilnahme bei der Endrunde in Mexiko, 3. Platz
28. August 1970	Zum dritten Mal «Deutschlands Fußballer des Jahres»
9. September 1970	Letztes Spiel für die Nationalmannschaft gegen Ungarn in Nürnberg (3 : 1),

	Ernennung zum Ehrenspielführer, Auszeichnung mit dem Großen Bundesverdienstkreuz (als erster Sportler überhaupt)
18. März 1972	137. und letztes Bundesliga-Tor gegen Borussia Mönchengladbach (1 : 0)
22. April 1972	Letztes Bundesliga-Spiel gegen den VfB Stuttgart (1 : 2)
1. Mai 1972	Ende der Profi-Karriere mit einem Abschiedsspiel des HSV gegen eine Europa-Auswahl vor 72 000 Zuschauern im Volksparkstadion (3 : 7, 2 Tore)
30. Juni 1972	Letztes Spiel für die HSV-Ligamannschaft beim Freundschaftsspiel gegen den TSV Westerland auf Sylt (4 : 2, 3 Tore)
23. April 1978	Einsatz für FC Celtic Cork im Ligaspiel der irischen Premier Division gegen FC Shamrock Rovers (2 : 6, 2 Tore)
1986	Inhaber der Sportbekleidungsfirma «Uwe-Seeler-Moden»
5. Oktober 1995	Kommissarischer HSV-Präsident als Nachfolger von Ronald Wulff
27. November 1995	Wahl zum HSV-Präsidenten (mit 954 von 956 Stimmen)
1996	Gründung der «Uwe-Seeler-Stiftung» für unschuldig in Not geratene Menschen
24. März 1998	Erklärung des Rücktritts als HSV-Präsident zum 30. Juni
10. Juni 1998	Aufnahme in die «Hall of Fame des Deutschen Fußballs»
November 2001	Olympia-Botschafter für die Hansestadt Hamburg

Namenregister

*Die kursiv gesetzten Zahlen
bezeichnen die Abbildungen*

A

Ahlisch, Richard 91
Albertosi, Enrico 221
Albertz, Jörg 256, 257
Aldenhoven, Heinz 240
Armstrong, Louis 300
Arnold, Hans 239
Assauer, Rudi 263
Auer, Karl 150

B

Bachramow, Tofik 194f.
Bähre, Harry 207f. 250,
    255f., 259f.,
    261, 255
Bandow, Udo 261–264
Banks, Gordon 244, *198,
    273*
Barrelet, Horst 249
Basten, Marco van 42
Bastrup, Lars *249*
Bauwens, Peco 95, 148
Baxter, Jimmy *121*
Beck, Alfred «Coppy» 35
Beckenbauer, Franz 61, 99,
    112, 156, 187f., 193,
    195–197, 205, 214, 218f.,
    221, 241, 244, 249, 253f.,
    267f., 282–284, 294,
    226–227, 231, 272, 283
Becker, Boris *277*
Becker, Horst 264
Beckmann, Reinhold *279*

Bell, Collin 219
Bender, Tom 238
Bente, Alfred «Alf» 84
Bente, Inge 86
Berghoff, Dagmar 264
Berlusconi, Silvio 41
Bernard, Günter 206,
    226–227
Best, George 244
Bierhoff, Oliver 41, 105
Blanco, Roberto 245
Blankenburg, Horst 42f.
Blatter, Joseph «Sepp» 85
Börner, Rolf 25
Bonetti, Peter 219, *233*
Bongartz, Hannes 186
Bonhof, Rainer 186
Boninsegna, Roberto 220,
    222
Bosman, Jean-Marc 256
Brauer, Max 138
Brauner, Jo 139, 254
Brocker, Günther 241
Brülls, Albert 59, 69, 196,
    226–227
Brüns, Hermann 267
Brungs, Franz 241
Brunnenmeier, Rudi 188
Buck, Ina (Schwiegermutter)
    79
Burdenski, Dieter 241
Burgnich, Tarcisio 47, 222
Butt, Jörg 258

C

Cajkovski, Zlatko «Tschik» 205
Calmund, Reiner 252
Canellas, Horst Gregorio 236, 239, 241
Cera, Pierluigi 221
Charlton, Bobby 195, 218f., 244, 294
Corso, Mario 47
Cramer, Dettmar 23, 29, 197, 206, 284–286, *226–227*, *285*
Cruyff, Johan 42f.

D

Dahn, Heinz *226–227*
Dassler, Adolf «Adi» 82–84, 87f., 282, *116, 117*, *226–227*
Dassler, Brigitte (Tochter) 85
Dassler, Horst (Sohn) 85
Dassler, Inge (Tochter) 85
Dassler, Karin (Tochter) 85
Dassler, Käthe (Ehefrau) 85
Dassler, Rudolf 83
Dassler, Sigrid (Tochter) 85, 86
Dehn, Horst «Hotte» 26
Deppisch, Gertrud, geb. Seeler (Schwester, genannt «Purzel») 92, 130f., 136, *132, 176*
Deppisch, Horst (Schwager) 131
Derwall, Jupp 35, 267
Deuser, Erich *226–227*
Dienst, Gottfried 194f., 199

Dörfel, Bernd 151f.
Dörfel, Friedrich «Friedo» 26, 151, *72*
Dörfel, Gert «Charly» 26, 38, 65, 67f., 151f., 187, 305, *66, 76*
Dörfel, Richard 26, 151, *72*
Doll, Thomas 250
Domenghini, Angelo 222
Draxler, Alfred 254
Dreyfus, Louis 86

E

Eckel, Horst 247
Eisele, Hans 239
Elizabeth II., Königin von England 35, 192f., *182*
Emmerich, Lothar «Emma» 28, 193, 197, *226 227*
Engel, Jürgen 255f., 259, 261, *255*
Erhardt, Herbert 35f., 69, 97, *75*
Erichsen, Harald 264
Eusebio 245, *121, 272*
Evaristo, Juan 67f.
Eyzaguirre, Luis Armando *121*

F

Facchetti, Giacinto 47, 220
Fahrian, Wolfgang 98
Fassnacht, Rudi 239
Fichtel, Klaus 218, 241
Fischer, Klaus 241
Fischer, Kurt 164, *178*
Flohe, Heinz 186
Folger, Sepp 267

Foncho 67, 68
Franz, Ludwig 98

G
Galeano, Eduardo 286–287, *287*
Gawliczek, Georg «Schorsch» 164, 206, 249, *185*
Gemmill, Archibald 244
Gensana, Enric *77*
Gento, Francisco *121*
Gerber (Pastor) 163
Giesemann, Willi «Tille» 97, 207f.
Gösmann, Hermann 95, 99
Golz, Richard 258
Goodman, Benny 176
Grabowski, Jürgen 218, 221, *226–227*
Graf, Hermann 112
Groh, Jürgen *249*
Grosser, Peter 188
Gullit, Ruud 42
Gutendorf, Rudi 44, 156, 202, 249

H
Haaren, Heinz van 241
Hackmann, Werner 258f., 261–262
Haller, Helmut 186, 193f., 196f., 216, *226–227*
Halvorsen, Asbjörn 147, 290
Hamrin, Kurt «Kurre» 109, 207
Hanot, Gabriel 63f.
Happel, Ernst 42, 100, 156, 248, 250, 257

Harder, Otto «Tull» 147, 151, *149, 159*
Harpers, Gerhard 35
Hauenschild, Paul 156f., *73, 78*
Havelange, Joao 85
Heese, Horst 249
Heid, Gerhard 251
Heiner, Erhard 86
Held, Siegfried «Siggi» 193, 221, *226–227*
Henchoz, Stephane 258
Herberger, Eva 114
Herberger, Sepp 26–34, 49f., 62, 69, 82–84, 87, 93f., 96, 98f., 106, 109, 111, 114, 163, 184, 186, 192, 197, 214, 267, 282, 284, 288f., 291, 302, 307, *27, 76, 113, 119, 185, 288*
Herden, Rolf *273*
Herkenrath, Fritz 29, 35
Herrera, Helenio 39–41, 45–48, 50, 52, 62, 82
Herrmann, Günter 59
Heynckes, Jupp 200
Hieronymus, Holger 262, *249*
Hitler, Adolf 131
Höfel, Werner 105, *106*
Höfl, Herbert 266f.
Hoeneß, Uli 186, 254
Höper, Heinrich 42, 44
Höttges, Horst-Dieter 187, 193, 206, 218, 244, *226–227*
Hofmann, Richard 185
Holdorf, Willi 267, *269*
Horchler, Dieter 264

Hornig, Heinz *226–227*
Houdek, Rudi 267, *288*
Hrubesch, Horst 249, *249*
Humphries, Les 245
Hunke, Jürgen 249–251, 258, 264
Hunt, Roger *198, 228*
Hurst, Geoffrey 194f., 219, 244

I

Islacker, Franz «Penny» 32

J

Jacobs, Dietmar *249*
Jagielski, Helmut 206
Jairzinho 47, 244
Jara, Kurt 249
Jaschin, Lew *121*
Jens, Inge 291
Jens, Walter 289–291, *291*
Jessen, Siggi 25
Johannsen, Helmut 206
Jürgens, Udo 245
Juskowiak, Erich 109, *75*

K

Kabel, Heidi 254
Kahn, Oliver 148
Kaltz, Manfred 249, 251, *249*
Kargus, Rudi 251
Kaufhold, Gerhard 35
Keegan, Kevin 153, 155f., 249, *154*
Kentschke, Gerd 239
Kindermann, Hans 238, 241
Kindl, Dieter 266f.

Kichstein, Peer (Enkel) 270f.
Kirsten, Ulf 105
Klein, Wolfgang 249
Klinsmann, Jürgen 105
Klötzer, Kuno 100, 155f., 249, 257
Kloth, Werner 26
Klüver, Kurt 158, 160, 198, 302
Kmetsch, Sven 258
Knöpfle, Georg 204, 206–208
Koch, Kurt 207, 208
Kock am Brink, Ulla *279*
Kocsis, Sandor 67, 68
Köster, Roman 267, *269*
Kohlmeyer, Werner 35f.
Koninski, Walter 264
Konrad, Willi 238, 240
Kopa, Raymond *121*
Koslowski, Willi 97
Krämer, Werner «Eia» 188, *226–227, 285*
Kremer, Franz 99, 202, 204
Kreß, Richard 59, 69
Krings, Lizzy 267f.
Krings, Manfred 267
Krohn, Peter 155f., 249
Krug, Gerhard 26, *73*
Kubala, Ladislav 67
Kubsch, Heinz 29
Kühne-Hellmessen, Ulrich 238
Kunter, Peter 240
Kupfer, Anderl 69
Kurbjuhn, Jürgen 163
Kuzorra, Ernst 150
Kwiatkowski, Heinrich 29

L

Laband, Fritz 25
Lange, Volker 255f., 258f.,
  261, *255*
Lattek, Udo 197, *226–227*
Law, Denis *121*
Lechner, Georg 163f.
Letchkov, Yordan 252
Libuda, Reinhard «Stan» 218,
  241
Liebrich, Werner 35f., 247
Lippens, Willi 152
Löhr, Hennes 218f.
Lollobrigida, Gina 41
Lorenz, Max 103, 127, 135,
  206, 218, 267, 284,
  226–227, 269
Lübke, Heinrich 195
Lütkebohmert, Herbert 241
Lutz, Friedel *226–227*

M

Maaßen, Peter 239
Märkl, Rudi 267
Magath, Felix 155, 248f.,
  256f., *249*
Mahlmann, Carl-Heinz 63,
  290
Mahlmann, Günther 23, 25,
  30, 43, 45f., 48, 49, 58,
  62–64, 68f., 93–95, 105f.,
  140–144, 160, 290, 302,
  36, 73, 113, 118
Mai, Karl 28f.
Maier, Sepp 205, 218, 222,
  244, *226–227*
Manglitz, Manfred 238f., 241
Mares, Rolf 250, 262

Masopust, Josef *121*
Matthäus, Lothar 41
Matthews, Stanley 35
Mayer-Vorfelder, Gerhard 290
Mazzola, Sandro 220
McGovern, Kerstin, geb.
  Seeler (Tochter) 21, 54,
  57, 133, 163, 200, 302,
  307, *15, 275*
Meinke, Jochen 26, *175*
Michel, Rudi 209, 212, *211*
Milewski, Jürgen *249*
Mirow, Thomas 258
Mittermaier, Rosi 292, *293*
Möhlmann, Benno 249, 252,
  256
Moore, Bobby 244
Morlock, Max 29
Müller, Gerd 105, 200, 205,
  214, 216, 218f., 221f., 244,
  282, *215, 231*
Müller, Hansi 41
Müller, Ludwig «Luggi» 135,
  149, 267f.
Mullery, Alan 219
Multhaup, Willi «Fischken»
  206

N

Naumann, Ernst 249
Neisner, Klaus «Micky» 26
Netzer, Günter 156, 200, 216,
  250, 282
Neuberger, Hermann 61, 99
Neudecker, Wilhelm 205
Neureuther, Christian 292
Noack, Rudi 25, 151
Nogly, Peter «Eiche» 250

O

Oden, Jak 284
Öztunali, Levin (Enkel) 270f.
Öztunali, Timur (Enkel) 270f.
Overath, Wolfgang 187, 193,
    200, 204f., 208, 214, 218f.,
    223f., *224, 226–227, 285*

P

Pagelsdorf, Frank 249, 257f.,
    261
Patzke, Bernd 236, 239, 241,
    226–227
Paul, Wolfgang *226–227*
Pelé 63, 98, 112, 247,
    294–296, *295*
Peters, Martin 194, 219
Pfeiffer, Michael 35
Piechaczek, Egon 239–241
Piechowiak, Erwin 26, 63
Pietsch, Werner 286, 289
Pilkington 65
Pluskal, Svatopluk *121*
Poletti, Fabrizio 221
Popluhar, Jan *121*
Posipal, Jupp 25, 27, 31ff.,
    35f., 106
Poulsen 67
Puskás, Ferenc 29f., *121*

Q

Quinn, Freddy 254

R

Rahn, Helmut 28f., 32f., 44,
    69, 110, 114, 199, 202,
    247, *122, 203*
Ramsey, Alf 195

Reimann, Willi 249
Reuter, Uwe 26
Ribbeck, Erich 238, 240, 250,
    267f.
Rijkaard, Frank 42
Risse, Walter 290
Ristic, Aleksander 249
Riva, Luigi 220, 222
Rivera, Gianni 41, 220, 222,
    244
Robson, Bobby 65
Rodenborg, Johann 129
Rohde, Hans 284
Rohrberg, Rolf 25
Roland, Jürgen 296–298, *297*
Rolff, Wolfgang *249*
Rosato, Roberto 221
Rüssmann, Rolf 241
Rummenigge, Karl-Heinz
    41
Rumpf, Hans 267

S

Sacchi, Arrigo 42f.
Salihamidzic, Hasan 258
Samaranch, Juan Antonio 85
Sammer, Matthias 41
Santos, Djalmar *121*
Schäfer, Hans 28, 32f., 69,
    97, 204, *75, 119*
Schehr, Ralf 257
Schiefelbein, Günter 244
Schlienz, Robert 247
Schmeling, Max *283*
Schmidt, Alfred «Aki» *75*
Schmidt, Manfred 264
Schneider, Jupp 206–208
Schnellinger, Karl-Heinz 41,

97, 188, 193, 196, 218f.,
221, 244, *121*, *198*,
226–227, *285*

Schnoor, Horst 26, 126

Schoberth, Heinz *226–227*

Schön, Helmut 184–190, 192,
195, 197, 209, 212–214,
216, 236, 238, 241, 245,
267, 282, *119*, *185*,
226–227

Schütz, Josef Arnold «Pico»
103, 206

Schulz, Willi 444, 153, 187,
192f., 196f., 214, 218, 294,
226–227

Schulze (Arzt) 161

Schwan, Robert 205

Seeler, Anni (Mutter) 35,
91f., 95, 126, 128–130,
133f., 136, 139, 158, 242,
244, 301f., 306, *132*, *243*

Seeler, Dieter (Bruder) 21,
23, 26, 60, 92, 115,
126–131, 134–136, 142f.,
270, 298–302, 303, *51*, *76*,
124, *128*, *132*, *299*

Seeler, Erwin (Vater) 21, 23,
25, 43, 58, 88, 91–93, 95,
126, 128–130, 134,
136–139, 143, 150f., 153,
158, 242–244, 270, 298,
300–302, 306, *36*, *72*, *124*
,132, *137*, *172f.*, *243*

Seeler, Gertrud (Schwester)
sh. Deppisch

Seeler, Helle (Tochter) 133,
200, 302, 307, *15*, *79*, *275*

Seeler, Ilka (Ehefrau, geb.

Buck) 20, 39, 48, 54–59,
62, 71, 115, 127, 131, 146,
157, 163, 165f., 168–170,
191, 200f., 212, 214, 242,
245, 254, 298, 307, *15*, *78*,
79, *274*, *275*

Seeler, Kerstin (Tochter) sh.
McGovern

Seeler-Öztunali, Frauke
(Tochter) 133, 163, 200,
302, 308, *15*, *275*

Senger, Klaus 238, 240

Siebert, Günter 240

Sieloff, Klaus 187, *226–227*

Simon, Sven 286, 289

Skoblar, Josip 249

Slomiany, Waldemar 240

Soskic, Milutin *121*

Sporling, Douglas 138

Springer, Erwin 136

Spundflasche, Heinz 25, *72*

Stefano, Alfredo di 98, *121*

Stein, Uli 252, *249*

Steinmann, Heinz 206

Stollenwerk, Georg *75*

Streitle, Jakl 284

Stürmer, Klaus 26, 30–32,
58f., 67f., 160, *56*, *73*, *76*

Stuhlfauth, Heiner 148

Sturm, Hansi 97

Stute, Wilhelm 240

Suárez, Luis 47

Szepan, Fritz 69, 150

Szymaniak, Horst 40f., 97,
188, *119*

T

Tapie, Bernard 86

Termath, Bernie 32
Thielicke, Helmut 52–54, 62
Tilkowski, Hans 98, 161, 187,
    193, *162, 226–227, 228,
    229*
Treimetten, Werner 246
Troche, Horacio 197
Turek, Toni 29

U
Ukrainczyk, Julius 63, 64
Ulsaß, Lothar 239, 241

V
Völler, Rudi 105
Vogts, Berti 218
Volkert, Georg 155
Voscherau, Henning 258

W
Walter, Fritz 28f., 32, 69, 87,
    108–115, 186, 188, 223,
    247, 289, *27, 36, 75, 113,
    122, 123, 288*
Walter, Irmgard 239
Walter, Italia 110, 113
Walter, Ludwig 112
Walter, Ottmar 28f., 32, 112
Wankum, Andreas 263
Weber, Wolfgang 193–195,
    226–227, 228, 229

Wehmeyer, Bernd *249*
Weiß, Hartmut 239
Welt, Peter 26
Wendt, Jan 145, 265
Werner, Jürgen 26, 60f., 97,
    157, 244, 256, 264,
    302–305, *73, 76, 303*
Wiene, Fritz *117*
Wild, Tasso 236, 239, 241
Wilke, Martin 68
Willich, Martin 264
Wolf, Günter «Moni» (Onkel)
    130f., 138
Wolter, Horst «Luffe» 206, 238
Wolz (Generalmajor) 138
Wright, Billy 35
Wulf, Peter 63, 68
Wulff, Ronald 250, 251, 309

Y
Yamakasi, Arturo 220f.

Z
Zarate, Sergio 252
Zebec, Branko 155f., 249,
    257
Zidane, Zinedine 112
Ziege, Christian 41
Zimmer, Werner 267
Zimmermann, Herbert 44,
    87, *106*

Quellennachweis der Abbildungen

U UWE
S SEELER
STIFTUNG

«Wer dem Sport so viel zu verdanken hat und auf
der Sonnenseite des Lebens steht, der sollte jenen
etwas abgeben, die niemals die Möglichkeit hatten,
ein solches Glück zu empfinden, und auf der
Schattenseite des Lebens stehen.»

Uwe Seeler

Ausschließlicher und unmittelbarer Zweck der
Stiftung ist die selbstlose Unterstützung von
Personen, die:

a) infolge ihres körperlichen, geistigen oder
seelischen Zustandes auf die Hilfe anderer
angewiesen sind,

b) unverschuldet in Not geraten und auf die
Soforthilfe angewiesen sind.

Die Stiftung hat ihren Sitz in Hamburg.

Sekretariat und Beratung

Telefon: 040 / 30 98 02 20
Telefax: 040 / 5 21 32 45

Spendenkonto

Vereins- und Westbank AG, Hamburg
Konto-Nr. 160606
BLZ 200 300 00

Zustiftungen und Spenden sind steuerlich
abzugsfähig.